新时代航空服务类系列教材

总主编 陈 倩 李 俊 谢媛媛

民航地勤服务

主　编　谢毅松　周敏洁　何　元

副主编　贺莲子　戴　兵　宋丹丹

参　编　施　琼　李　艺　谭　微

　　　　罗柳萍　彭顺艳　刘子庆

　　　　文　静　杨慧霞　黎玮鑫

　　　　韦春颖

重庆大学出版社

图书在版编目（CIP）数据

民航地勤服务 / 谢毅松，周敏洁，何元主编.
重庆：重庆大学出版社，2025.4. --（新时代航空服务
类系列教材）. ISBN 978-7-5689-5175-3

Ⅰ. F560.9

中国国家版本馆 CIP 数据核字 2025WC6808 号

民航地勤服务
MINHANG DIQIN FUWU

主　编　谢毅松　周敏洁　何　元
策划编辑：唐启秀

责任编辑：傅珏铭　　版式设计：唐启秀
责任校对：邹　忌　　责任印制：张　策

＊

重庆大学出版社出版发行
出版人：陈晓阳
社址：重庆市沙坪坝区大学城西路 21 号
邮编：401331
电话：（023）88617190　88617185（中小学）
传真：（023）88617186　88617166
网址：http://www.cqup.com.cn
邮箱：fxk@cqup.com.cn（营销中心）
全国新华书店经销
重庆亘鑫印务有限公司印刷

＊

开本：787mm×1092mm　1/16　印张：17　字数：324 千
2025 年 4 月第 1 版　　2025 年 4 月第 1 次印刷
ISBN 978-7-5689-5175-3　定价：54.00 元

编写说明

自 20 世纪初莱特兄弟发明飞机以来，民航业在世界范围内以蓬勃之势迅猛发展，民航业已然成为各国沟通联系的重要桥梁。中国，虽晚于民航业发达国家起步，但后发赶超的趋势已不可遏制，从民航业基础薄弱的国家成为民航大国，并正在朝民航强国努力。

突如其来的新冠疫情对世界民航业有短暂的影响，但这并不阻碍民航业的复苏与继续发展，尤其是对正阔步与世界交融的中国民航业而言。随着我国自主研发的 C919 问世并成功实现商业首飞，中国在世界民航业的地位进一步增强，中国民航业必将迎来一个明媚的春天。同时，与之密切相关的空中乘务、机场运行服务与管理、航空服务艺术与管理等专业，未来将有着良好的生存土壤和发展空间。

基于此，为进一步加强新形势下的专业发展，全面提高民航服务人员的综合素质，提升其服务水平，培养适合中国式现代化发展的民航服务人才，重庆大学出版社决定组织编写一套既符合专业特性，又有别于现有教材，既有行业可操作性，又兼具理论深度的"新"教材。为体现"新"，系列教材呈现了五个方面的思考。

一是注重课程思政内容。此套教材特别突出课程思政内容，紧扣为党和国家培育人才而编写教材的指导思想。本套教材或以鲜活案例呈现，或在知识点中体现，以此培育学生爱党、爱国、爱职业的思想，融入社会主义核心价值观，着实践行"三全育人"理念。

二是兼顾不同层次，力争符合本、专科学生的通用学习。航空服务艺术与管理专业和空中乘务专业在当下是培养目标有交集的专业，即培养机上服务人员的相关能力，只是前者立足本科层次，后者倾向专科层次。由于民航业的特殊性，关于技术操作的部分，本、专科学习的内容是一致的，是教学的主要部分。因此，本教材对该板块内容实现本、专科统一覆盖。同时，体现本、专科层次差异的部分，教材以拓展内容的形式体现出本科教学所需的"两性一度"，即高阶性、创新性和挑战度，方便教师指导学生完成。

三是整套教材大致分为两种体例。理论性较强的教材，按传统章节的形式呈现；实践性较强的教材，按任务式或工作手册式呈现。但无论何种体例，每章或每个项目的内容均以问题为导向，配有思维导图，不仅方便教师明确该部分内容的教学目标、重点和难点，更方便学生梳理知识与知识之间、章节与章节之间的逻辑性。

四是教材的实践内容和数字化程度占比高。本套教材，凡是涉及实践性较强的课程，教材内容实践环节占比近50%。教材的实践内容一是与航空服务艺术与管理专业、空中乘务专业的专业特性相符，二是方便使用该教材的教师在日后建设国家一流课程时使用。同时，本套教材为方便广大师生的使用，顺应时代发展，每门应用型课程皆附有相关视频和课件。

五是相关教材体现"1+X"的职业教育理念。无论何种教学层次，该专业的首要任务重在实践和运用。为扩大学生的出口，全面提升学生的行业竞争力，本教材遵循"1+X"职业教育理念。凡是相关教学内容有相应职业资格证书匹配的，教材皆进行相应职业资格证书及考试途径的介绍。

为如愿达成上述目标，我们聘请了业界的资深专家做全书规划指导，请讲授航空服务艺术与管理专业以及空中乘务专业的一线老师执笔。这些老师来自民航院校以及综合院校的航空服务艺术与管理专业、空中乘务专业，他们既有丰富的飞行经历，又有较高的理论水平。本套教材尝试解决当下这类教材编者要么理论功底欠缺，要么实践经验不够的问题。几乎每本教材都包含本科、专科的一线教师和相关行业人员，亦构成本套系列教材的一大亮点。

理想难免会高于现实，由于种种原因，系列教材还存在诸多不足，以待后续不断完善。敬请各位专家、同人在日后的使用过程中批评指正！

丛书编者

2023 年 5 月

前　言

　　民航业是国家现代化交通体系的重要组成部分，它不仅连接着世界的每一个角落，更是国家经济发展和对外交流的重要桥梁。民航地勤服务，是航空运输体系中的关键一环，其重要性不言而喻。

　　本教材在思想政治教育方面，全面贯彻习近平新时代中国特色社会主义思想和党的二十大精神，以"四个自信""民航精神"为主线，以"工匠精神"为辅线，结合课程教学内容，通过国家层面、职业层面、个人层面三个层次逐级聚焦思政育人目标；在教学内容安排方面，以各岗位民航地勤人员在执行航班任务中的典型工作内容为重点，通过任务实施、模拟操作指南使学生迅速掌握不同民航地面服务工作要领，能够直接将理论应用于实际；在职业素养培养方面，着重结合企业服务案例、民航安全事件等深入剖析实际工作中可能遇到的问题，倡导真情服务理念，增强学生安全责任意识、主动服务意识。

　　本教材围绕民航地勤服务的核心知识与技能，结合当前民航业的最新发展动态，系统地阐述地勤工作的各个方面。内容涵盖但不限于旅客服务、行李处理、航班安排、安全管理等关键领域，旨在帮助学习者全面理解地勤服务的重要性，掌握必要的专业技能，并在实践中不断提升服务品质。

　　在撰写本教材的过程中，我们注重理论与实践的结合，注重岗课赛证融通，使学生在学习过程中能够清晰地了解民航地勤每个岗位的职责和要求，也能够为未来的竞赛和"1＋X"民航相关技能证书考试做准备。我们希望通过本教材的学习，能够激发更多有志之士投身到民航地勤服务事业中，共同推动我国民航业的蓬勃发展，让"民航强国"的梦想照进现实。

最后，我们衷心希望本教材能成为民航地勤服务人才培养的参考资料，为提升我国民航国际竞争力作出应有的贡献。让我们携手并进，以匠心精神铸就卓越服务，以专业态度展现中国民航的魅力，为构建人类命运共同体贡献中国智慧和中国力量。

本书编者

2024 年 8 月

目 录

>>> >>>　项目一

民航地勤服务基础

项目导读

　　民航地勤服务是民航运输业中不可或缺的重要组成部分，它涵盖了旅客从进入机场到登机前后的所有地面服务环节。本项目包含两个主要学习任务：认识行业和认识岗位。

　　本项目主要通过介绍民航地勤服务概述、民航地勤岗位两个板块的知识，让学生全面了解民航地勤服务的概念及特点，民航地勤服务人员的职业素养，中国民航地勤发展现状与挑战，民航地勤常见岗位的概念、职责和要求等相关知识。从而进一步理解新时代民航强国建设的内涵，坚定对国家科学发展政策的认同感，并树立认知民航地勤服务行业的正确价值观，增强职业荣誉感和使命感，增强规范服务和提升服务质量的意识，为学习后续项目和从事民航地勤服务工作奠定坚实基础。

学习目标

1. 知识目标

（1）了解民航地勤服务的概念及特点。

（2）掌握民航地勤人员需具备的行为规范。

（3）了解中国民航地勤行业发展现状及挑战。

（4）了解民航地勤服务中常见岗位的概念、职责和要求。

2. 能力目标

（1）能够清晰准确地表达对民航地勤服务行业的理解和观点。

（2）能够运用民航地勤服务人员的行为规范严格要求自身的言行举止。

（3）能够分析民航地勤服务行业的发展现状及挑战，理解行业的复杂性。

（4）能够根据民航地勤常见岗位的专业技能要求，规范完成各岗位对应的典型工作任务。

3. 素质目标

（1）树立认知民航地勤服务行业的正确价值观，增强职业荣誉感和使命感。

（2）树立正确的职业观念，培养良好的职业道德和职业操守。

项目实训

1.任务情景

请各小组选择国内的某一个航空公司或机场，收集该航空公司或机场的相关资料，根据收集到的相关信息完成面向旅客的宣传文案。宣传文案要求能够凸显航空公司或机场的特色优势吸引旅客。最后各小组以口述的形式呈现各自的宣传文案。

2.任务实施

（1）小组长组织组员进行讨论并确定选择对象。

（2）组织成员分工完成相关信息的搜索。

（3）对所收集信息进行筛选修改，完成宣传文案。

（4）每个小组派代表展示小组成果。

（5）开展任务评价：小组自评、组间互评、教师评价。

3.任务评价

序号	评价内容与标准	分值	评价主体		
			小组自评（20%）	组间互评（40%）	教师评价（40%）
1	宣传文案内容正确、结构完整、逻辑严谨、文字精练，能够准确传达航空公司或机场的特色和优势	30分			
2	宣传文案主题鲜明、构思新颖，能够引起旅客共鸣和思考，令人印象深刻	40分			
3	口述者语言表达流畅清晰、语速适中、语调把握得当，有感染力	20分			
4	口述者仪容仪表符合专业形象要求，仪态端庄大方，具有亲和力，礼貌礼节得体	10分			

案例导入

　　王思文，中国联合航空地服部的高级副经理，他已在民航一线坚守15年。在大兴机场繁忙的工作中，他以真诚的服务赢得了旅客的心。

　　"您这是××航空的机票，从这个电梯去四层K岛。"面对旅客的询问，王思文总是耐心倾听，细致指引。"您这个可以拿掉了，一会儿要全新的。"看到旅客行李上的旧行李条，他主动上前帮忙取下，并贴心提醒。

　　王思文说："做这份工作，耐心、细心最重要。尤其航班延误时，旅客着急，我们更要站在他们的角度，耐心解答。"他的声音温柔亲和，总能迅速安抚旅客的焦急情绪。

　　王思文的工作虽平凡，但充满了责任与温情。他强调："简单的事情重复做，你就是专家；重复的事情用心做，你就是赢家。"他总是忙碌在值机岛前，为旅客答疑解惑，提供力所能及的帮助。

　　讨论：你认为王思文具备哪些宝贵的民航精神？为什么？

任务一 认识民航地勤服务

一、民航地勤服务的概念

"地勤"一词原本是民航系统内一个宽泛的概念，相对于"空勤"而言，它是所有航空运输业中地面从业人员的统称。

民航地勤服务从狭义上讲，指航空公司、机场等相关机构为旅客提供的各种服务。如候机楼问询、电话问询、广播、航班信息发布、接听旅客投诉电话、值机服务、安检服务、联检服务、引导服务、行李服务、候机楼商业服务等。

民航地勤服务从广义上讲，应该包括机场、航空公司及其代理企业为旅客、货主提供的各种服务，以及空管部门、航油公司、飞机维修企业等为航空公司提供的服务。航空公司地勤与机场地勤的区别如表1.1所示。

表 1.1 航空公司地勤与机场地勤的区别

类别	航空公司地勤	机场地勤
服务对象	航空公司本身，包括值机、客服、货运、配餐、销售等服务。	所有签约的航空公司，为它们的进出港航班提供值机、引导等服务。
所属单位	航空公司，其效益通常较好，因此各种补贴也相对较多。	机场，其待遇可能因机场的不同而有所差异。
待遇差异	在同等编制下，航空公司需要考虑盈利问题，如经济不景气或飞机事故等，可能会降低员工薪水。	在同等编制下，机场地勤的待遇通常比航空公司地勤要高，因为机场主要通过收取航空公司的起降费盈利。
效劳工具	主要使用航空公司的设施和资源进行工作。	使用机场的设施和资源，为所有签约的航空公司提供服务。

二、民航地勤服务的特点

（一）服务质量持续提升

随着民航业的不断发展，民航地勤服务不仅要满足旅客的基本需求，还要提供个

性化的服务，提升旅客的出行体验。民航地勤服务人员须具备主动积极的服务意识，通过不断提升服务技能和沟通技巧，为旅客提供高品质的服务。

（二）安全管理更加严格

航空安全始终是民航地勤服务的重中之重。民航地勤服务人员，必须严格执行各项安全规定，加强安全培训和演练，确保航空运输的安全。

（三）技术创新助力服务升级

民航地勤服务正逐步引入先进的技术手段，如人工智能、大数据、物联网等，提升服务效率和质量。例如，通过自助值机、电子登机牌等服务，减少旅客等待时间，提高出行效率。

（四）绿色环保理念深入人心

在保障航班正常运行的同时，需关注资源节约和环境保护，如推广使用环保型地面设备、优化航班时刻等。

（五）国际化程度不断提高

随着我国对外开放程度的加深，民航地勤服务也面临着国际化的挑战。我国民航地勤服务需要不断增强国际化水平，学习借鉴国际先进经验和技术手段，提高服务质量和竞争力。

三、民航地勤人员的职业素养

（一）礼仪规范

1. 仪容礼仪规范

女性地勤人员应头发不染鲜艳颜色，长发用隐形发网或统一黑色头花盘起，发梢不外露；妆容清洁、淡雅。

男性地勤人员应头发不长于耳背，不染鲜艳的头发，不戴帽子；不佩戴耳环、耳钉等饰物；不留胡须。

2. 仪表礼仪规范

女性地勤人员应按规定统一穿着工作服，妆容整洁、气味清新；正确佩戴工号牌，挂绳上不悬挂其他饰品，挂袋内不放其他杂物；不戴夸张饰品，不留长指甲，不涂指甲油；穿肉色丝袜、黑色包头、包跟皮鞋，其中皮鞋面不带有其他颜色的花纹、饰物。

男性地勤人员应穿着公司统一的工作服，内衣的衣领、衣袖以及衣襟不得长于工衣，禁止出现不文明穿衣现象；衣、裤袋不可放过多物品；正确佩戴工号牌，挂绳上不悬挂其他饰品，挂袋内不放其他杂物；穿黑色皮鞋，穿深色棉袜，皮鞋保持干净、光亮，不得趿鞋走路；勤洗澡，无体味，不得使用浓烈味道的香水。

3. 仪态礼仪规范

民航地勤人员不仅需要保持良好的服务形象，在工作中还需要使用文明用语，以积极、主动的态度为旅客提供服务，展现出对旅客的友好态度。

民航地勤服务人员应遵守一系列礼仪仪态的行为标准，如标准微笑、站姿、鞠躬、手势、握手姿态、走姿、蹲姿、坐姿等。理解并正确地运用手势、眼神、微笑、搀扶等体态语言，这对于提升服务质量和旅客体验至关重要。掌握各种标准的基本仪态，并纠正不良体态，不仅有助于提升地勤人员的职业形象，也是对民航服务质量的一种保障，同时也反映出服务人员的专业素养和航空公司的服务水平。

（二）品格素养

1. 责任心

责任心是一名优秀地勤工作人员应该具备的最基本条件，地勤工作既是服务工作，也是安全工作，既关系航空港服务水平的高低，又关系旅客生命和国家财产安全，这需要地勤工作人员以高度的责任心认真对待。

2. 爱心

爱心主要体现在对待旅客的友善，地勤工作人员对旅客的爱心对营造优质服务氛围非常重要。如果没有真挚的爱心，只依靠技能、技巧来服务乘客，就很难为机场、为航空公司赢得口碑，也不可能成为一名优秀的地勤工作人员。

3. 包容心

包容心是作为地勤人员的职业需要。足够的包容心不仅可以化解地勤人员与旅客之间的不快，还能化解地勤人员工作和生活中的负面情绪。只有具备足够的包容心，地勤人员才能保持阳光心态，在任何时候都快乐、积极地为旅客服务。

4. 同情心

富有同情心的民航地勤人员能够从旅客的举止言谈中敏锐地察觉到旅客的困难和

需求，及时提供细心、周到、有针对性的服务，展示优质服务的魅力，从而使服务工作达到令人"动心"的效果。

5. 耐心

耐心是民航地勤人员在工作中化解矛盾的一种重要素质。民航地勤人员需要及时关注和满足旅客的合理需求，及时化解出现的问题和矛盾。尤其是在航班运行不正常、旅客情绪激动的情况下，地勤工作人员更需要以极大的耐心安抚旅客。

（三）专业素养

1. 团队合作能力

民航地勤人员通常在一个大型的机场环境中与各个部门的人员紧密合作。民航地勤人员需要具备良好的沟通技巧、合作意识和适应能力，协调各项工作任务和解决问题。

2. 应急处置能力

在突发事件和紧急情况发生时，民航地勤人员需要迅速做出应对，具有应急处置能力。应急处置能力包括快速决策、冷静应对压力、灵活调整计划以及有效沟通的能力。民航地勤人员在应对紧急情况时，能够发挥至关重要的作用，有助于机场的安全和运营。

3. 服务意识与客户关系管理能力

民航地勤人员是机场服务的重要组成部分，具备良好的服务意识和良好的客户关系管理能力是至关重要的。地勤人员需要具备友好、耐心和乐于助人的态度，以满足旅客的需求，并解答问题和提供必要的协助。

4. 沟通和人际关系能力

民航地勤人员会与各类人群打交道，包括机组人员、其他地勤人员、旅客以及航空公司的代表等。清晰明了地传达信息、倾听他人的需求和反馈、解决冲突以及有效地与不同背景和文化的人合作，这些都是地勤人员必备的技能。

5. 自律和高度责任感

民航地勤人员工作环境复杂多变，需要在繁忙的工作场景下保持高度自律和责任感；需要遵守各项规章制度，严格执行操作流程，并保持高度警觉以确保安全。

6. 灵活性和适应能力

机场环境常常面临变化，民航地勤人员需要具备较高的灵活性和适应能力来应对不同的工作情况和需求。他们可能需要在紧张的时间表下快速调整工作计划、应对航班延误或取消、处理意外情况等。

（四）具备民航精神

中国民航局在召开庆祝建党 95 周年暨"两优一先"表彰大会上首次提出"忠诚担当的政治品格、严谨科学的专业精神、团结协作的工作作风、敬业奉献的职业操守"这一当代民航精神。当代民航精神的核心内涵包括四个方面：

（1）忠诚担当的政治品格：对党、对人民、对事业绝对忠诚，增强"四个意识"，以高度负责的态度抓好各项工作。

（2）严谨科学的专业精神：坚持高标准和严格要求，包括严谨细致、精益求精的工作态度，以及在工作中追求完美、稳中求新的专业精神，以创新驱动民航业的高效发展。

（3）团结协作的工作作风：紧密配合，共同推动民航业的发展，打破部门本位主义，树立大局意识，形成"一盘棋"思想，通过团结协作实现民航业的整体目标。

（4）敬业奉献的职业操守：以专业的视角和专注的态度服从于职业要求，时刻保持对专业领域的热情，积极关注行业发展趋势，刻苦钻研，为民航事业奉献出自己最大的热情。

四、中国民航地勤发展现状与挑战

在民航业数字化转型升级的推动下，民航地勤岗位的人才需求在不断增加，地勤服务岗位的发展趋势也备受关注。

（一）岗位需求增加

航空市场持续扩张，航班量随之不断增加，旅客流量持续增长，民航地勤服务岗位的需求也随之增加。航空公司、机场等民航企业需要更多的民航地勤人员来保障旅客的出行安全和服务质量。

（二）服务标准提高

旅客服务需求的迭代升级，倒逼地勤服务标准向精细化方向发展，地勤服务标准也在不断提高。航空公司、机场等民航企业需要提供更加高效、优质、个性化的服务来满足旅客的需求。民航地勤人员需要具备良好的服务意识，不断提高服务水平，确保旅客的出行安全和舒适。

（三）技术应用创新

科技创新赋能地勤服务领域，民航地勤人员将更多地应用智能化技术，如人工智能、大数据、云计算等，提高服务效率和质量。同时，民航地勤人员也需要不断学习和掌握新技术，以适应行业发展的需要。

（四）职业发展多元化

民航地勤人员的工作范围比较广泛，每个岗位都有其独特的发展路径和晋升渠道。由于民航地勤的各个岗位之间存在一定的关联性，可以根据自己的兴趣和能力在不同的部门之间转岗。民航地勤人员还可以通过参与国际交流项目、学习外语等方式，为未来的职业发展创造更多的机会。

（五）专业化培训体系的发展

岗位能力要求的持续提升，推动民航地勤人员的专业素质和服务技能的标准随之提高。航空公司、机场等民航企业应加大对地勤人员的培训投入，建立完善的培训体系，提高地勤人员的专业素质和服务技能，以适应行业发展的需要。

（六）国际化趋势

国际航空运输网络的密集化布局，要求地勤人员具备跨文化服务能力，了解不同国家和地区的文化差异和服务标准，熟悉主要客流国文化禁忌等核心素养，为国际旅客提供更好的服务。

（七）安全意识的加强

安全是民航业的核心，民航地勤服务岗位作为民航安全的重要组成部分，对安全责任意识的加强也是未来的发展趋势之一。民航地勤人员需要不断增强自身的安全责任意识和安全操作技能，严格遵守安全规定和操作规程，以确保旅客和飞机的安全。

（八）服务质量评价体系的建立和完善

建立科学、客观、公正的服务质量评价体系，可以对民航地勤人员的服务质量进行全面、客观的评价，及时发现和解决服务中的问题，以此提高整体的服务水平。同时，服务质量评价体系也可以为地勤人员的晋升和奖励提供依据，激励地勤人员不断提高自身的服务水平。

综上所述，为了适应行业发展的需要，民航地勤人员需要构建"技术 + 服务 + 安全"的三维能力体系。同时，航空公司、机场等民航企业也需要加强地勤团队的管理和培训，建立完善的培训体系和服务质量评价体系，提高整个团队的服务水平和工作效率，为旅客提供更加高效、优质、个性化的服务。

任务二 认识民航地勤岗位

一、售票

（一）岗位概述

随着国民经济的蓬勃发展，机场及其配套设施日益完善，飞机已成为广大旅客出行的常规交通方式。在这一背景下，售票服务作为地勤服务的首要环节，其重要性不言而喻。售票服务的质量不仅直接影响航空公司的经济效益，更关系到航空公司的社会声誉和旅客的满意度。

为了胜任这一岗位，售票岗工作人员需要掌握丰富的专业知识，包括航班信息、机票价格体系以及退改签规则等。同时，他们还需具备熟练操作售票系统的能力，以便高效、准确地为乘客办理购票手续。通过不断提升自身的专业素养和服务水平，售票岗工作人员才能更好地满足乘客的需求，为航空公司的可持续发展贡献力量。

（二）岗位职责

1. 掌握航班信息

（1）了解并熟悉机场所服务的各大航空公司的航班信息，包括航班号、起飞时间、降落时间、经停站点、机型等关键数据。

（2）实时监控航班动态，确保对航班延误、取消等变动信息的及时获取，并在第一时间更新相关航班信息。

（3）积极参加航空公司及机场组织的培训，了解新航线的开通、航班计划的调整等最新信息，确保自身知识储备的更新与完善。

2. 提供机票咨询

（1）当旅客前来咨询航班信息时，能够根据旅客的需求迅速、准确地提供相关信息，包括航班号、起飞时间、降落时间、票价、舱位等。

（2）对于旅客的疑问和特殊需求，能够提供专业的解答和建议，如航班选座、行李托运、中转流程等。

（3）在航班发生变动时，能够及时向旅客传达相关信息，并提供合理的解决方案，如改签、退票等。

3. 办理购票手续

（1）应问清楚旅客旅行的路线、日期、承运人、座位等级、人数、需要提供何种特殊照料和服务等情况。

（2）根据旅客需求，操作售票系统为旅客购买机票，并确保票务信息的准确无误，包括旅客的姓名、航班舱位、出发日期和时间等。

（3）对于需要特殊照料或服务的旅客，应提供定制化服务，如无障碍设施、特殊餐食等。

（4）根据旅客意愿选择航班。如旅客要求订座的航班已满，应主动帮助旅客选择，提供其他航班和旅行线路供旅客参考；也可以将该旅客列入候补名单，等有空位时，立即通知该旅客。

（5）订座时，应严格依据旅客需求录入订座系统，核验身份信息准确性后，生成完整的 PNR 记录（PNR 是指 Passenger Name Record，旅客订座记录）。

（6）旅客预订联程航班时，在航班衔接地点，应为旅客规划足够的时间办理衔接航班的换乘手续，以免衔接不上。每一个机场对国内航班之间最短衔接时间会有不同的要求，应查核相关机场最短衔接时间告知旅客。

（7）在购票前，再次核对旅客的姓名、航班舱位、出发日期和时间等关键信息，确保准确无误。

（8）为旅客打印机票或电子凭证，并提醒旅客妥善保管，告知旅客退改签政策、机场联系方式等必要信息，并提供后续服务支持。

4. 收款与退款

（1）根据旅客所选航班、舱位等级以及航空公司的定价策略，准确计算机票价格，并收取乘客的支付款项。

（2）确保售票处支持多种支付方式，包括现金、银行卡、移动支付等，以满足不同旅客的支付需求。

（3）在收到旅客支付款项后，应立即为旅客开具正规发票或电子凭证，并确保所有发票信息（如航班信息、乘客姓名、票价等）准确无误。

（4）详细记录每一笔收款交易，确保账目清晰可查，并定期与财务部门核对账目，确保财务数据的准确。

（5）当旅客需要退票或改签时，根据航空公司的规定和政策，为旅客提供详细的指导和协助，确保旅客能够顺利办理退票或改签手续。

（6）在旅客完成退票或改签手续后，根据航空公司的退款规定和流程，进行退款操作。确保退款金额准确无误，并尽快将退款款项退还给旅客。

（7）为旅客提供退款进度查询服务，让旅客随时了解退款状态，增加旅客的满意度和信任度。

（8）对于因系统故障、支付异常等特殊情况导致的退款问题，积极与旅客沟通，寻找解决方案，确保旅客的权益不受损害。

5. 处理异常情况

（1）及时沟通。在得知航班延误、取消或其他异常情况后，立即与旅客取得联系，通过电话、短信、邮件等多种方式，向旅客传达相关信息，并了解旅客的具体需求和困难。

（2）信息收集与整理。详细记录旅客的姓名、联系方式、航班号、行程安排等关键信息，并整理成档，为后续处理提供依据。

（3）解决方案提供。根据航空公司的政策和规定，为旅客提供退票、改签或安排其他航班等解决方案，并向旅客详细解释各种方案的利弊，协助旅客做出最佳选择。

（4）协调与跟进。与航空公司内部相关部门（如机场地勤、客服中心、运控中心等）保持密切沟通，协调解决旅客在改签、退票等过程中遇到的问题。同时，持续跟进旅客的后续行程安排，确保旅客顺利出行。

（5）投诉处理。对于旅客的投诉和不满，认真倾听并详细记录，积极与相关部门沟通解决，确保旅客的合法权益得到维护。同时，对投诉进行统计和分析，为航空公司改进服务提供参考。

6. 提供优质服务

1）普通旅客服务

（1）提供详细的航班信息、票价咨询及购票指导，确保旅客能够顺利购票。

（2）及时解答旅客的疑问，提供行程规划建议，提升旅客的出行体验。

2）特殊旅客服务

（1）识别与关注：在售票过程中，主动识别特殊旅客，并提供个性化的服务方案。

（2）购票协助：针对老人、儿童等不便操作的旅客，提供购票协助，确保购票过程顺利。

3）手续办理

协助特殊旅客办理登机手续，提供必要的支持和帮助，如填写表格、准备所需文件等。

4）特别照顾

为需要特殊照顾的旅客（如残疾人）提供轮椅服务、优先登机、安排无障碍设施等，确保他们的出行安全和舒适。

5）关注与跟踪

在特殊旅客的出行过程中，保持关注，确保他们得到及时的帮助和照顾，如提供接送服务、安排休息区等。

6）服务品质提升

（1）定期对服务流程进行评估和优化，确保服务品质不断提升。

（2）收集旅客的反馈和建议，积极改进服务中的不足之处。

7）紧急事件处理

（1）在遇到航班延误、取消等紧急情况时，迅速启动应急预案，为旅客提供及时、有效的解决方案。

（2）与相关部门保持紧密沟通，确保信息畅通，为旅客提供准确的航班动态和后续安排。

8）客户关系维护

（1）建立并维护良好的客户关系，通过定期回访、优惠活动等方式，提升旅客的忠诚度和满意度。

（2）对重要客户或常旅客提供个性化服务，如定制行程、优先购票等。

7. 维护工作区域

1）工作区域维护

（1）保持售票柜台、工作区域及周边的清洁、整洁，定期清理垃圾，确保旅客购票环境舒适。

（2）维护工作区域内设施的摆放整齐、规范，标识清晰，便于旅客识别和使用。

（3）定期检查工作区域内的照明、通风等设施，确保其正常运行，为旅客提供良好的购票环境。

2）收银款项管理

（1）严格按照公司规定进行收银款项的清点、记录与保管，确保资金安全。

（2）定时核对收银款项，确保账实相符，避免出现差错。

（3）如发现异常情况（如短款、假币等），应及时报告上级并协助处理。

3）售票设备维护

（1）负责售票设备的日常检查、维护和保养，确保设备正常运行，提高售票效率。

（2）定期对售票设备进行清洁、除尘，保持设备外观整洁。

（3）熟练掌握售票设备的操作技巧，能够迅速解决设备故障，确保售票工作不受影响。

4）异常情况报告

（1）在工作中发现任何异常情况（如设备故障、旅客投诉等），应及时向上级报告，并协助处理。

（2）对于旅客的投诉和建议，应认真倾听、记录并及时反馈，积极改进服务质量。

8. 学习更新知识

1）定期参加培训

（1）按照公司或部门的要求，定期参加各种内部或外部的培训课程，包括但不限于航空公司政策、服务流程、法规知识、新技术应用等培训课程。

（2）培训期间，应认真学习，积极参与讨论，深入理解培训内容，确保掌握新知识、新技能。

（3）培训结束后，应整理学习笔记，总结学习心得，并向部门或团队分享学习成果。

2）了解最新的航空公司政策和相关法规

（1）需密切关注航空业的最新动态，了解各航空公司的新政策、新规定，以及国家和行业的最新法规、新标准。

（2）应主动学习并掌握这些新政策和法规，确保在售票服务中能够准确、合规地执行。

（3）对于可能影响售票服务的重大政策或法规变化，应及时向上级汇报，并协助部门或团队制定相应的应对措施。

3）提高自身的业务水平和服务质量

（1）应不断提升自身的业务能力和服务水平，以满足旅客日益增长的需求和期望。

（2）通过学习和实践，应熟练掌握售票系统的操作技巧，提高售票效率；同时，还应了解各航空公司的航班信息、票价政策等，为旅客提供准确、专业的咨询和建议。

（3）还应注重提升服务意识和沟通技巧，以友善、耐心的态度为旅客提供优质的服务。

4）成为旅客信赖的专业人员

（1）应以成为旅客信赖的专业人员为目标，不断提升自身的专业素养和服务质量。

（2）在日常工作中，应积极解答旅客的疑问和投诉，及时处理各种问题和纠纷；同时，还应主动收集旅客的意见和建议，为改进服务提供参考。

（3）应树立良好的职业形象和口碑，通过优质的服务赢得旅客的信任和认可。

（三）岗位要求

1. 良好的沟通能力

机场售票岗位是一个需要与旅客频繁沟通的职位，因此，良好的沟通能力是基本要求之一。售票岗工作人员要清晰、准确地传达信息，耐心解答旅客的疑问，有效处理各种投诉和建议。同时，其还应具备良好的倾听能力，积极倾听旅客的需求和意见，以便更好地满足其需求。

2. 快速的应变能力

在机场售票岗位上，售票岗工作人员常常需要面对各种突发情况和紧急事件，如航班延误、取消、旅客投诉等。因此，应变能力是必不可少的。售票岗工作人员要在短时间内迅速做出反应，采取有效措施解决问题，确保售票工作的顺利进行。

3. 时间管理和抗压能力

机场售票岗位的工作节奏较快，售票岗工作人员需要高效地处理各种任务，包括售票、改签、退票等。因此，良好的时间管理能力是基本要求之一。售票岗工作人员应能够合理安排时间，确保工作的及时性和准确性。同时，由于工作压力较大，售票岗工作人员应还需具备良好的抗压能力，能够保持冷静、乐观的心态，应对各种挑战和压力。

4.较强的学习能力

航空业是一个快速发展的行业，航空公司政策、票价政策等经常会有变化。因此，机场售票岗位的员工需要具备较强的学习能力，能够迅速掌握新知识、新技能，熟悉航空业的基本知识，包括航空公司政策、航班信息、票价政策等。售票岗工作人员应了解航空法规、民航运输规则及相关政策，并应用于实际工作中，能够准确、合规地完成售票工作。售票岗工作人员应积极参加公司组织的培训和学习活动，不断提升自己的业务能力和服务水平。

5.严谨与细心

机场售票岗位的工作需要高度的严谨性和细心。售票岗工作人员在售票过程中应仔细核对信息，确保数据的准确；在处理旅客投诉和问题时，应认真倾听、仔细分析，找出问题的根源，并给出合理的解决方案。同时，售票岗工作人员还需遵守公司的规章制度和管理规定，确保工作的规范性和合规性。

6.团队协作能力

机场售票岗位是一个需要团队协作的职位。售票岗工作人员应具备良好的团队协作意识，能够与同事保持良好的沟通和协作，共同完成任务。在遇到问题时，售票岗工作人员应能够积极寻求同事的帮助和支持，共同解决问题。同时，售票岗工作人员还应积极参与团队活动和建设，提升团队的凝聚力和向心力。

7.较强的服务意识

具备良好的服务意识和团队协作精神，能够积极应对工作中的挑战和压力，始终以旅客为中心，提供优质的服务。

8.良好的形象管理

注重个人形象，穿着整洁、得体，展现良好的职业风貌。

二、问询

（一）岗位概述

机场问询处作为机场的服务窗口，不仅是信息传递的中心，更是提升旅客满意度和机场服务品质的关键环节，问询岗工作人员承担着为旅客提供信息咨询服务的重要职责。旅客导引、航班信息咨询、行李咨询、安检指引、机场设施介绍、紧急情况处理、投诉处理和多语种服务等都是问询处工作人员的职责范围。

（二）岗位职责

1. 旅客导引

（1）应在易被看到的区域设立清晰的导向标识，并亲自引导或利用电子导览系统为旅客提供精准的路线指引，确保他们能够快速找到登机口、行李提取区、候机厅、洗手间、餐饮区等关键区域，减少不必要的等待与寻找时间。

（2）特别关注特殊旅客（如老年人、残障人士），提供个性化、贴心的导引服务。

2. 航班信息咨询

实时更新并准确提供航班信息，包括起飞时间、降落时间、航班状态、延误或取消通知等，确保旅客对航班情况了如指掌，做好出行安排。

3. 行李咨询

解答关于行李托运、超重行李处理、行李提取及行李丢失或损坏的查询与赔偿流程等问题，对于超重或超尺寸行李，提供明确的处理方案，包括超重费用计算、分运行李建议等，为旅客解决行李方面的困扰。

4. 安检指引

为旅客提供详细的安检流程、禁带限带物品规定及安检注意事项，协助旅客顺利通过安检，确保旅途安全。对于携带特殊物品的旅客（如婴儿食品、医疗设备等），为其提供专门的安检通道或特殊处理方案。

5. 机场设施介绍

为旅客详细介绍机场内的各类设施的位置、营业时间、服务内容等信息，包括免税店、休息区、餐饮、母婴室、无障碍设施、儿童游乐区等，提升旅客的满意度。

6. 紧急情况处理

在紧急情况下，如航班延误、取消、旅客突发疾病等，能够迅速响应并有效传达相关信息，协助旅客进行改签、退票、安排住宿、紧急就医等必要的帮助和指引，确保旅客出行安全。

7. 投诉处理

认真倾听并记录旅客的投诉与建议，及时记录并转达至相关部门并跟踪处理结果，确保旅客的合理诉求得到妥善解决，提升机场整体服务质量和旅客满意度。

8. 多语种服务

提供多语种服务，包括英语、中文、日语、韩语等，确保不同国籍和语言的旅客都能得到及时、准确的服务。

（三）岗位要求

1. 专业知识与技能要求

1）熟悉机场布局和设施

（1）精通机场的整体布局，包括航站楼结构、登机口分布、行李提取区、候机厅、洗手间、餐饮区、免税店、休息区等关键区域的具体位置，能够快速、准确地为旅客提供导引服务。

（2）熟悉各类服务设施的功能、营业时间及服务特色，以便为旅客提供详尽的指引和推荐。

2）实时航班信息监控

熟练掌握航班信息查询系统，实时跟踪航班的起飞、降落时间、航班状态、延误或取消等信息；能够迅速将航班变动信息传达给旅客，并提供改签、退票等后续建议。

3）掌握安全知识

深入了解安检规定、危险品识别、应急疏散路线等安全知识，能够在紧急情况下为旅客提供正确的指引和帮助。

4）多语种沟通能力

具备流利的英语口语和书写能力，并掌握其他常用语言（如中文、日语、韩语等），以满足不同国籍和语言的旅客需求。

2. 服务态度与沟通能力

1）良好的服务意识

始终秉持"旅客至上"的服务理念，积极、主动地为旅客提供帮助和服务。

2）耐心细致地解答

（1）对旅客的每一个咨询和疑问，都给予耐心、详细的解答，确保旅客完全理解并满意。

（2）使用简单易懂的语言，避免专业术语的滥用，提高沟通效率。

3）友善亲和的沟通

在沟通中保持微笑，用友善、亲和的态度拉近与旅客的距离；尊重旅客的个性和文化差异，避免任何可能引起误解或冲突的言行。

4）良好的团队协作

与同事保持良好的沟通和协作关系，共同解决工作中遇到的问题；在团队中积极分享经验和知识，共同为旅客提供优质的服务。

3. 应变能力与处理能力

（1）快速应变能力。在航班延误、取消等突发情况下，能够迅速作出反应，为旅客提供及时、有效的帮助和指引，并保持冷静、理智，避免因个人情绪影响服务质量。

（2）问题处理能力。对旅客提出的问题和投诉，能够迅速分析原因，给出合理的解决方案，并跟踪处理结果。善于总结经验教训，不断优化问题处理流程。

（3）紧急处理能力。在紧急情况下，能够保持冷静，果断地采取行动，确保旅客的安全和利益，熟练掌握应急疏散路线和救援设备的使用方法，提高应急响应效率。

三、值机

（一）岗位概述

值机岗位是航空公司客户服务部门的核心职位，承载着与旅客建立良好第一印象的关键职责。值机岗位工作人员主要负责旅客登机手续办理、行李托运和座位确认等工作。值机岗位的工作不仅能成为航空公司形象展示的窗口，更是确保旅客出行顺畅、体验愉悦的重要环节。值机岗位工作人员的主要工作聚焦于旅客登机手续的办理、行李托运的协调以及座位的确认，这些工作都直接关乎旅客的出行效率和舒适度。每一位值机岗位工作人员都是航空公司与旅客之间的桥梁和纽带。

（二）岗位职责

1. 办理登记手续

值机岗位的首要职责是为旅客办理登机手续。这包括核对旅客的身份证件、机票信息以及航班动态，确保旅客的身份和航班信息准确无误。同时，值机岗位工作人员还需要为旅客发放登机牌，并告知其航班号、起飞时间、降落时间、登机口等关键信息，确保旅客能够顺利登机。

2. 安排座位

在办理登机手续的过程中，值机岗位工作人员需要根据航班座位布局和旅客需求，为旅客安排合适的座位。这包括考虑旅客的座位偏好、同行人员的位置需求以及特殊旅客（如残障人士、儿童、孕妇等）的照顾需求。通过合理安排座位，值机岗位工作人员能够为旅客提供更加舒适和便捷的旅行体验。

3. 托运行李

值机岗位的另一重要职责是为旅客提供行李托运服务。值机岗位工作人员需要检查旅客的行李是否符合航空公司的托运规定，包括行李的尺寸、重量以及是否携带违禁品等。在确认行李符合规定后，值机岗位工作人员会为旅客打印行李标签并粘贴在行李上，然后将行李通过行李传送带运送到指定的货运区，确保行李能够随旅客一同前往目的地。

4. 解答旅客疑问

在办理登机手续和行李托运的过程中，旅客可能会遇到各种疑问和困惑。值机岗位工作人员需要耐心解答旅客的疑问，为旅客提供准确、清晰的信息和指导，这包括解释航班动态、解答座位安排问题、说明行李托运规定等。通过及时解答旅客的疑问，值机岗位工作人员能够增强旅客的信任感和满意度，提升航空公司的服务品质。

5. 处理异常情况

在旅客出行过程中，可能会出现各种异常情况，如航班延误或取消、旅客误机等。值机岗位工作人员需要具备应对各种异常情况的能力，及时为旅客提供解决方案和帮助。这包括为旅客提供航班动态信息、协助旅客改签或退票、为误机旅客提供后续行程安排等。通过妥善处理异常情况，值机岗位工作人员能够减轻旅客的焦虑和不便，提高旅客的出行效率和满意度。

6. 安全检查

值机岗位工作人员还需要在旅客办理登机手续和行李托运的过程中进行安全检查。这包括检查旅客的身份证件是否真实有效，检查旅客是否携带违禁品或危险品等。通过严格的安全检查，值机岗位工作人员能够确保旅客和行李的安全，保障航班的安全运行。

（三）岗位要求

1.具有良好的职业素养

（1）具有较强的服务意识。具备高度的服务意识，始终以旅客为中心，积极为旅客提供贴心、周到的服务。

（2）有责任心。对旅客的出行安全负责，对工作中的每一个环节都需认真对待，确保准确无误。

（3）良好的沟通能力。能够清晰、准确地与旅客沟通，包括解释航班信息、座位安排、行李托运等事宜，并耐心解答旅客疑问。

（4）团队协作能力。与机场其他部门保持紧密合作，共同为旅客提供优质服务。

2.丰富的航空知识和客户服务技能

（1）航空知识。了解航空业的基本知识，包括航班动态、机场布局、航空公司政策等。

（2）操作技能。熟练掌握值机系统的操作，包括航班信息查询、座位安排、行李托运、标签打印等。

（3）安全检查知识。了解违禁品和危险品的种类及识别方法，并正确地执行安全检查程序。

3.应变能力

（1）处理异常情况。能够迅速应对航班延误或取消、旅客误机等异常情况，为旅客提供合理的解决方案。

（2）应对旅客投诉。当旅客对服务提出投诉时，能够冷静、理性地处理，积极寻求解决方案，化解矛盾。

4.身体素质与形象要求

（1）身体健康。能够适应机场高强度的工作节奏，保持良好的精神状态。

（2）形象整洁。穿着整洁、得体的制服，展现专业、亲和的形象。

四、安检

（一）岗位概述

机场安检指的是乘坐民航飞机的旅客在登机前必须接受的一项人身和行李检查项

目，这也是为了保证旅客自身安全和民用航空器在空中飞行安全所采取的一项必要措施。通过严格的人身和行李检查以及专业的安检流程管理，机场安检工作能够有效地排除可能威胁飞行安全的因素，为旅客提供安全、便捷的出行体验。

（二）岗位职责

1. 待检区维序检查岗位职责

1）待检区秩序维护与管理

（1）首要职责是确保待检区的秩序，为旅客营造一个安全、有序的候检环境。

（2）负责引导旅客按照指示有序排队，避免拥挤和混乱。

（3）及时提醒并帮助旅客准备好身份证件、客票和登机牌等必要证件和资料，以便快速通过安检流程。

2）信息提示与旅客协助

（1）在待检区设置明显的指示牌和广播系统，为旅客提供实时、准确的安检信息。

（2）对于有特殊需求的旅客（如老人、儿童、残障人士等），提供必要的协助和关怀，帮助他们顺利过检。

3）调查研究与问题反馈

（1）在维护待检区秩序的过程中，注意观察并收集旅客的反馈意见和建议。

（2）开展调查研究工作，分析待检区存在的问题和不足，提出改进建议，以提升旅客的候检体验。

4）与其他岗位工作人员的协同合作

（1）与验证检查、行李检查等岗位的工作人员保持密切沟通，确保安检流程的顺畅进行。

（2）在遇到紧急情况时，及时与其他岗位的工作人员协调配合，共同应对突发状况。

2. 验证检查岗的岗位职责

1）证件核验与识别

（1）负责对乘坐国内航班旅客的有效身份证件、客票、登机牌等进行仔细核查。

（2）利用专业知识和经验，准确识别涂改、伪造以及其他无效证件，确保每一位旅客的身份信息真实有效。

2）安全风险评估与应对

（1）在核验过程中，对旅客的证件信息进行安全风险评估，对存在风险或异常的旅客进行重点关注和妥善处理。

（2）与其他安检岗位和执法部门工作人员保持紧密沟通，确保及时应对可能的安全风险。

3）调查研究与数据分析

（1）开展调查研究工作，收集和分析证件核验过程中发现的问题和异常情况，为改进安检流程和提高工作效率提供数据支持。

（2）定期对验证检查岗位的工作进行总结和评估，提出改进意见和建议，以提升整体安检水平。

4）协助执法部门查控

（1）协助执法部门对旅客进行查控，确保旅客信息符合相关法规和机关布控要求。

（2）在发现可疑人员或涉及安全问题的旅客时，及时报告并协助执法部门进行处理。

3.前传检查员岗位职责

1）登机牌核验与安全门引导

（1）严格核查每位旅客登机牌上的验讫章，确保每位旅客均已通过身份验证，符合登机要求。

（2）负责有序引导旅客通过安全门，确保旅客按照指示排队，避免拥堵和混乱，保障安检流程的顺畅进行。

2）行李摆放指导与监督

（1）清晰地向旅客说明在 X 射线机传送带上正确摆放受检行李物品的方法，确保行李物品能够顺利通过安检设备，提高安检效率。

（2）监督旅客按照指导正确摆放行李，对摆放不当的行李进行及时纠正，确保行李物品能够准确接受安检。

3）行李物品检查与违禁品处理

（1）细致检查每位旅客的行李物品，利用专业知识和经验准确识别违禁或可疑物品。

（2）对查出的违禁物品，严格按照相关规定进行处理，确保违禁物品不会进入航空器，保障航空安全。

（3）在处理违禁物品时，注重与旅客的沟通解释，确保旅客了解并遵守相关规定。

4）异常情况处理与报告

在检查过程中发现异常情况或可疑物品时，及时报告给上级或相关部门，并根据指示进行处理。

4.人身检查岗位职责

1）物品初步筛查

（1）负责对旅客放入托盘中的物品进行初步筛查，确保没有遗漏任何可能携带违禁品的物品。

（2）细致观察物品，对可疑物品进行重点检查，为后续的人身检查做好准备。

2）人身细致检查

（1）对每一位旅客进行认真的人身检查，使用专业仪器或手工检查方式，确保旅客身上没有携带任何违禁品或可疑物品。

（2）在检查过程中，注重与旅客的沟通，确保旅客理解并配合检查，同时保护旅客的隐私和尊严。

3）违禁物品识别与处理

（1）应具备专业的违禁物品识别能力，能够准确识别出各种违禁品和可疑物品。

（2）一旦发现违禁物品，应迅速、准确地按照相关规定进行处理，确保违禁物品不会进入航空器，保障航空安全。

4）安全教育与提醒

（1）在进行人身检查的同时，向旅客宣传航空安全知识，提醒旅客注意携带物品的安全性和合规性。

（2）帮助旅客增强安全意识，不携带违禁物品，共同维护航空安全。

5）紧急情况应对

（1）在进行旅客人身检查过程中，如遇到紧急情况或旅客突发状况，应迅速作出反应，采取必要的措施，确保旅客的安全和航空器的正常运行。

（2）与其他安检岗位工作人员及相关部门保持紧密沟通协作，共同应对可能出现的突发状况。

5.X射线机操作岗位职责

（1）设备规范操作。负责按照严格的操作规程，准确无误地操作X射线机，确保设备稳定运行，并遵循所有安全标准。

（2）图像精确鉴别。观察、鉴别监视器上显示的受检行李（货物、邮件）图像，准确识别图像中物品的形状、种类，以及任何可能的异常或可疑特征。

（3）违禁品快速识别。具备专业的图像分析能力和对违禁品的深入了解，在工作中能够迅速发现、辨认违禁物品或可疑图像，确保没有漏检。

（4）精确通知与协作。对于需要进一步开箱开包检查的行李（货物、邮件），准确无误地通知检查员开箱开包，以确保后续检查的及时性和准确性。

（5）持续学习与改进。不断学习和掌握最新的安检技术和标准，提高图像分析能力和违禁品识别水平，为提升整体安检效率和质量作出贡献。

（三）岗位要求

1. 专业知识与技能

（1）深入理解民航安全相关法律法规、安检标准，熟练掌握操作程序。

（2）具备出色的违禁品识别能力，能够快速、准确地发现潜在的安全隐患。

（3）熟练掌握安检设备（如 X 射线机、金属探测仪等）的操作与维护技能，确保设备的稳定运行。

（4）具备良好的英语听、说、读、写能力，以满足国际航班安检的沟通需求。

2. 职业素养

（1）热爱民航事业，对安检工作充满热情，具备高度的责任心和使命感。

（2）严格遵守职业道德和职业操守，维护安检工作的公正性和严谨性。

（3）具备良好的团队协作能力和沟通技巧，能够与旅客、同事和其他相关部门相互合作。

（4）在面对突发事件和紧急情况时，能够保持冷静并做出正确的判断与应对。

（5）具备较强的学习能力和适应能力，能够迅速适应民航安检工作的新变化和新要求。

（6）具备高度的安全意识，始终保持对潜在安全风险的警觉性，确保每一项安检工作都符合安全标准。

3. 身体素质

（1）身体健康，无色盲、色弱等视力障碍，能够适应安检工作的强度和压力。

（2）具备良好的体能和耐力，能够长时间站立、走动和操作安检设备。

4. 心理素质

（1）具备较强的抗压能力，能够在高强度的工作环境下保持稳定的情绪和高效的工作状态。

（2）具备较强的保密意识，能够严格遵守安检工作的保密规定，确保安检信息的机密性。

五、要客服务

（一）岗位概述

机场要客服务岗位是专门为贵宾旅客、VIP客户提供全程陪同服务的岗位。该岗位人员负责接待贵宾旅客，提供从机场入口到登机口的全程引导服务，解答旅客疑问，并协助处理特殊需求。该岗位人员要求具备优秀的沟通能力、应变能力和外语能力，以确保为旅客提供高品质、个性化的服务体验，让旅客的行程更加顺畅舒适。

（二）岗位职责

1. 接待引导

（1）热情接待抵达机场的贵宾旅客，通过预先的行程了解和需求分析，为每位贵宾提供个性化服务。

（2）在旅客抵达时，迅速、准确地识别并主动上前迎接，展现专业、周到的服务态度。

（3）全程陪同并引导旅客前往登机口、行李提取区、接机区或贵宾休息室等目的地，确保旅客顺畅通行。

2. 行李托运

（1）提供行李托运协助，确保行李安全、准确地送达目的地。

（2）为旅客贴附合适的行李标签，并详细解释行李托运的注意事项和规定。

（3）提供行李查询服务，确保旅客随时了解行李的运输状态。

3. 安全检查协助

（1）协助旅客快速、准确地完成安全检查程序，确保旅客遵守机场安全规定。

（2）提供安全检查前的咨询和解答服务，帮助旅客了解安检要求和流程。

（3）具备良好的安全意识和专业技能，确保旅客在安检过程中的舒适和安全。

4. 信息咨询

（1）熟悉机场布局、航班动态、登机时间等关键信息，为旅客提供准确、及时的咨询和解答服务。

（2）具备良好的沟通能力和解决问题的能力，确保旅客能够快速获取所需信息并解决问题。

5. 贵宾休息室管理

（1）保持贵宾休息室的整洁、舒适和秩序，为贵宾旅客提供高品质的休息环境。

（2）定期检查贵宾休息室的设施设备，确保其正常运作，并在需要时及时维修和更换。

（3）为使用贵宾休息室的旅客提供个性化服务，如饮品、小吃、报刊等，提升旅客的出行体验。

6. 紧急情况处理

（1）在紧急情况下保持冷静、迅速反应，并准确采取应对措施，确保旅客的安全。

（2）熟悉机场的紧急疏散程序和应急设备使用方法，确保在紧急情况下能够迅速、有效地组织旅客疏散。

（3）与机场相关部门保持密切沟通，确保在紧急情况下能够得到及时的支持和协助。

（三）岗位要求

1. 基本素质

（1）形象气质：要求仪容仪表整洁，穿着得体，能够展现机场服务人员的专业形象。

（2）服务态度：具备高度的服务意识，对待贵宾旅客要热情、友好、耐心，始终保持微笑。

（3）沟通能力：具备优秀的沟通技巧和语言表达能力，能够清晰、准确地传达信息，与贵宾旅客建立良好的沟通关系。

（4）团队合作：具备良好的团队合作精神，能够与其他部门协同工作，为贵宾旅客提供全面的服务。

2. 专业技能

（1）机场知识：熟悉机场的布局、设施、航班信息、安检规定等基础知识，能够迅速准确地为贵宾旅客提供所需信息。

（2）服务流程：熟练掌握机场要客服务的流程和要求，能够独立完成接待、引导、行李托运、安全检查协助等工作。

（3）外语能力：具备良好的外语沟通能力，能够流利地与外籍贵宾旅客交流，提供无障碍服务。

（4）紧急情况应对：了解机场的紧急疏散程序和应急设备使用方法，能够在紧急情况下迅速、准确地采取应对措施，确保贵宾旅客的安全。

3. 其他要求

（1）身体健康，能够适应快节奏和高强度的机场工作。

（2）具备良好的心理素质，能够应对各种复杂的工作环境和情绪压力。

（3）具备较强的学习能力和适应能力，能够不断学习和掌握新的服务知识和技能。

（4）诚实守信，遵守职业道德和法律法规，为贵宾旅客提供诚信服务。

六、登离机

（一）岗位概述

机场登机口工作人员是机场运行中不可或缺的一部分，需要承担安全管理、旅客服务、航班信息管理、危机处理、团队合作、紧急救援等多重职责。机场登机口工作人员的专业素养和职业技能对于保障旅客的安全和舒适旅行至关重要。

（二）岗位职责

1. 航班准备工作

（1）接收航班计划：根据航班计划，确认航班号、起飞时间、降落地点等关键信息，确保后续工作的准确性。

（2）登机口安排：根据航班信息和机场实际情况，合理安排登机口，确保旅客登机的便捷和顺畅。

（3）航班公告：制作并发布航班公告，包括登机口信息、航班动态、安全提示等，确保旅客及时获取航班信息。

2. 货物安全检查

（1）货物接收：接收并核对货物信息，核查货物与清单是否相符、有无违禁品或危险品。

（2）安全检查：对货物进行安全检查，利用 X 射线机、探测仪等设备检查货物内部情况，确保货物安全无虞。

（3）货物转运：将检查合格的货物转运至指定区域，等待装机，确保货物与航班匹配无误。

3. 航班登离机工作

（1）旅客登机：引导旅客有序排队，协助旅客完成登机手续，检查旅客登机牌和身份证件，确认旅客身份与登机信息一致。

（2）航班离机：在航班离机前，确认所有旅客已登机，并关闭登机口，与机组人员确认航班准备就绪。

（3）航班延误或取消处理：在航班延误或取消时，及时通知旅客，并协助旅客办理改签、退票等手续，确保旅客权益得到保障。

4. 安全检查

（1）旅客安检：协助安检人员对旅客进行安全检查，确保旅客携带的物品符合航空安全标准。

（2）登机口安全检查：在航班登机前，对登机口区域进行安全检查，确保无违禁品或危险品遗留。

（3）异常情况处理：在发现异常情况时，如旅客携带违禁品或危险品，及时报告并协助处理，确保航班安全。

5. 乘务服务

（1）航班信息播报：在航班登机、起飞、降落等关键节点，通过广播系统向旅客播报航班信息，确保旅客了解航班动态。

（2）旅客服务：协助乘务人员为旅客提供必要的服务，如提供饮料、毛毯等，确保旅客在航班过程中的舒适度。

（3）特殊旅客关照：对特殊旅客给予特别关照，协助他们顺利完成登机、离机等流程，确保他们的安全和舒适。

（三）岗位要求

1. 安全知识与管理能力

（1）具备丰富的安全知识和管理知识，包括但不限于航空安全、机场运行安全、旅客安全等。

（2）能够准确理解并遵循所有相关的安全规定和程序，确保旅客和机场设施的安全。

2. 安检技能与流程掌握

（1）能够接受并熟悉机场的安检工作，包括使用各种安检仪器进行检查。

（2）熟练掌握安检流程，包括旅客身份验证、行李检查等，并能快速有效地应对各种安检情况。

3. 卓越的服务素质

（1）具备出色的服务素质，熟练掌握各项旅客服务流程，包括但不限于旅客引导、问询解答、行李协助等。

（2）积极维护旅客的合法权益，为旅客提供热情周到的服务。

4. 具有较强的法律意识

（1）熟悉并遵守各项法律法规，包括航空法、民航安全法等。

（2）具备良好的法律责任意识，能够在遇到安全事件时迅速、准确地做出反应，并依法处理。

5. 较强的责任心及熟练的操作技能

（1）具备强烈的责任心，对待工作要认真细致。

（2）能够熟练操作各种计算机软件和机场设备，如登机口管理系统、行李传送带等，以确保工作的顺利进行。

一、单选题

1. PNR 的全称是（　　）。

 A. Passenger Name Record   B. Passenger Network Registration

 C. Passenger Number Registration   D. Passenger National Record

2. 以下哪项属于值机人员的核心职责？（　　）

 A. 设计机场广告   B. 为旅客安排座位

 C. 维修安检设备   D. 管理机场餐饮

3. 民航精神的四个核心内涵不包括（　　）。

 A. 严谨科学的专业精神   B. 忠诚担当的政治品格

C. 高效盈利的经营理念　　　　　　D. 团结协作的工作作风

4. 安检 X 射线机操作员的主要职责是（　　）。

　　A. 引导旅客登机　　　　　　　　B. 分析行李图像识别违禁品

　　C. 处理旅客投诉　　　　　　　　D. 销售免税商品

5. 以下哪项是售票员需掌握的技能？（　　）

　　A. 飞机维修技术　　　　　　　　B. 操作 CRS 订座系统

　　C. 驾驶摆渡车　　　　　　　　　D. 管理机场跑道

6. 要客服务岗位的职责不包括（　　）。

　　A. 协助贵宾快速通过安检　　　　B. 维修贵宾休息室设备

　　C. 提供多语种咨询服务　　　　　D. 全程陪同引导旅客

7. 地勤服务"三特性"是指（　　）。

　　A. 安全性、经济性、国际性　　　B. 服务性、安全性、国际性

　　C. 便捷性、环保性、创新性　　　D. 高效性、标准化、个性化

8. 以下哪项属于安检岗位的违禁品？（　　）

　　A. 充电宝（符合标准）　　　　　B. 瓶装矿泉水

　　C. 打火机　　　　　　　　　　　D. 笔记本电脑

9. 民航地勤人员职业素养中的"四心"不包括（　　）。

　　A. 包容心　　　　　　　　　　　B. 同情心

　　C. 功利心　　　　　　　　　　　D. 责任心

10. 登离机岗位在航班延误时应优先（　　）。

　　A. 关闭登机口　　　　　　　　　B. 通知旅客并协助改签

　　C. 检查货物安全　　　　　　　　D. 播放娱乐节目

二、判断题

1. 民航地勤人员需掌握 IATA 国际服务标准。（　　）

2. 绿色机场建设要求地勤岗位使用新能源设备。（　　）

3. 安检岗位须对液态物品执行 100% 开瓶检查。（　　）

4. 地勤人员职业培训包含应急处置虚拟仿真训练。（　　）

5. 国际航班地勤人员须掌握《蒙特利尔公约》条款。（　　）

6. 服务质量评价体系仅用于绩效考核，与晋升无关。（　　）

7. 地勤人员可自行处理无人认领行李。（　　）

8. 值机岛功能包含中转旅客行李直挂服务。 （ ）

9. 要客服务需提前 24 小时获取旅客完整行程信息。 （ ）

10. 地勤人员操作自助值机设备无须监控旅客操作。 （ ）

三、填空题

1. 地勤人员职业素养"四心"包含细心、耐心、_____、_____。

2. 国际性服务素养要求掌握_____和跨文化沟通技能。

3. 安全操作"三个必须"指：必须持证上岗、必须_____、必须留存记录。

4. 智能地勤设备包含_____和自助行李托运系统。

5. 服务质量评价指标包含服务时效性、_____、旅客满意度。

客票订座销售

项目导读

　　客票订座销售是地勤服务的前置环节，包括订座、航班安排、售票以及客票变更等服务，其服务质量直接关系到公司的经济效益。随着信息技术的飞速发展，民航客票的销售渠道已经从传统的客票窗口扩展到网络平台和移动应用，民航客票已经由传统的纸质客票发展为电子客票，因此熟悉客票销售的相关知识和熟练运用订座系统，掌握客票销售技能，是做好民航地勤服务工作的关键一步，本项目详细介绍了相关知识，并提供例题和操作实例以加强学习效果。

学习目标

1. 知识目标

　　（1）理解航空订座与客票销售的基本概念，包括航班信息查询、旅客订座流程、客票类型及购买方式等基础知识。

　　（2）熟悉民航旅客运价体系，了解不同舱位、航线、时间段的票价差异及优惠政策，掌握票价构成及计算方法。

　　（3）学会电子客票行程单的辨读与应用，能够识别电子客票行程单的关键信息，理解其在旅行中的重要作用。

　　（4）掌握售票流程与要求，熟悉航空公司的售票规范，了解售票过程中的注意事项及合规性要求。

2. 能力目标

　　（1）能够熟练运用航班信息查询系统，快速准确地为旅客提供航班信息。

　　（2）能够根据旅客需求为其推荐合适的航班和舱位。

　　（3）能够根据客票变更、签转与退票规则及签转与退票需求。

　　（4）能够遵循航空公司的售票规范，运用售票操作技能确保售票过程的准确性和合规性。

3. 素质目标

（1）具备良好的客户服务意识。

（2）具备团队合作精神。

（3）具备较强的责任心和耐心。

项目实训

1. 任务情景

你是一名航空公司客服代表，正在值班。此时，旅客张先生来电，表示他计划于下周三前往上海出差，需要你为其提供全面的航班订座与客票销售服务。张先生对航班时间、舱位等级、票价以及可能的客票变更、签转与退票规定都非常关心。你需要根据所学知识，为张先生提供专业的服务，确保他能够顺利预订到合适的航班，并了解所有相关信息。

2. 任务实施

1）航班信息查询

（1）根据张先生的出发地（北京）、目的地（上海）和出行日期（下周三），查询合适的航班信息。

（2）向张先生提供至少两个不同时间段的航班选项，包括航班号、起飞时间、到达时间、经停站点、机型、舱位余量等关键信息。

2）旅客订座

（1）根据张先生选择的航班和舱位等级（如经济舱），为其完成订座。

（2）填写张先生的个人信息，包括姓名、证件号码（身份证）、联系方式（手机）等，并确认订单。

（3）引导张先生完成支付，并告知其订座成功的消息及后续注意事项，如提前到达机场办理登机手续等。

3）票价咨询与出票

（1）向张先生解释所选航班的票价构成，包括基础票价、燃油附加费、机场建设费等，并介绍当前的优惠政策（如提前购票折扣）。

（2）根据张先生的需求，为其出具电子客票，并发送至其指定的电子邮箱。确认电子客票信息无误后，提醒张先生妥善保管，并告知其如何使用电子客票办理登机手续。

4）客票变更、签转与退票规定说明

（1）向张先生详细介绍客票变更、签转与退票的相关规定，包括变更时间限制、费用计算方式、签转条件以及退票流程等。

（2）解答张先生关于客票变更、签转与退票的疑问，并根据他的出差计划，提供相应的建议，如是否需要购买退票险等。

3. 任务评价

序号	项目评价	评价内容与标准	分值	评价主体		
				小组自评（20%）	组间互评（40%）	教师评价（40%）
1	航班信息查询	准确查询并提供至少两个航班选项，无遗漏或错误	20分			
2	旅客订座	正确为旅客订座，填写信息无误，订单确认及时	20分			
3	票价咨询与出票	清晰解释票价构成，准确出具电子客票，无差错	30分			
4	客票变更、签转与退票规定说明	准确介绍相关规定，解答旅客疑问，建议合理	20分			
5	服务态度与沟通能力	态度友好，沟通清晰，能够解决旅客的问题	10分			

案 例 导 入

东航武汉公司机场售票柜台班组：用心用情服务旅客

2022年11月28日，凌晨4点40分，武汉天河机场F岛东航售票柜台已有旅客来办理手续，售票柜台班组成员们也早已到岗，熟练地为旅客打印行程单、回答旅客问询。为保障6点10分的武汉至广州航班的服务工作，组员们起床时间提前至凌晨3点30分。当大部分人还在睡梦中时，他们已经精神抖擞，开始了一天的工作。

　　每天清晨，在旅客一连串"可以办理改签吗？""广州的机票现在还能买吗？""报销用的行程单是这里打印吗？"等急促的询问中，东航武汉公司市场销售部机场售票柜台班组开始了每一天的忙碌工作。这支由13人组成的售票服务班组，曾多次成功保障"两会"、世博会、防疫医疗等相关重要航班的票务服务工作，他们始终秉承"真情服务"的宗旨，为旅客出行保驾护航。

　　他们总是齐心协力，节假日总能坚守岗位，忙起来的时候水顾不上喝，饭也顾不上吃，但谁也不叫苦不叫累。在遇到棘手的问题时，大家从不推诿，而是相互交流，尽心尽力地为旅客排忧解难，积极服务好南来北往的每一名旅客，做好机票退改签、办理无陪及特殊旅客申请、协助客户经理办理大客户登机牌……直到当天最后一个离港航班截载，忙碌的一天才算结束，如果遇到航班延误，她们有时要工作到次日凌晨一两点，直到航班的最后一名旅客登机。

　　在工作之余，这个班组所有成员坚持加强理论与业务学习，他们把为旅客提供优质服务当作自己的责任！他们在用实际行动诠释民航"真情服务"的责任和担当。

　　讨论：售票柜台班组的真情服务离不开哪些民航精神？

任务一　旅客订座

订座是对旅客预订的座位、舱位等级或对行李的重量、体积的预留。旅客应该先订座后购票乘机。

旅客订座不仅是航班座位管理的基础环节，也是航空公司提升运营效率、优化旅客体验的关键步骤。通过规范的订座流程，航空公司能够合理安排座位资源，确保航班满载率，同时满足旅客的个性化需求。此外，旅客订座还涉及票务销售、航班信息查询、行李托运等多个环节，是航空运输服务链条中的重要组成部分。

一、航班信息查询

在接受旅客咨询和为旅客订座时，工作人员经常需要利用订座系统或官方航空指南（Official Airline Guide，OAG）来选择和确定具体的航班。选择航班需要考虑班期、班次、航班时刻，以及出发、经停和目的地机场等诸多因素。

（一）官方航空指南（OAG）简介

官方航空指南（以下简称为 OAG）分为航班指南和航班指南附录两本资料，这里主要介绍航班指南。

航班指南每月出版一期，内容包括：航班时刻表、航空公司代码、代码共享航空公司、航空公司数字代码、机型代码、州或省代码、城市或机场代码、建立中转航班、最短衔接时间、航班路线、机场候机楼。此外还有一些参考资料信息。

1. 航班时刻表

航班时刻表是 OAG 中最主要的内容，占整个航班指南 90% 以上的篇幅。

1）出发地城市 / 机场情况

一些城市有多个机场，所以在航班安排过程中首先应明确这些城市有几个机场，每个机场的具体位置如何。OAG 以下列两种方式显示出发地城市和机场信息。

（1）城市 / 机场地图。城市 / 机场地图用来指明机场相对于城市的位置。城市 / 机场地图后面按字母顺序显示到达城市及其相应的航班信息。

（2）出发地城市／机场表。如表 2.1 所示，第一行为出发城市信息，即从中国北京（城市代码为 BJS）起飞，北京时间比 GMT 快 8 小时；第二行为出发机场信息，即北京有两个机场，一个是北京首都国际机场（机场代码为 PEK），距离市中心 25 千米，另一个是北京大兴国际机场（机场代码为 PKX）；出发城市和出发机场下方为到达城市信息，荷兰阿姆斯特丹（城市代码为 AMS），北京和阿姆斯特丹相距 7829 千米，荷兰阿姆斯特丹时间比 GMT 快 2 小时。

表 2.1　出发地城市／机场表

From Beijing, China BJS GMT+8
PEK（Beijing Capital International Airport）15.0 mls/25.0 km
PKX（Beijing Daxing International Airport）
Amsterdam AMS 4866.0 mls/7829.0 km GMT+2 …

2）航班时刻表信息

每一天，整个航空旅行生态系统都会处理数十亿项决策，其中大多数决策需要依靠数据来完成。OAG 从每次旅行、每次预订、每次起飞和降落、每次离港抑或延误中一一收集数据，不断清除、整理、合并，最终将数据汇入实时反馈、趋势分析和预测工具之中。数据是 OAG 协助航空公司、机场、旅游科技公司设计创新型产品、快速响应服务和无缝体验的利器。OAG 航班时刻表如图 2.1 所示。

Top 10 Revenue Routes Apr'17 – Mar'18

Airline Name	Market Pair Code	Total Revenue (US$)	Scheduled Hours	Revenue Per Hour (US$)
British Airways	JFK–LHR	1,037,724,867	42,117	24,639
Qantas Airways	MEL–SYD	854,692,402	35,264	24,237
Emirates	LHR–DXB	819,409,702	32,378	25,308
Singapore Airlines	LHR–SIN	709,730,107	38,883	18,253
American Airlines	LAX–JFK	698,074,171	50,581	13,801
United Airlines	SFO–EWR	687,674,312	56,693	12,130
Cathay Pacific Airways	HKG–LHR	631,855,868	44,206	14,294
Qatar Airways	LHR–DOH	552,658,316	31,264	17,677
Air Canada	YVR–YYZ	552,264,972	48,253	11,445
Singapore Airlines	SYD–SIN	543,723,893	27,847	19,525

Source **OAG** schedules analyser **OAG** traffic analyser

图 2.1　航班时刻表

2. 代码共享航空公司

在国际航空运输实践中，如果特定的航班由一家航空公司负责营销而由另一家航空公司负责实际运营，就称这两家航空公司间实行了航班代码共享。如旅客在全程旅行中有一段航程或全程航程是在 CA 航空公司购买的机票（假设航班号为 CA6041），实际乘坐的是 LH 航空公司航班（假设实际承运的航班代码为 HI23），那么该两家航空公司间实行了代码共享，该次航班为 CA 和 LH 的代码共享航班（该次飞行有两个航班代号）。代码共享优化了航空公司的资源，也能使旅客从中受益，现已成为全球航空运输业内最流行的合作方式。

OAG 的航班时刻表中以"★"标示出了代码共享航班，该航班并非由此航空公司实际运营，而是由代码共享航空公司运营，具体代码共享情况需要查阅"代码共享航空公司"部分。表 2.2 列出了某时期中国国际航空公司的部分航班代码共享情况。

表 2.2　代码共享航空公司

C	Flight Numbers		Operated by
CA	Air China		
	1151—1198	SC	Shandong Airlines
	3007—3010	AY	Finnair
	3101—3148	FM	Shanghai Airlines
	3601—3622	NX	Air Macao
	4075—4996	SC	Shandong Airlines
	5001—5036	OZ	Asian Airlines
	5101—5164	NZ	Air New Zealand
	6041—6231	LH	Lufthansa German Airlines

3. 机型代码

OAG 中的机型代码以英文字母、数字或字母与数字结合的三字代码形式表示，由国际航空运输协会统一给出，而且同时列出了飞机的种类和机型，表 2.3 列出了部分厂家机型及代码。

表 2.3 部分常见机型及代码

机型	代码	机型	代码
Airbus Industrie A318	318	Boeing 737—800 Passenger	738
Airbus Industrie A318/319/320/321	32S	Boeing737—900（Winglets）Passenger	73J
Airbus Industrie A319	319	Boeing 737—900 Passenger	739
Airbus Industrie A320	320	Boeing747（Mixed Configuration）	74M
Airbus Industrie A321	321	Boeing 747 Passenger	747
Airbus Industrie A330	330	Boeing 747—200（Passenger）	742

4. 航班路线

航班路线可以通过 OAG 进行查询，包括由多个航段构成的航班。OAG 通过交互式地图展示机场路线和连接。确保旅客能够以最直观的方式了解航空公司和机场的航线网络信息。通过绘制机场的全球航线地图展示机场的航线网络和连接优势，同时可以叠加该地区名胜古迹、城区文化和其他商业信息以增加目的地的吸引力。

5. 机场候机楼

OAG 可以提供机场候机楼内的相关信息查询。一个机场可能拥有一个或多个候机楼，OAG 能够查询每个候机楼情况及候机楼内分别有哪些航空公司提供服务。

（二）航班安排

实际工作中，经常有需要为旅客安排航班的情况。合理的航班安排不仅可以为旅客节约费用，同时也能为旅客节约时间，减少旅途疲劳，从而为航空公司赢得旅客信誉增添砝码。

安排航班时应考虑以下三方面的问题：选择合理的航线；优先考虑直达航班，没有直达航班时考虑公布的中转衔接航班；最后考虑自行建立中转航班。

1. 航线的选择

航线选择的基本原则是不出现迂回、交叉或重复路线，保证航程距离尽可能短，时间尽可能节省。

2. 直达与中转航班安排

OAG 航班时刻表中提供了两点间直达航班和中转衔接航班信息。一般在有直达航班的情况下，优先考虑直达航班。

1）直达航班

直达航班是指某个航空公司使用同一班号执行两地之间全段航程的航班。从技术、经济两方面考察，中途也可能会经停第三地。在经停站停留时，航班可能被允许挂载从当地出发的旅客，也可不进行上下客，仅进行技术经停（如补充燃油等）。

两个机场间的不经停航班必然是直飞航班，但是直达航班可能是不经停航班，也可能包含经停站。包含经停的直达航班会在中途某地降落，可能会上下乘客、装卸货物或补充燃油。不经停航班则不包含任何形式的经停。

2）中转联程航班

中转联程则是不同直达航班（分别具有各自不同的航班）之间的换乘。例如，"成都——加德满都"的中国国际航空"437/438"号班机为不经停的直达航班，作为对比，"成都拉萨——加德满都"的中国国际航空"407/408"号班机则为包含经停的直达航班（但是两段各自分别仍为不经停航班）。国际直飞航线可能包含国内航段，这类航班的国内航段混合搭载了境内旅客和出境旅客，因此通常需要在经停站进行海关、边防检查。如果某个包含经停的直达航班经停某航空公司的枢纽机场，并且前后航段航程、客流量差异较大，则还可能出现更换飞机型号的情况，例如，"上海浦东—北京—旧金山"的中国国际航空985号班机在某些时候会使用波音737服务国内航段，使用波音747服务国际航段。

中转联程是指航空公司将航班资源进行有效的组合，形成航线网络，将旅客从始发地经一个或多个中转地运送至目的地，同时可以最大限度地发挥航空运输方便、快捷的优势，给旅客提供更多的便捷和实惠。

中转联程票是指始发地到目的地之间经另一个或另外几个机场中转，含有两个（及以上）乘机联、使用两个（及以上）不同航班号的航班抵达目的地的机票。例如，从呼和浩特飞往三亚，中间从郑州中转，购买的从呼和浩特到郑州、郑州再到三亚的机票就是联程机票。再如，某旅客需要去上海和深圳两个城市办事，那么他可以选择"北京—上海—深圳"的中转联程机票，价格会非常实惠，但是要注意中转停留站的停留时间，要事先选择而不能更改。

3）最短衔接时间

有时航班时刻表中既没有直达航班也没有中转衔接时间，或者虽有航班信息但都不满足旅客要求，此时需要为旅客另行建立中转航班。建立中转航班必须考虑到航班最短衔接时间的因素。这是因为在中转点转机时可能需要面临海关、检疫、边防等手续，如果中转点城市有多个机场，而旅客到达与出发不在同一机场，或者即使在同一个机场，但在不同的候机楼，这些都需要花费一定的时间，为了确保旅客顺利搭上下一个航班，必须留出足够的衔接时间。一般而言，国际旅客因为要接受边境手续，会比国内旅客需要更长的最短衔接时间。一般转机情况可分为三种，即同一候机楼内转机、同一机场不同候机楼之间转机、同一城市不同机场转机。

最短衔接时间（Minimum Connecting Time，MCT），是指从一个航班转换到另一个衔接航班所需的最短时间间隔。国际航协公布了每个机场的标准最短衔接时间。但值得注意的是，有一些航空公司要求的最短衔接时间可能大于或小于标准 MCT，因此 OAG 建议在安排衔接航班时应与相关航空公司核实。

二、客票变更、签转与退票

（一）客票变更

1. 变更的种类

（1）航班日期变更：这是指旅客在原定航班日期之前或之后，将航班日期进行更改，通常被称为"改签"。

（2）航班时刻变更：旅客将原有航班的出发或到达时间进行调整，这通常发生在航空公司调整航班时刻或旅客个人需求改变的情况下。

（3）舱位等级变更：当旅客需要将原来购买的经济舱升级到商务舱或头等舱，或者从高舱位降级至低舱位时，涉及舱位级别的变更，可能需要支付升舱费或退还差价。

（4）航班线路变更：改变原有的出发地或目的地，或者改变中转城市的航班线路。

（5）承运人变更：将原定航空公司的航班改为另一家航空公司的航班，这通常称为"签转"，需要征得原航空公司同意，并视新承运人的航班座位情况而定。

（6）旅客信息变更：包括旅客姓名、证件信息等非行程内容的变更，通常这类变更较为严格，尤其是在涉及实名制机票时。

2. 客票变更的一般规定

（1）有效期限：客票变更必须在客票的有效期内进行，超出有效期的客票通常不能进行变更。

（2）提前申请：旅客通常需要在原航班规定的离站时间之前一定时间内（如 48 小时或更长时间）提交变更请求。

（3）变更类型：变更内容可以包括航班日期、时间、舱位等级等，有些情况下还可以变更始发地或目的地（即改签到不同航线），但通常这种情况被视为退票后重新购买。

（4）费用规定：航空公司对客票变更通常会收取一定费用，费用多少取决于变更类型、舱位、购票折扣及距离航班起飞的时间等。

（5）有些航空公司对特定舱位或票价类别（如全价票或高折扣票）提供免费或较低费用的改签服务。

（6）若改签后的航班票价低于原票价，航空公司会退还差额，反之则需要旅客补足差价。

（7）舱位变更规定：同等舱位内的变更可能无须补差价或只需支付较少费用；升舱通常需要补缴差价，而降舱则可能退还差价。

（8）非自愿变更舱位等级时，航空公司通常会有不同的处理规则，例如非自愿升舱一般不需要旅客补差价，非自愿降舱则会退还差价。

（9）次数限制：客票变更通常有一次或两次的机会，超过次数限制后，可能需要按照退票规定处理后重新购票。

（10）特殊规定：对于团体票、优惠票或特殊促销票，变更规定可能更为严格，甚至不允许变更。

3. 客票变更的处理及收费规定

1）变更时间点

航班起飞前：大多数航空公司允许在航班起飞前一定时间内（如起飞前24小时或更早）免费或以较低费用更改航班日期、时间或舱位等级，具体规定取决于机票折扣的高低。

航班起飞后：一般情况下，航班起飞后进行改签将会收取较高的变更费用，而且不是所有航空公司都允许航班起飞后的改签。

2）舱位等级与折扣

全价票或高折扣票：通常允许免费或低成本变更，如商务舱、头等舱或特定折扣以上的经济舱票。

中低折扣票：折扣越大，改签的自由度越低，且变更费用按比例递增，如50%—90%折扣的机票可能允许有限次数的免费改签，然后按百分比收取变更费。

超低折扣票：如3折及以下的特价票，可能不允许改签或只允许付费变更，并且费用可能相当高。

3）变更次数

多数航空公司对每个航班的免费改签次数有限制，超过次数后将开始收取变更费用。

4）变更费用计算

变更费用通常是基于原票面价格的一定比例，例如 5%、10% 或更高，具体比例依航空公司政策和折扣票种而定。

若变更后的航班票价高于原票价，需补足差价；若低于原票价，部分航空公司会退还差价，但通常不会全部退还，可能扣除一部分变更费用。

5）特殊规定

对于特殊产品（如往返套票、假期包价产品、集团票等）和促销活动票，变更规定可能更为严格，可能不允许免费变更或只能以更高的费率进行变更。

因航空公司自身原因（如航班取消、延误等，见图 2.2）导致的变更，航空公司通常会免费为旅客重新安排航班。

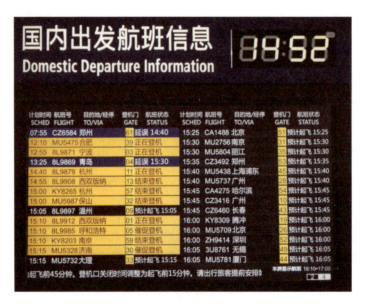

图 2.2　机场航班显示屏

（二）客票签转

1. 自愿签转的一般规定

旅客自愿要求改变承运人，在符合下列全部条件的情况下，承运人可以予以签转：

（1）旅客使用的票价无签转限制。

（2）旅客未在航班规定离站时间前 72 小时内改变过航班、日期。

（3）旅客应在航班规定离站时间 24 小时（含）以前提出。

（4）新承运人与原承运人有票证结算关系且新承运人的航班有可利用座位。上述签转如未经承运人特别授权，承运人的销售代理不得为旅客办理签转。

（5）凡不符合以上条件的旅客要求改变承运人，一律按自愿退票的规定办理。

（6）除另有规定外，特殊票价客票一般不予签转。

（7）承运人有权办理签转手续的部门为承运人办理国内业务的售票部门和运输业务部门，承运人授权签转的代理人的售票部门和运输业务部门。

（8）客票签转后，对原已定妥的续程航段座位，由签转客票承运人负责取消。

2. 非自愿签转的规定

非自愿签转是航空运输服务中，当旅客由于航空公司无法控制的原因无法按照原定计划乘坐航班时，由航空公司主导或协助将旅客转移至另一架航班或另一个承运商航班的服务。这种转移并不基于旅客的意愿，而是航空公司自身运营问题所致，故称作"非自愿签转"。非自愿签转的一般规定通常包含以下几点：

1）触发条件

非自愿签转的典型触发因素包括航班取消、严重延误（如延误时间超过一定限度）、航班合并、航班机型更改导致座位不足、航线调整等。

2）免费签转与补偿

在非自愿签转情况下，航空公司通常会免费为旅客办理签转手续，不会向旅客收取任何额外费用，即使新航班的价格高于原航班价格。同时，如果签转至的航班舱位等级不同于原舱位，航空公司应尽力安排相似等级的座位，若无法实现，则应提供适当补偿。

对于因签转导致的滞留，航空公司通常会承担一定的膳宿费用，具体标准根据不同航空公司的政策和所在国家或地区的法规而定。旅客还有权要求退还未使用的航段费用和其他相关服务费用（如预付行李费、选座费等）。

3）替代航班安排

航空公司应迅速为受影响的旅客安排最早的可利用航班，力求最大限度减少对旅客行程的影响。如果涉及国际航班，还需要考虑签证、入境政策和转机衔接等问题，航空公司应提供必要的协调与支持。

4）行李处理

非自愿签转时，旅客的托运行李也将随之转运，航空公司应确保行李与旅客同机到达。如遇特殊情况，应及时通知旅客行李的最新动态。

5）法规保护与权益主张

在不同国家和地区，非自愿签转的旅客权益受到各国航空运输法律法规的保护。例如，在美国，DOT（Department of Transportation）规定了详细的非自愿签转政策，而在欧盟，《欧盟261/2004号条例》对航班取消和长时间延误下的旅客权益进行了明确规定。

6）跨航空公司签转

在没有直接签转协议的条件下，非自愿签转可能需要经过原承运航空公司和接收航空公司的同意。然而，在某些特殊情况下，如航班大面积延误或取消，政府监管部门可能介入协调，强制航空公司间进行合作，确保旅客能及时抵达目的地。

（三）退票的定义及规定

1. 退票的定义

退票在航空旅行中是指旅客在购票后，由于各种原因无法继续按照原定计划乘坐航班，因而向航空公司或机票销售代理提出取消预订并要求退回部分或全部机票款项的行为。退票的规定因航空公司和机票类型的不同而有所差异，通常包括以下要素：

（1）自愿退票：旅客出于个人原因主动提出的退票，如行程变更、疾病、工作调动等。这类退票通常会根据购票时的退票政策收取一定的退票手续费，手续费比例根据购票时间、航班起飞时间、舱位等级等因素确定。

（2）非自愿退票：因航空公司自身原因，如航班取消、延误、航线变更等导致旅客无法乘坐原定航班，此时旅客有权要求全额退款，且通常无须支付退票费，包括承运人取消航班、承运人未按班期时刻表飞行、班机未在旅客所持客票上列明的目的地或分程地点降停、航班衔接错失、承运人要求旅客中途下机或拒绝旅客乘机（因旅客证件不符合规定或违反有关国家政府或承运人要求、规定者除外）。非自愿退票的原因还包括天气原因、政府原因和旅客健康状况（经医疗单位证明不能旅行）等。

2. 退票的一般规定

（1）退票时间限制。旅客通常可以在航班起飞前一段时间内申请退票，具体时间限制根据航空公司或购票平台的不同而异，一般而言，距离航班起飞时间越远，退票的限制条件越宽松，甚至在一定时间范围内（如 15 天以上）可以免收退票费。有些航空公司在航班起飞前 30 分钟或更短时间仍然允许退票，但这通常需要在机场售票柜台办理。

（2）退票费用。根据退票时间早晚，收取的退票费用会有所不同。一般来说，距离航班起飞时间越近，退票费用越高，可能按票价的 5%、10%、20% 等比例收取。对于提前足够时间（如 15 天及以上）退票的旅客，部分航空公司可能不收取退票费。特殊时期的退票政策可能有所不同，如春运、黄金周等高峰期，退票费可能会增加。

（3）退票方式。旅客可以通过原购票渠道，如航空公司官网、App、客服热线或购票代理处办理退票。网上购票未取纸质票的旅客，通常可以直接在网上办理退票手续。

（4）退票退款。退票后，旅客支付的票款会在扣除退票手续费后退还。退款方式一般为原路退回支付账户，退款时间根据航空公司和支付方式的不同，从几天到几周不等。

（5）特殊规定。部分特价票、促销票或特定舱位的机票可能不允许退票或只允许支付高额费用退票。若因航空公司原因（如航班取消、延误等）导致旅客无法正常乘坐航班，航空公司通常会提供免费退票或改签服务，并根据具体情况给予适当赔偿。

（6）团体票与套餐票。对于团体票或与其他旅游产品捆绑销售的套餐票，退票规定可能更为严格，可能需要整团或整个套餐一起退订。

（7）不可退票的情况。有些情况下，如已经使用部分航段的联程机票、特价票或票面注明"不得退票"的机票，将无法退票或只能退还部分费用。

3. 退票的时间和地点

旅客要求退票，应在其客票有效期内向承运人提出，否则承运人有权拒绝办理。

1）退票时间

旅客在航班规定离站时间 24 小时以前要求退票，一般可以正常办理退票手续，退票手续费由承运人规定。

在航班起飞前 24 小时以内至 2 小时以前要求退票，航空公司通常会收取客票价格 10% 的退票费。

在航班起飞前 2 小时内要求退票，退票费用可能会增加到客票价格的 20%。

航班起飞后，通常不支持办理退票，但具体还需根据航空公司的规定来判断。如果确实需要退票，可能需支付高达票面价50%的退票费。

2）退票地点

退票只限在出票地、航班始发地、终止旅行地的承运人或其销售代理人售票处办理。这意味着，旅客需要前往购票时所在的地点，或者是航班的始发地、终止旅行地的航空公司或其代理人的售票处来办理退票手续。

4. 自愿退票费的收取

自愿退票办理的规定：自愿退票情况下，航空公司向旅客收取退票费，退票费以票面价格为基准按承运人有关规定计收。自愿退票计算原则如下：

（1）客票全部未使用，扣除相应航段舱位的退票费后，余额退还旅客。

（2）客票已部分使用，扣除客票已使用航段舱位票价和未使用航段舱位的退票费后，余额退还旅客。

5. 退票费收取标准

因旅客购票后放弃旅行，会给航空公司带来座位虚耗的风险，民航局规定航空公司可以对自愿退票的旅客收取相应的退票费。自愿退票根据提出退票的时间不同，收取不同的退票费。机场建设费和燃油附加税全额退还。

1）客票未经使用

（1）在航班规定离站时间24小时（含）以前，收取客票价5%的退票费（不定期客票的退票也按此标准计收退票费）。

（2）在航班规定离站时间前24小时以内至2小时（含）以前，收取客票价10%的退票费。

（3）在航班规定离站时间前2小时以内，收取客票价20%的退票费。

（4）在航班规定时间离站时间以后，收取客票价50%的误机费。

（5）对自愿变更过航班、日期的客票，应将旅客退票时间距航班规定离站时间，及各次自愿变更航班的时间距其所变更的航班规定离站时间加以比较，选择其中最短的一次作为计算旅客退票费的时间依据。

2）客票已使用一部分

（1）旅客在航班的经停地自愿终止旅行，该航班未使用航段的票款不退。

（2）旅客持联程、中途分程或来回程票，在去程航班经停地自愿终止旅行时，客票失效部分只算到联程、分程或去程站，续程或回程部分仍属有效。

（3）旅客在联程站、分程站停止旅行，要求退续程或回程航段客票，按自愿退票的规定收取各航段的退票费。

3）儿童、婴儿的退票

（1）持儿童客票的旅客要求退票，按成人客票的规定办理，以票面价计收退票费。

（2）持婴儿客票的旅客要求退票，免收退票费。

4）革命残废军人（警察）的退票

革命残废军人（警察）要求退票，免收退票费。

以上退票费收取标准是民航通用标准，各航空公司执行有一些差异，但执行的收费标准不得高于通用标准（特价机票除外）。如某些公司统一收取5%的退票费，或者值机前免费退票等。目前，退票费的收费标准都是以旅客所购客票的舱位等级为标准，再按照一定的百分比计收的（表2.4），实际销售过程具体的收取规定应直接咨询相关航空公司。

表2.4　自愿退票手续费收费标准（按对应航段的票面百分比价格收取）

舱位服务等级	舱位等级代码	航班起飞前7天（168小时）（含）之前	航班起飞前7天（不含）至48小时（含）	航班起飞前48小时（不含）至4小时（含）	航班起飞前4小时（不含）至航班起飞后
头等舱	F	免费	5%	5%	10%
	A	5%	5%	5%	15%
公务舱	J	免费	5%	5%	10%
	C/D/Z/R	5%	10%	15%	20%
超级经济舱	G	免费	5%	10%	15%
	E	10%	15%	25%	30%
经济舱	Y	免费	5%	10%	15%
	B/M/U	10%	15%	25%	30%
	H/Q/V	10%	20%	35%	45%
	W/S	20%	30%	65%	70%
	T/L/P/N/K	20%	40%	70%	75%

案例解析

　　某旅客全程使用某航空公司航班旅行，航程为"XMN—CAN—KMG"，其中"XMN—CAN"购买 6.5 折票，"CAN—KMG"购买 5.0 折票，旅客到了广州以后中断旅行，提出退票，请问应收多少退票费？（"XMN—KMG"航程票价为 1010.00 元）

　　分析：旅客到达广州后提出退票，已经完成的航段费用不用考虑。根据南航的规定，5.0 折票退票时按票面价 50% 收取退票费，因此：

　　CAN—KMG：$1010.00 \times 50\% = 505.00$

　　应收取的退票费为 505.00 元

6. 非自愿退票费的收取

　　（1）非自愿退票办理的规定如下：①由于承运人原因，旅客要求退票，在航班始发地应退还全部票款；在航班经停地应退还未使用航段的全部票款，但不得超过原付票款金额，均不收取退票费。②客票全部未使用，退还未使用全部原付票款。③客票部分已使用，退还未使用航段票款。④若班机在非规定的航站降落，旅客要求退票，原则上退降落站至旅客目的地的票款，但退款金额以不超过原付票款为限。

　　（2）因健康原因，经医疗单位证实不适宜乘机而要求退票，此种退票实属旅客本人原因，但不是旅客的意愿，所以仍属于非自愿退票，按照非自愿退票的规定办理。旅客因病要求退票，须提供县级（含）以上医疗单位出具的医生诊断证明，在航班始发地提出，退还全部票款；在航班经停地提出，退还未使用航段的全部票款，均不收取退票费。如果病情突然发生，或在航班经停站临时发生病情，一时无法取得医疗证明，也必须经承运人认可后才能办理。患病旅客的陪伴人员要求退票，应与患病旅客按同等规则、同时办理退票手续。

　　（3）在航班经停地退还未使用航段全部票款，是指退还旅客从航班经停地到目的地的全部票款，而不是扣除从始发地到经停地的票款后退还余额。

案例解析

> 旅客 A 购买成都到哈尔滨的机票，全程票价为 2280 元，航班经停西安，其中成都至西安票价为 630 元，西安至哈尔滨票价为 1680 元。飞机在飞往西安的途中，由于天气原因备降银川，且计划飞往哈尔滨的起飞时间为第二天 12 点，旅客在银川要求退票，银川至哈尔滨票价为 1840 元。
>
> 根据非自愿退票的原则，旅客 A 有权要求退还其未使用的航段票价，即西安至哈尔滨的票价为 1680 元。虽然旅客在银川退票，且银川至哈尔滨有直接的票价为 1840 元，但退票金额通常应基于旅客原始购买的航段和票价来计算。因此，应向旅客退西安至哈尔滨的票价为 1680 元。

7. 团体旅客客票变更与退票

1）团体旅客客票变更

（1）团体旅客购票后，如自愿要求改变舱位等级，经承运人同意后方可办理，票款差额多退少补。

（2）团体旅客自愿要求变更航班、日期，应按自愿退票办理。

（3）团体旅客中部分旅客自愿变更，造成继续旅行的旅客不足 10 人，则已不具备团体旅客应享有的优惠条件，继续旅行的旅客应补付普通票价和原付团体票价的差额，换开新客票。

（4）团体旅客非自愿或团体旅客中部分成员因病要求变更，如有医疗单位证明，按非自愿变更处理。

2）团体旅客退票

团体旅客对航空公司的座位利用率、座位虚耗等影响较大。因此，航空公司对团体旅客的票价有特别的优惠，对团体旅客的退票也有特殊的限制。

第一，关于退票地点的规定包括：①团体旅客自愿退票只限在原购票的售票处办理；②团体旅客非自愿退票，可在原购票地、航班始发地、经停地、终止旅行地的承运人售票处或引起非自愿退票事件发生地的承运人地面服务代理人售票处办理；③团体旅客购票后自愿要求退票，按承运人有关规定收取退票费。

第二，整团自愿退票的规定如下：①在航班规定离港 72 小时（含）以前，收取票价 10% 的退票费；②在航班规定离港前 72 小时以内，至规定离港前一天中午 12 点（含）以前，收取票价 30% 的退票费；③在航班离港前一天中午 12 点以后至航班规定离港时间以前，收取票价 50% 的退票费；④持联程、来回程客票的团体旅客要求退票，分别按上述三条规定收取各航段的退票费；⑤在航班规定离站时间以后，客票作废，票款不退。

第三，部分成员自愿退票的一般规定：如乘机的旅客人数不少于该团体票价规定的最低团体人数，按上述整团自愿退票规定收取部分成员的退票费用，其余旅客继续乘机。如乘客旅客人数少于规定的最低团体人数，按下列规定办理：①如果客票全部未使用，应将团体旅客原付折扣票价总金额扣除剩下的乘机旅客按当时开放的散客票价计算的票款总金额后，再扣除按团体旅客自愿退票的规定应收取的退票费，差额多退少补，并为继续乘机的旅客重新填开客票；②"应退或应补金额 = 原付票款总额 − 退票手续费 − 剩余旅客按当时开放的散客票价的票款"。如客票部分未使用，应将团体旅客原付折扣票价总金额扣除该团体使用航段的票款后，再扣除乘机旅客按当时开放的散客票价计算的未使用航段票款总金额及团体旅客自愿退票所规定的退票费，票款的差额多退少补；③"应退或应补金额 = 原付票款 − 已使用航段票款 − 剩下旅客按当时开放的散客票价计算的未使用航段票款 − 退票费"；④团体旅客非自愿或团体旅客中的部分成员因病要求退票，应按照个人旅客退票的规定办理，不收取退票费。

案例解析

　　某旅行社与航空公司达成协议，组团人数在 30 人以上时，享受 7 折机票，30 人以下的团队只能享受 9 折机票。现该旅行社组织了一支 31 人的旅行团，从甲地到乙地双飞五日游（甲乙两地之间的票价为 1000 元）。临近返程时，团队中两名成员因故不回甲地，提出退票。应怎样退费？（不考虑机场建设费、燃油附加税）

　　分析：旅行团支付总款 = 1000 元 × 70% × 31 人 × 2 = 43400 元

　　来程应付款：1000 元 × 70% × 31 人 = 21700 元

　　回程退票 2 人，团队只有 29 人，不能享受 7 折机票，只能按 9 折付款，故回程应付款 = 1000 元 × 90% × 29 人 = 26100 元

　　来回程应付总款：21700 + 26100 = 47800 元

　　实际付款低于应付款，不予退费。

　　上例中如果 10 人提出退票，应如何退费？（不考虑机场建设费、燃油附加税）

分析：所付总款和来程应付款不变，回程也只能享受 9 折机票

　　回程应付款；1000 元 ×90% ×21 人 =18900 元

　　来回程应付总计 =21700 ＋18900 =40600 元

　　实际付款高于应付款，高出 43400 － 40600 =2800 元

　　团队旅客在航班离站前一天提出退票，应收 30% 的退票费，退还 70% 的票款，实际应退款 =2800 ×70% =1960 元。

三、成人旅客订座

（一）订座的基本要求

　　航空公司售票处和客运销售代理人是负责接收订座的部门。办理订座应从方便旅客着想，工作要认真、负责、细心，经常核对检查订座记录，如有错误，及时更正。如接受订座后航班时刻有变更，需及时通知旅客或订座部门，并要求旅客或订座部门对座位变更情况予以证实。

　　订座应遵循下列基本要求：旅客订妥座位后凭该订妥座位的客票乘机；不定期客票应向承运人订妥座位后方能使用。已经订妥的座位，旅客应在承运人规定的时限内购票，否则座位不予保留。承运人可在必要时暂停接受某一航班的订座。承运人应按旅客定妥的航班和舱位等级提供座位。

　　接受旅客订座一般按照先后顺序办理，重要旅客、抢险救灾、抢救病危的旅客应优先安排。对中国民航与外国空运企业共同经营的航线，应根据通航协定平等互利、友好协作的原则，合理安排座位，但应优先考虑中国民航航班的座位。旅客预订联程座位，航班衔接时间为：国内航班衔接国内航班，候机时间不少于 2 小时；国内航班衔接国际航班，候机时间不少于 3 小时。

　　旅客持有订妥座位的联程或来回程客票，如在该联程或回程地点停留 72 小时以上，须在联程或回程航班离站前两天中午 12 点（含）以前，办理座位再证实手续，否则原定座位不予保留。如旅客到达联程或回程地点时间离航班规定离站时间不超过 72 小时，则不需办理座位再证实手续。

（二）订座系统

　　订座系统包括代理人分销系统（CRS）和航空公司系统（ICS）。

1.航空公司 ICS 系统与 CRS 系统的关系

在中国 CRS 系统中，ICS 系统的服务对象为航空公司的航班与座位控制人员；而 CRS 系统的服务对象则为从事订座业务的销售代理人员和航空公司中部分从事销售的人员，如图 2.3 所示。

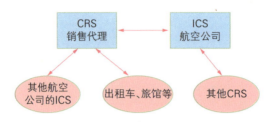

图 2.3　CRS 系统模式

ICS 与 CRS 两者的硬件、软件及数据库相互独立，但紧密连接；数据传递实时进行；保证数据传输的准确性和匹配性；共享网络系统（图 2.4）。

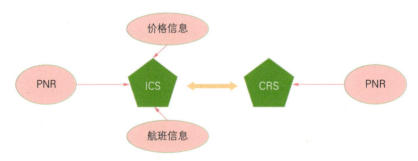

图 2.4　ICS 与 CRS 的联系

2.世界各大 CRS 名称及标识

世界各大 CRS 名称及标识如表 2.5 所示，目前在我国国内的外航服务公司使用比较普遍的是 GALILEO 和 AMADEUS 这两大计算机订座系统。

表 2.5　世界各大 CRS 名称及标识

地区	CRS 名称	标识	地区	CRS 名称	标识
美国	SABRE	1W	东南亚	AMACUS	1B
	WORLDSPAN	1P	日本	INFINI	1F
	GETS	1X	日本	AXESS	1J
欧洲	AMADEUS	1A	中国	CRS	1E
欧美	GALILEO	1G	韩国	TOPAS	1T

（三）旅客订座记录

旅客订座记录（Passenger Name Record，PNR）包含一组有关旅客各种信息的记录，它是通过计算机信息管理中心提供的旅客订座服务系统的有关指令来完成的。它反映了旅客的航程、航班座位占用的数量及旅客信息。PNR 在订座系统中最主要的作用是订座，还可以打印机票、建立常客信息、预订旅馆等。

1. PNR 的构成

1）姓名组——NA（Name）

姓名组由姓名及座位数组成。在姓氏前必须带有该姓氏的座位总数，在姓氏与名字之间要用斜线隔开。姓名组除姓氏外可包含名的缩写、名、称谓及特殊情况代号，特殊情况如残疾、儿童等，一个 PNR 最多可输入 511 个旅客姓名。

2）航段组——SD（Segment）

航段组为旅客的航程建立提供有关信息，如航班情况、飞行日期、订座情况等。航段组按其提供信息的性质分为四种情况，分别是可采取行动的航段组、提供到达情况航段组、到达情况不明航段组和不定期航段组。

可采取行动的航段组（代号为 Actionable 指令为 SS 或 SD），可根据航班时刻表、座位可利用状况等航班信息直接或间接建立。

提供到达情况航段组（代号为 Information，指令为 SA），是为有关人员提供旅客到达订座起始地点情况的，其中包括航班舱位等级、日期、订座情况等信息。到达情况不明航段组（指令为 SA），其功能是可以用来衔接不连续航程。

不定期航段组（代号为 Open. 指令为 SN），意为航班号与航行日期不确定，可根据情况确认航班与日期。

3）联系地址组——CT（Contact）

联系地址组主要提供旅客或代理人的联系地址，输入格式由用户决定。

4）出票情况组——TK（Ticket Status）

出票情况组注明旅客的出票情况，已出票的将注明机票号码等信息，而未出票的则注明具体出票时间限定及安排。出票情况有以下几种类型：①T 是已出票；②TL 是出票时限；③TT 是电传出票；④AT 是机场出票；⑤WC 是旅客自己取票；⑥MT 是邮寄客票。

每一位旅客必须也只能带有一种出票情况代号，文件内用旅客序号标志注明与出票情况相对应的旅客；若没有旅客序号标志，则出票情况适用于 PNR 中全部旅客。

5）邮寄地址组——MA（Mail Address）

邮寄地址组记录邮寄票证的具体地址，如果出票情况为邮寄票（MT），本组是不可缺少的，该项目的地址没有特定代号。邮寄客票的旅客必须留有邮寄地址，邮寄地址标明了旅客序号标志，说明该地址只适用于所标明的旅客，不带旅客序号标志的地址则适用于所有旅客姓名。

6）开账地址组——BA（Bank Account）

开账地址组将注明开账地址，其写法没有规定。开账地址标明了旅客序号标志。该标志说明该地址只适用于所标明的旅客，不带旅客序号标志的地址则适用于所有旅客姓名。

7）票价组——FN（Fare Notes）

票价组可以提供所要求的票价情况，也可以提供旅客所需的各种类型的票价。

8）辅助服务项目组——AUX（Auxiliary Service）

辅助服务项目组有以下五种类型：①出租飞机—ATX；②出租车服务—CAR；③旅客租房服务—HTL；④地面运输服务—SUR；⑤旅游服务—TUR。

9）特殊服务组——SSR（Special Service Requirement）

特殊服务组包括任何需要马上采取行动和回答的各类服务情况。特殊服务的内容及长短不受限制，每个特殊服务组的建立和修改在封口后，相应的信息通过系统内部生成的电报，输送到有关部门的 Queue 信箱中，以便联系或采取行动。

10）团体组——GN（Group Name）

团体旅客人数最多是 511。如果一个 PNR 的旅客人数等于或多于 10 人，必须输入团体名称，团体名称组的输入包括团体人数和团体名称。团体名称只能使用字母和斜线。含有团体名称的 PNR 存入系统后，可以用团体名称或该团体中的任何一个旅客姓名提取该 PNR。当 PNR 的旅客人数少于 10 人时，如果需要，也可以按团体处理。

11）其他服务情况组——OSI（Other Service Information）

其他服务情况组是不需要马上采取行动和回答的各类服务情况，相应的电报会出现在航空公司有关部门。

12）备注组——RMK（Remark）

备注组用来记录某些可能有助于了解旅客情况的信息。

13）责任组——RP（Responsibility）

责任组指的是负责 PNR 的部门名称。当新的 PNR 建立时，系统会自动给出责任组。责任组包括终端所在的部门名称。PNR 的现行部分只能有一个责任组，其他责任项会存入 PNR 的历史记录。PNR 现行部分是指包括所有当前有效的 PNR 的各种项目，另外也可以包括在同一次显示中所有已失效的项目。PNR 的历史部分指的是 PNR 的非现行项目在做封口后，自动转移到历史记录的那部分项目。

上述 13 个项目中，姓名组、航段组、联系地址组、出票情况组和责任组由于记录了最必要的信息，因此是建立 PNR 必须包含的项目。

2. PNR 的建立

建立 PNR，要按照不同旅客的不同情况处理。首先要建立 PNR 的各个项目，最后以封口指令使记录生效，产生记录编号。

（1）建立 PNR 的一般程序如下：①查询航班座位可利用情况（AV）；②建立航段组（SD）；③输入旅客姓名（NM）；④输入旅客联系地址组（CT）；⑤输入票号（或输入取票时间）（TK）；⑥输入特殊服务组（SSR）或其他服务组（OSI）；⑦输入备注组（RMK），输入封口指令。

（2）如果航段组的始发地不是出票地，应在建立航段组的同时，以"SA"指令建立到达情况组。

（3）一般情况下，如果旅客无特殊服务要求和其他服务情况，或无须输入备注情况，可以省去这三项内容。

例一：有两位旅客，姓名分别为王新、胡军，欲购买 7 月 15 日 MU5525 航班上海至青岛、7 月 20 日 MU3083 大连至北京的机票，其中王新的身份是军队司令，要订无盐餐食。据旅客要求建立 PNR 如图 2.5 所示。

```
1.WANG/XIN MR VIP
2.HU/XIN MR VC3V2
3 .MU5525 C SU15SJUL SHATAO RR2 0825 1000 4.ARNK
WE18JUL TAODLC
5.MU3083 C FR20JUL DLCPEK RR2 1500 1620
6.TEL77256602 -3652
7. T/7812393395783-84
8. SSR SPML MU NN1 SHATAO MU5525 NO SALTMEAL/P1
9.OSI MU VIP FORCE COMMANDER
10. SHA003
```

说明：

1和2----姓名组，VC3V2----记录编号；
3----航段组；4----到达组；
5----航段组；6----联系；
7----出票组；8----特殊服务组；
9----其他服务组；10----责任组

图2.5　PNR 举例

3. 成人旅客订座规范操作方法及流程

1）销售准备

（1）领取必要的票证，如电子客票行程单、国内变更单、旅客购票单等。

（2）准备业务用品，如工作用笔、订书机、复写纸、销售日报、营业用章、空白票证等。

（3）测试订座电脑系统，确保运行正常。

2）接收订座请求

（1）礼貌地接听旅客电话、面对面咨询或通过在线平台接收订座请求。

（2）询问并确认旅客的姓名、身份证号码等基本信息。

3）查询航班信息

（1）使用订座系统查询旅客所需航班的可用座位情况、航班时间、舱位等级等信息。

（2）根据旅客需求，推荐合适的航班和座位。

4）建立订座记录

（1）在订座系统中为旅客建立订座记录，包括航班号、座位号、舱位等级、旅客姓名、身份证号码等信息。

（2）核对订座记录，确保信息准确无误。

5）核对与确认

（1）将订座结果告知旅客，包括航班号、座位号、起飞时间、到达时间等关键信息。

（2）请旅客核对信息，确认无误后，进入下一步操作。

6）提醒与后续

（1）提醒旅客在规定时间内完成支付，否则座位可能会被取消。

（2）告知旅客支付方式和支付渠道，如官方网站、机场柜台等。

（3）提醒旅客携带有效身份证件和必要的旅行文件，如护照、签证等。

（4）告知旅客关于行李托运、安检、登机手续等注意事项。

7）结束服务

（1）对旅客表示感谢，并祝其旅途愉快。

（2）如旅客有后续问题或需要帮助，提供联系方式以便随时联系。

四、婴儿和儿童旅客订座

在航空服务中，婴儿与儿童旅客的订座与管理是客票销售人员工作中至关重要的一环。这些特殊旅客的订票流程、服务要求及安全规范与成人旅客存在显著差异，因此，客票销售人员需具备全面的专业知识和业务技能，以确保婴儿与儿童旅客的出行顺利与安全。

（一）定义

婴儿旅客指的是在旅行开始之日未年满两周岁的旅客。根据民航规定，这类旅客在乘坐飞机时必须由一位同等物理舱位的年满十八周岁且具有完全民事行为能力的成人旅客陪护。此外，为了保障旅客安全，出生不足 14 天的新生婴儿和出生不足 90 天的早产婴儿（胎龄满 28 周不满 37 周）不接受乘机。

儿童旅客则是指年龄在 2 周岁至 12 周岁之间的旅客。他们乘坐飞机时，虽然不需要像婴儿那样必须由成人陪护，但也需要特别注意其安全和舒适度。

（二）婴儿旅客订座

1. 婴儿旅客订座原则及要求

（1）陪护要求：婴儿旅客乘坐飞机时必须由一位成人旅客陪护，且该成人旅客需年满十八周岁并具有完全民事行为能力。

（2）安全限制：出生不足 14 天的新生婴儿和出生不足 90 天的早产婴儿不接受乘机。

（3）购票证明：购买婴儿客票时，应提供婴儿的年龄证明，如护照、出生证等。

2. 婴儿旅客订座流程

1）确认婴儿旅客信息

（1）收集信息：客票人员首先与婴儿旅客的监护人沟通，收集婴儿的基本信息，包括姓名、出生日期、证件类型及号码（如户口本上的身份证号码，视航空公司要求而定）以及随行成人的信息。

（2）年龄验证：确认婴儿的年龄是否符合航空公司的乘机规定，其规定的年龄通常为出生满 14 天但未满 2 周岁（以航班计划登机时间为准）。

2）查询航班与舱位

（1）航班查询：根据旅客的出行需求，在航空公司系统中查询合适的航班，包括出发时间、到达时间、航班号、经停站点所选等信息。

（2）舱位确认：查看航班的经济舱或其他舱位是否还有剩余座位，并确认该航班是否接受婴儿旅客预订。同时，了解航班上婴儿旅客的载运限制，确保能够安排婴儿旅客的座位。

3）进行婴儿旅客订座

（1）成人旅客订座：首先为随行成人旅客进行订座，确保有合适的座位安排。

（2）婴儿订座依附：在成人旅客订座完成后，选择"携带婴儿"或类似选项，并输入婴儿的基本信息。虽然婴儿不单独占用座位，但航空公司需要记录婴儿旅客的信息以便后续服务安排。

（3）座位选择建议：虽然婴儿不占独立座位，但客票人员可以为随行成人旅客建议选择靠近过道或便于照顾的座位，以提高旅行舒适度。

（4）确认订座信息：仔细核对订座信息，包括成人和婴儿旅客的姓名、航班信息、座位偏好等，确保无误后提交订座请求。

（5）等待订座确认：提交订座请求后，等待航空公司系统确认订座结果。如果订座成功，系统会生成订座记录；如果订座失败，可能是由于航班已满或婴儿旅客数量已达上限等原因，此时需要向旅客说明情况并提供其他建议。

4）后续服务准备

（1）告知旅客：将订座成功的信息告知旅客，并提醒其准备出行所需物品和证件。

（2）特殊服务提醒：如果旅客有使用婴儿摇篮或其他特殊服务的需求，客票人员应提醒旅客提前向航空公司申请并了解相关规定。

（3）航班变动通知：关注航班动态，如有航班变动，及时通知旅客并做好后续安排。

（三）儿童旅客订座

1. 儿童旅客订座原则与要求

（1）座位安排：儿童旅客须与成人旅客一同预订座位，以确保其安全和舒适度。

（2）数量限制：每名成人旅客最多可携带不超过三名 5 岁以下的儿童（可含 1 名婴儿）同舱位乘机。5 岁以上儿童一般没有数量限制。

（3）无成人陪伴服务：若儿童满 5 周岁但不满 12 周岁，且没有 18 周岁以上的成人陪同，可向航空公司申请无成人陪伴儿童旅客服务。每架飞机可容纳无成人陪伴儿童的数量有限，须提前申请。

2. 儿童旅客订座流程

1）沟通与信息确认

（1）联系旅客：客票人员首先与儿童旅客的监护人或陪同成人取得联系，了解出行需求。

（2）收集信息：详细记录儿童旅客的姓名、年龄、性别、证件类型及号码（如身份证、户口本、护照等）、出行日期、航班偏好（如直飞、转机次数）、目的地及返程计划（如有）。

（3）年龄验证：确认儿童年龄是否在航空公司规定的儿童旅客范围内（通常为2周岁至12周岁，但具体可能因航空公司而异）。

2）航班查询与舱位选择

（1）航班查询：利用航空公司系统或第三方订票平台，根据旅客的出行需求查询合适的航班。考虑航班时间、航班时长、经停站点、航空公司服务等因素。

（2）舱位确认：查看所选航班的舱位情况，确保有足够的座位供儿童旅客及其陪同成人使用。考虑是否需要为儿童旅客选择靠近陪同成人的座位。

（3）特殊服务了解：了解该航班是否提供儿童餐、无成人陪伴儿童服务等特殊服务，以便向旅客介绍并根据需求进行预订。

3）订座操作与确认

（1）选择订座选项：在订票系统中选择"携带儿童"或类似选项，进入儿童旅客订座流程。

（2）输入信息：准确输入儿童旅客及其陪同成人的姓名、证件号码等必要信息。确保所有信息无误。

（3）座位选择：如果系统允许且舱位充足，为儿童旅客及其陪同成人选择合适的座位。优先考虑靠近过道、便于照顾的座位。

（4）核对订座信息：仔细核对订座信息，包括航班号、起飞和到达时间、座位号、旅客信息等，确保所有信息准确无误。

（5）提交订座请求：将订座信息提交给航空公司系统，并等待系统确认订座结果。

4）订座成功后的后续工作

（1）订座确认通知：一旦系统确认订座成功，客票人员应立即通过电话、短信或邮件等方式通知旅客，并提供订座成功的确认信息（如订座编号、航班详情等）。

（2）购票提醒：告知旅客订座成功后须在规定时间内完成购票流程，并提醒其准备好购票所需的证件和信息。强调购票时间限制和可能产生的额外费用（如儿童票与成人票的价格差异）。

（3）特殊服务安排：如果旅客需要儿童餐、无成人陪伴儿童服务等特殊服务，客票人员应协助其向航空公司申请，并告知相关申请流程和规定。确保旅客了解并同意相关服务条款和费用。

（4）航班变动通知：持续关注航班动态，如有任何变动（如航班取消、延误、改期等），及时通知旅客，并协助其进行后续处理（如改签、退票等）。

（5）出行前准备建议：向旅客提供出行前的准备建议，如携带必要的证件和文件、了解机场安检和登机流程、准备儿童旅客所需的物品等。

任务二　客票销售

售票是旅客运输工作的关键一环，是航空公司客运营销的主要工作和组织旅客运输的重要环节，其质量好坏直接关系到公司的经济效益。因此，健全售票工作、正确填写客票、准确核收票款、妥善处理好疑难问题，是向旅客提供优质服务，满足旅客需求，提高经济效益的重要工作内容。

随着现代信息技术的普及以及电子商务的广泛使用，当前国内、国际航空旅行已经使用电子客票，电子客票是普通纸质机票的替代产品，旅客通过互联网订购机票之后，无须拿到传统的纸质机票，只凭有效身份证件，直接到机场办理乘机手续即可成行，实现"无票乘机"。

一、客票销售的一般规定

（一）购票证件

旅客购票需凭本人有效身份证件或者公安机关出具的其他身份证件，并填写旅客订座单。

1.购票证件的一般规定

（1）旅客购票须持本人有效居民身份证或有效护照或公安机关出具的其他有效身份证件。

（2）外国人、华侨、外籍华人购票，须出示有效护照、居留证或公安机关出具的其他有效身份证件。港澳同胞须出示回乡证或中华人民共和国旅行证。台湾同胞如未加入外国国籍，须出示台胞证或中华人民共和国旅行证；如已加入外国国籍，须出示有效护照、居留证或公安机关出具的其他有效身份证件。

（3）法定不予颁发或尚未领取居民身份证的中国人民解放军、中国人民武装警察官兵及其文职干部、离退休干部，可使用军官证、警官证，士兵证、文职干部或离退休干部证明。

（4）16周岁以下未成年人购票乘机，可使用学生证、户口簿。12周岁以下儿童出票凭户口簿，婴儿票应提供出生证。

2. 特殊情况下的购票证件

（1）尚未领取居民身份证或士兵证的，可使用当地公安机关或所在部队出具的临时身份证明。临时身份证明应贴有本人近期免冠一寸照片，写明姓名、性别、年龄、工作单位、有效日期并加盖公章。

（2）凡出席全国或省、自治区、直辖市的党代会、人大、政协会、工青妇代会和劳模会的代表，无身份证件者，凭其所属团级（含）以上党政军主管部门出具的临时身份证明，可购票并办理登机手续。

（3）急病、伤患者和陪同的医护人员及家属，急需乘机转赴外地治疗，但又不能出示居民身份证，可凭医院证明并经运输航空公司、机场最高值班领导批准后购票，办理乘机手续。

（4）中央部、局级，地方省、直辖市级负责同志因紧急事务，未带身份证件乘坐其他交通工具外出或返回时需要乘坐飞机者，可凭有关接待单位出具的证明购票，经过安全检查放行乘机。

（5）为了方便一些年龄已高的老年人乘坐飞机外出旅行、探亲，凡无身份证件者，可凭接待单位、本人原工作单位或子女配偶工作单位（上述单位必须是县团级以上），或现居住地户籍管理部门出具的证明购票，经过安全检查放行乘机。

（6）国家机关工作人员因故外出不在单位所在地，而其单位又急需为其预购机票，可凭所在单位出具的证明和购票人员身份证件购票。但在办理其乘机手续时，必须核查居民身份证或上述所列有效身份证明。

（7）凡经国家批准的有突出贡献的中青年科学技术管理专家，外出工作参加学术会议等，可凭中华人民共和国人力资源和社会保障部颁发的《有突出贡献中青年科学家证书》，在全国各地的民航售票处优先购买机票。

（8）省部级（含副职）以上的要客，如无居民身份证，可凭购票介绍信和省、部级（含）以上单位出具的身份证明购票，办理乘机手续。

（9）持民航局出具的免票、购买 1/4 票乘机介绍信（由民航局办公厅出具的写有乘机人姓名、单位、职务、乘机航程、事由等项内容）的旅客，购票时须持本人居民身份证。

（10）全国人民代表大会代表、全国政协委员，凭本届全国人民代表大会代表证、全国政协委员证购票。

（11）旅客的居民身份证被盗或丢失的，凭报失地公安机关或机场公安机关出具的临时身份证明或临时登机证明购票，办理乘机手续。

（二）购票方式

随着科技的不断进步，民航机票的购买方式也经历了从传统到现代的飞跃。如今，乘客可以通过多种渠道快速、便捷地预订机票。

1. 线上购票平台

（1）官方网站：各航空公司均设有自己的官方网站，提供机票查询、预订、在线支付等服务。这种方式直接与航空公司交互，信息更新及时，且经常有官网独享的优惠活动。

（2）旅行网站：如携程、去哪儿旅行等综合旅行预订平台，聚合多家航空公司的机票信息，方便比较不同航班的价格与时段，同时提供用户评价，帮助旅客做出选择。

（3）App：移动应用程序为用户提供了随时随地购票的便利，许多 App 还具备智能推荐、价格提醒等个性化服务功能。

2. 线下购票渠道

（1）航空销售代理：遍布城乡的各类售票点，为不习惯使用网络服务的乘客提供传统的面对面服务。

（2）机场柜台：乘客可以在出发前直接前往机场购买机票，尤其适合临时决定出行或需紧急改签的旅客。

3. 电话预订

部分乘客可能更倾向于通过电话与客服沟通完成订票过程，这种方式对于不太熟悉网络操作的中老年人群来说尤为友好。

4. 社交媒体与即时通信工具

随着社交媒体和即时通信工具的普及，一些创新服务开始尝试通过微信公众号、小程序等渠道提供机票预订服务，满足移动互联网用户的新需求。

二、电子客票行程单辨读

《航空运输电子客票行程单》（以下简称"行程单"）由国家税务总局监制，并按照《中华人民共和国发票管理办法》纳入税务机关发票管理，是旅客购买国内航空运输电子客票的付款及报销凭证。

行程单采用一人一票制，不作为机场办理乘机手续和安全检查的必要凭证使用。旅客发生退票或其他客票变更导致票价余额与原客票不符时，若已打印行程单，要将原行程单退回，方能为其办理有关手续。已打印的行程单遗失，按《航空运输电子客票行程单管理办法》规定，不再补打印。行程单打印系统由中国民用航空局授权中国民航信息网络股份有限公司开发，公共航空运输企业也可自行开发本公司行程单打印系统，经中国民用航空局审验合格后使用。开发单位负责系统运行维护与技术支持，提供查验行程单真伪的网站、热线电话或短信等服务。

行程单的主要内容包括旅客姓名、有效身份证件号码、签注、航程、承运人、航班号、座位等级、日期、时间、客票生效日期、有效截止日期、免费行李、票价、民航发展基金、燃油附加费、其他税费、合计、电子客票号码、验证码、提示信息、保险费、销售单位代号、填开单位（盖章）、填开日期等需要根据实际情况填开的票面信息。此外，还有印刷序号、验真网址、服务热线、短信验真等格式信息。

三、民航旅客运价

民航旅客运价（客票价）是指旅客由始发地机场至目的地机场的航空运输票价，不包括机场与市区之间的地面运输费用。

（一）票价计算

1. 票价基本构成要素

（1）基础票价：旅客购买机票的基本费用，通常由航空公司根据市场需求和运营成本等因素确定。

（2）机场建设费：旅客使用机场设施时需要缴纳的费用，用于机场的建设和维护。

（3）燃油附加费：根据航空燃油价格波动而设立的费用，用于抵消燃油价格上涨带来的成本增加。

2. 票价计算公式

总票价 = 基础票价 + 机场建设费 + 燃油附加费。

（二）旅客运价一般规定

客票价为旅客开始乘机之日适用的票价；客票售出后，如票价调整，票款不作变动。使用特种票价的旅客，应遵守该特种票价规定的条件。旅客按国家规定的货币和付款方式交付票款，除与航空公司另有协议外，票款一律现付。当收取的票款与使用的票价不符或计算错误时，应按照航空公司规定多退少补。

客票价以 10 元为单位；航空公司收取其他费用时以 1 元为单位，四舍五入。

政府、有关当局或机场规定的，由旅客享用的任何服务、设施而征收的税款或费用，不计在航空公司公布的票价内（如机场建设费、燃油税）。

（三）票价分类

国内航线客票，根据旅客、服务等级、旅程方式、出票时间或地点等具体情况，可分为不同的票价种类。

1. 服务等级票价

头等舱票价：座位最宽敞舒适，餐食或地面食宿标准最高，行李限额最高（40 kg），票价为经济舱正常票价的 150%。

公务舱票价：座位宽敞舒适度次之，餐食或地面食宿标准次之，行李限额次之（30 kg），票价为经济舱正常票价的 130%。

经济舱票价：行李限额为 20 kg，其正常票价以国家对外公布的直达票价为基础。

2. 旅程方式

单程票价：也称"直达票价"，适用于规定航线上的，从甲地到乙地的航班运输。

来回程票价：由两个单程票价组成：①使用直达票价的去程运输。②使用直达票价的回程运输，某些航空公司来回程票价会在两个单程票价上享受一定的折扣。

3. 儿童、婴儿票价

购买儿童或婴儿票时，按以下规定办理：

（1）乘机人满 12 周岁，须购买全价票；

（2）乘机人在 2～12 周岁，其购买票价为正常票价的 50%，占一个座位，有免费行李额；

例：某旅客带一名 4 岁儿子欲购买武汉到烟台的 Y 舱客票，该旅客当日乘坐的航班 Y 舱票价为 830 元，该旅客的应付票款为多少？

解答：成人应付票价为 830.00 元。

4 岁儿童应付票价（半价）：830×50%＝415.00 元，进整为 420.00 元

所有的应付款项为：830.00＋420.00＝1250.00 元

（3）乘机人小于 2 周岁，其购买机票票价为正常票价的 10%，无座，无免费行李额，监护人可带一摇篮或婴儿车。乘机人若要占座，则需购买儿童票；

（4）1 位成人只能带一个婴儿，超过数量的婴儿，按照儿童票价购票；

例：某旅客带孪生婴儿（未满 2 周岁）欲购买武汉到烟台的 Y 舱客票，票价 830 元，该旅客的应付票款为多少？

解答：成人应付票价为：830.00 元。

其中一个婴儿应付票价：830*10%＝83.00 元，进整为 80.00 元。

另一个婴儿应付：830*50%＝415.00 元，进整为 420.00 元。

所有的应付款项为：830.00＋420.00＋80.00＝1330.00 元

（5）5 周岁以下的儿童乘机，须有人陪伴，否则不予接受。5～12 岁无成人陪伴乘机，须购票前提出申请。

（6）儿童或婴儿的年龄，指的是开始旅行时的实际年龄。在旅行途中超过规定年龄的，不另补票价。

注：航空公司以上优惠，不得附加购票时限。

4. 特种票价

特种票价：航空公司对特殊旅客运输给予一定折扣的票价，以公布的成人正常票价为基础计算，有如下几种：

（1）团体旅客票价：10 人以上，儿童、婴儿不计，有不得更改、不得签转、出票时限等限制条件。

（2）军残票价：因公致残的现役军人、人民警察，凭证，按正常票价的 50% 购买。

（3）教师、学生票价：寒暑假期间乘坐，凭证按正常票价的 60%、50% 购买。

（4）季节票价：在旅游淡季，航空公司向旅客提供的优惠票价，属于促销票价。

（5）其他特种票价：在经济舱正常票价的基础上，对符合购票时限、旅客身份、航班时刻、季节浮动等限制的团体或单个旅客给予一定的优惠（折扣票）。

5. 免票、优惠票

（1）由承运人特殊批准的旅客，凭乘机优待证可以填开由该承运人承运的免票、优惠票。

（2）货运包机押运人员凭包机货运单和包机单位介绍信可填开免票。

（3）航空公司常旅客，凭借积分换取免票。

（4）免票、优惠票是针对客票价的免收或优惠，不涉及税费。

四、客票的使用与出票操作

（一）客票的使用要求

1. 客票使用要求

（1）旅客航程的最终目的地点或约定的经停地点之一不在始发国境内，依照所适用的国际航空运输公约的规定，应当在客票上声明此项运输适用该公约关于旅客、行李的责任限额的条款的，客票上应当载明该项声明。除此以外，客票上还应包括运输契约条件。

（2）客票不得转让。客票上所列的姓名在任何情况下都不得更改。乘机联只能按旅客联上所示的顺序使用，并且必须与旅客联同时出示，方可接受承运、换开或办理退款。

（3）办理退款时，旅客联和所有未使用的乘机联必须一起收回，并在所有的联上注明"REFUNDED"字样。如旅客要求不按顺序使用客票的乘机联，应与出票承运人的办事处联系。办理定座的工作人员应在实际使用的乘机联前面所有的未使用乘机联上注明"NOT GOOD FOR TRANSPORTATION"字样，加注的乘机联不可接受承运，只可办理退款。

（4）如办理订座时，发现实际使用的乘机联之后有乘机联已被使用，则不予接受。在第一张乘机联未使用的情况下，不允许使用后续的乘机联，只可将客票办理退款，按实际航程另购新票。

（5）出现原客票被涂改、残缺或未盖章及客票上主要填写项目有错误或无法确认的情况，在未取得原始出票人的证实前，不得办理客票换开。根据预付票款通知填开的客票，未经付款人同意，不得改变航程以及付款人限定的其他事项。

（6）出票部门应对客票的票价及出票时填入的定座情况的正确性负责。不允许为同一个旅客的同一旅程的各个航段，用分开填写在同一承运人或不同承运人的两本或多本运输凭证的办法，来达到降低通程票价的目的。违反该规定的承运人或代理人应对其行为负全部责任。

（7）办理订座的部门应确认所订座位的航段、舱位等级及日期与客票上原来填写的票价类别、舱位等级及有效期是否相符。如更换了承运人，还必须确认所付票价是否与新承运人的票价相符。在客票填开后和使用第一张乘机联之前，客票涨价或降价，订座部门或办理乘机手续的部门必须补收或退还票价差额。但此规定不适用于非IATA承运人的客票。在办理有关手续时，必须检查非IATA承运人客票的票价，以保证承运旅客的票价不低于IATA所规定的票价。

（8）已过期的客票或乘机联，不能接受承运或换开客票、旅费证。如果过期客票或乘机联失效后在规定时间内提出退款，可予以办理。

2. 客票有效期

（1）有效期的一般规定：正常票价客票有效期自旅行开始之日起一年内运输有效。如果客票全部未使用，则从填开客票之日起，一年内运输有效。有效期的计算，从旅行之日或填开客票之日的次日零时起至有效期满之日的次日零时为止。客票变更不影响其原有的有效期。特种客票的有效期，按照承运人规定的有效期计算。

（2）客票有效期的延长。由于承运人的下列原因之一，造成旅客未能在客票有效期内旅行，其客票有效期将延长到承运人能够按照该客票已付票价的舱位等级提供座位的第一个航班为止：①取消旅客已经订妥座位的航班；②取消航班约定经停地点中含有的出发地点、目的地点或中途分程地点；③未能在合理的时间内按照航班时刻进行飞行；④造成旅客已订妥座位的航班衔接错失；⑤更换了旅客的舱位等级；⑥未能提供事先已订妥的座位。

（3）持正常票价客票或与正常票价客票有效期相同的特种票价客票的旅客未能在客票有效期内旅行，是由于承运人在旅客订座时未能按其客票的舱位等级提供航班座位，其客票有效期可以延长至承运人能够按照该客票已付票价的舱位等级提供座位的第一个航班为止，但延长期不得超过 7 天。

（4）已开始旅行的旅客在其持有的客票有效期内因病使旅行受阻时，除承运人对所付票价另有规定外，承运人可将该旅客的客票有效期延长至根据医生诊断证明确定该旅客适宜旅行之日为止；或延长至适宜旅行之日以后、承运人能够按照旅客已付票价的舱位等级提供座位的自恢复旅行地点的第一个航班为止。如客票中未使用的乘机联包含一个或一个以上中途分程地点，该客票有效期的延长不能超过医生诊断证明之日起 3 个月。承运人也可同等延长患病旅客的陪伴亲属的客票有效期。

（5）如旅客在旅途中死亡，该旅客陪同人员的客票可用取消最短停留期限或延长客票有效期的方法予以更改。如已开始旅行旅客的直系亲属死亡，旅客（包括与旅客随行的直系亲属）的客票也可以更改。此种更改应在收到死亡证明之后办理，此种客票有效期的延长不得超过死亡之日起 45 天。

（二）电子客票订座和出票操作

通过航空公司官网、App 等渠道购买客票，通常只需要由旅客根据页面提示输入相应的个人信息并选择意愿的航班，预订成功后通常需要在较短的时间内完成支付，支付成功即完成出票。这里主要介绍通过代理人分销系统 CRS 完成电子客票订座并出票的简要操作。

1. 电子客票订座和出票实例

例： 旅客王军想购买 12 月 10 日从北京到上海的机票。售票员收到王军的购票申请后，操作步骤如下：

（1）首先查询 12 月 10 日北京至上海的航班信息。

输入指令：

> AV：PEKSHA/10DEC/CA

（2）售票员为王军选择合适的航班、舱位和座位数。

输入指令：

> SD：1Y/1

（3）售票员继续输入旅客姓名、联系电话和身份证号。

输入指令：

> NM：1 王军

> CT：66017755
>
> SSR：FOID CA HK/NI5202031972031051/P1

（4）售票员通过订票系统自动计算票价，并输入封口指令。

输入指令：

> 〉PAT：A
>
> @

（5）旅客支付客票票款后，售票人员进行电子客票出票操作。

> 输入指令：
>
> 〉ETDZ：3

（6）完成电子客票出票。

2. 电子客票的票面状态及状态代码

电子客票没有纸质凭证，客票的填开及使用情况全部通过客票状态来反映。客票状态和对应的状态指示代码如表 2.6 所示。

表 2.6　客票状态和对应的状态指示代码

序号	客票状态	状态指示代码	说明
1	AIRPORT CONTROL	A	机场控制
2	OPEN FOR USE	O	客票有效
3	CHECKED IN	C	已办理值机
4	PRINT/EXCH	P	电子客票已打印换开为相同内容纸票
5	VOID	V	客票已作废
6	REFUNDED	R	已退票
7	LIFTED/BOARDED	L	旅客已登机
8	USED/FLOWN	F	客票已使用
9	SUSPENDED	S	客票禁止使用
10	EXCHANGED	E	电子客票已换开为其他客票
11	PAPER TICKET	T	电子客票已换开为纸票记录
12	FIM/EXCHANGED	G	客票已使用飞行中断舱单（FIM）签转

续表

序号	客票状态	状态指示代码	说明
13	IRREGULAR OPERATION	I	不正常操作
14	UNAVAILABLE	U	客票不可用

"VOID""REFUNDED""USED/FLOWN""PRINT/EXCH"属于最终状态，而其他状态都属于可变状态，根据旅客的动态变化，其电子客票状态也在不断变化。同时，在这些状态中，除了"OPENFOR USE"状态的客票将在系统中保留一年外，其他状态的电子客票记录在系统中保留期限为3个月。

若由于航班不正常情况或人为操作失误造成的电子客票状态与实际使用情况不相符，且无法直接在系统中变更客票状态时，现场工作人员可申请由控制人员强行变更电子客票状态。

习 题

一、选择题

1. 当乘客需要更改航班的出发日期时，应该首先联系哪个部门？（   ）

    A. 机场安检   B. 航空公司客服   C. 旅行社   D. 机场售票处

2. 客票变更一般不包括以下哪项内容？（   ）

    A. 航班号变更   B. 出发日期变更

    C. 乘客姓名变更（同音不同字）   D. 座位等级升级

3. 如果乘客购买的是特价机票，通常是否允许免费变更航班时间？（   ）

    A. 是   B. 否

    C. 视航空公司规定而定   D. 视机票类型而定

4. 关于客票变更，以下哪项说法是正确的？（   ）

    A. 客票变更只能在同一航空公司进行

    B. 客票变更可以免费进行，无须支付额外费用

    C. 客票变更必须在航班起飞前24小时完成

D. 客票变更通常涉及航班日期、时间或舱位等级的调整

5. 当旅客希望从一张经济舱客票变更为商务舱时，以下哪项通常适用？（　　）

　A. 无须额外支付费用

　B. 只需支付商务舱与经济舱客票的差价

　C. 需要支付商务舱的全额票价

　D. 航空公司会提供免费的舱位升级

6. 关于客票签转，以下哪个说法是错误的？（　　）

　A. 签转是指将客票从一个航空公司转移到另一个航空公司

　B. 签转通常涉及支付额外的费用

　C. 所有航空公司的客票都可以进行签转

　D. 签转可能会受到航班时间和舱位可用性的限制

7. 如果旅客因故需要取消航班并退票，以下哪项是通常的退票规定？（　　）

　A. 退票必须在航班起飞前 2 小时完成

　B. 退票手续费通常是固定的，与购票价格无关

　C. 退票手续费可能因购票时间和航班类型而有所不同

　D. 退票时，旅客可以获得全额退款

8. 关于退票手续费，以下哪个说法是正确的？（　　）

　A. 所有航空公司的退票手续费都是相同的

　B. 退票手续费通常是购票价格的 10%

　C. 退票手续费可能会因购票时间、航班类型和舱位等级的不同而有所变化

　D. 退票手续费可以在旅客要求下减免

9. 如果旅客购买的是特价机票，以下哪项关于退票的说法是正确的？（　　）

　A. 特价机票通常不允许退票

　B. 特价机票退票时可以获得全额退款

　C. 特价机票退票手续费与普通机票相同

　D. 特价机票的退票规定由旅客自行决定

10. 当旅客希望更改航班日期时，以下哪项不是必须考虑的因素？（　　）

　A. 航班时间是否符合旅客的行程安排

　B. 航班是否还有剩余座位

　C. 旅客是否需要支付额外的行李费用

　D. 航班是否在同一机场出发和到达

二、判断题

1. 乘客在购买机票后，可以无条件地变更航班日期和时间。　　　　（　　）

2. 客票变更的费用通常与机票的折扣程度有关，折扣越高，变更费用越低。（　　）

3. 如果乘客需要更改航班，可以直接在机场的自助售票机上完成。　　（　　）

4. 客票变更分为自愿变更和非自愿变更。　　　　　　　　　　　　（　　）

5. 对于"不得签转、不得变更、不得退票"的优惠兑换免票，旅客在已扣分未出票的情况下可以申请退分。　　　　　　　　　　　　　　　　　　　（　　）

6. 所有客票都可以在任何时间进行签转或变更，无须考虑航班时间和舱位等级。
　　　　　　　　　　　　　　　　　　　　　　　　　　　　　（　　）

7. 如果旅客购买的是不得退票的客票，但在航班起飞前因病无法乘坐，航空公司应无条件为其办理退票。　　　　　　　　　　　　　　　　　　　（　　）

8. 在办理客票变更时，如果新航班的票价高于原航班，旅客需要支付差价。（　　）

9. 旅客购票后因个人原因需改变航班日期和目的地，这种变更属于非自愿变更。
　　　　　　　　　　　　　　　　　　　　　　　　　　　　　（　　）

10. 签转是指购买机票后，更改乘坐的航空公司，且签转只适用于全价票的旅客，折扣票不可以签转。　　　　　　　　　　　　　　　　　　　　　（　　）

三、填空题

1. 乘客在变更机票时，通常需要支付一定的_____费用。

2. 客票变更的具体规定可能因_____而异，乘客在变更前应仔细阅读相关规定。

3. 一般来说，机票的变更和退票规定会在机票的_____部分详细列出。

4. 乘客在航班起飞前_____小时内提出客票变更申请，可能需要支付额外的加急费用。

5. 如果乘客因航班取消或延误而需要变更机票，航空公司通常会提供_____的变更服务。

>>> >>> 项目三

值机服务

项目导读

　　机场值机工作是航空运输企业如航空公司、机场等的专设部门为旅客乘机所做的各项乘机手续办理工作，如行李安全检查、行李托运、查验客票、领取登机牌、人身安全检查等一系列与乘坐国际、国内航线飞机有关的手续。航空公司运输部门为旅客办理乘机手续的工作内容主要包括查验客票、安排座位、收运行李及特殊旅客保障，同时承担旅客运输不正常情况的处理。

　　在航空运输服务领域，机场值机工作扮演着至关重要的角色。它不仅涉及旅客乘机手续的精确处理，还涵盖了流程管理的规范性和对特殊旅客服务的人性化。值机工作要求从业人员不仅要具备扎实的专业知识，熟练掌握查验客票、安排座位、收运行李等基本技能，更要拥有深厚的服务意识和强大的应变能力，以应对旅客运输服务中的各种复杂情况和突发事件。

学习目标

1.知识目标

（1）了解值机相关的业务常识及值机办理的主要方式及服务柜台的种类。

（2）熟悉值机有效身份证件的类型。

（3）明确查验客票的方法和座位安排原则。

（4）了解离港系统中常用的指令操作意义。

（5）熟悉中国民航行李运输的有关规定，掌握行李运输的流程。

（6）了解行李不正常运输的类别及处理方法。

2.能力目标

（1）能进行一般旅客的客票查验、座位安排等值机流程的常规工作。

（2）能使用值机离港系统为普通旅客办理值机及行李托运。

（3）判断旅客运输的行李是否符合相关的运输规定。

（4）能解决行李运输过程中出现的问题，提升理解、分析、处理问题的能力。

3.素质目标

（1）严格遵循机场值机服务的规定及要求，弘扬和践行当代民航"三个敬畏"精神。

（2）塑造严谨的工作态度和较高的职业素养，以严谨的态度和较高的职业素养做好特殊旅客的关爱服务工作。

（3）处理旅客值机的不正常情况时，培养全局意识和思维。

项目实训

1.任务情景

一男旅客（张某，25岁）某日乘坐从三亚飞往广州的HU6719航班，托运行李1件（15 kg），其订座记录编码为RDJH9，需要紧急出口位置。

请运用本节所学知识，为旅客张某办理值机手续。

2.任务实施

（1）作为值机柜台工作人员，完整演示值机流程。

（2）作为值机柜台工作人员，列出如何用离港系统为改名旅客办理值机手续。

3.任务评价

序号	评价内容与标准	分值	评价主体		
			小组自评（20%）	组间互评（40%）	教师评价（40%）
1	操作规范性： 在模拟值机流程中的操作是否符合规范，如是否正确使用文明用语及手势，是否遵循正确的操作流程等。	30分			
2	准确性： （1）检查学生在模拟流程中是否出现错误，如紧急出口座位判断错误、行李重量输入错误等。 （2）统计模拟流程中出现的异常情况，评价学生的准确度和注意力。	40分			

续表

序号	评价内容与标准	分值	评价主体		
			小组自评（20%）	组间互评（40%）	教师评价（40%）
3	团队协作： （1）观察学生在模拟任务中的沟通与协作情况，是否能够有效配合完成任务。 （2）评估学生在面对模拟突发情况时的应对能力和团队协作精神。	30分			

案例导入

　　2024年4月10日，常州国际机场开通爱心旅客专用值机柜台。爱心旅客专用值机柜台的开通，是常州机场深入践行广玉兰班组真情服务理念的又一具体举措，切实提高了特殊旅客便捷出行的乘机环境。

　　为满足特殊旅客的多样化需求，常州机场特别设立了28号值机柜台作为爱心旅客专用值机柜台。其不仅为老弱病残孕、首次乘机的旅客、急需快速办理手续的旅客以及其他特殊旅客提供了极大的便利，也体现了机场对每一位旅客的细心关怀。

　　机场地勤部的工作人员身着醒目的黄马甲，他们主动识别特殊旅客群体，并引领他们到爱心旅客专用值机柜台优先办理值机手续。在办理过程中，工作人员不仅提供专业和周到的选座、托运建议，还确保特殊旅客能够顺畅出行，使旅程更加安心和舒适。

　　这些举措不仅提高了旅客的满意度和忠诚度，也为常州机场树立了良好的品牌形象。未来，常州机场将继续秉承"以人为本"的服务理念，不断提升服务质量和水平，为更多旅客提供更加便捷、舒适和安全的出行体验。

　　讨论： 为什么要单独设立爱心旅客专用柜台？

任务一 值机办理

一、值机服务的业务常识

（一）值机办理方式

1.柜台值机办理

柜台值机办理（Check-in Counter）是普通的传统值机方式。它的最大特征是：旅客将登机牌换取和行李登记综合在机场的同一时间、同一地点由机场或航空公司相关服务人员主导完成。柜台值机办理一般需要在航班起飞前提前30分钟或45分钟办理完成。

值机柜台一般分为以下几类：①普通值机柜台；②值班主任柜台；③高端值机柜台；④特殊旅客柜台；⑤团体旅客柜台。

2.机场自助值机及自助行李托运

机场自助值机及自助行李托运（Kiosk Check-in /Self Check-in with Baggage）是为了减少旅客在机场的排队等候时间，让旅客获得更多的因自助所带来的愉悦性和舒适性体验，旅客可以使用机场自助值机柜台读取二代身份证信息、自选座位、自动打印登机牌及完成行李的托运。

1）自助值机柜台（建议放值机流程）

图3.1是一种自助办理值机登机牌的机器，一般设立于机场的办票大厅，由旅客自己操作进行乘机手续的办理。这种办理方法适用于经常乘坐飞机，熟悉机场办理乘机手续流程，同时无须行李托运的旅客。

图3.1 机场自助值机柜台

2）自助行李托运

为了提升办理乘机手续的效率，航空公司不仅设立自助值机的机器，还开发了一种可以自助办理行李托运的机器。旅客可在工作人员的帮助下自助办理行李托运手续，也大大节省了排队等候的时间（图3.2）。

图 3.2　机场自助行李托运柜台

3）网上值机

购买了电子客票的旅客，可以在航空公司官网的自助值机页面，自行操作完成身份证件验证、选择确定座位并打印 A4 纸登机牌。旅客如果需要交运行李，则需登机前在专设柜台完成行李交运，用自行打印的 A4 纸登机牌通过安检并登机。航空公司对网上值机的一般规定是：旅客可于航班起飞前 2 ～ 24 小时登录航空公司网站办理乘机手续。

4）手机值机

旅客登录航空公司 App 的自助值机界面，自行操作完成身份证件验证、选择并确定座位，就会获得电子登机牌二维码。旅客到达机场后在专设柜台完成行李交运、打印登机牌或者直接扫描二维码，完成安检登机。这种方式与网上值机类似，都是突破了时间和地域的限制，提前预订航班座位，操作极为简单、便捷，是目前办理乘机手续最便捷的模式。

5）城市值机

城市值机（City Terminal）也称为异地候机，是指无须在机场候机厅内办理乘机手续和行李托运手续，而是通过民航机场在市区或者没有机场的城市开设的异地候机楼的值机柜台办理乘机登机手续和行李托运的业务模式。城市值机模式拓展了民航机场的服务半径，打破了原有机场的空间局限，将值机业务前移到客源地。城市值机在方便非空港城市旅客出行的同时，还拓展了机场的业务范围。

（二）值机时间规定

1.值机时间一般规定

航空公司开始办理航班乘机手续的时间一般不迟于客票上所列明的航班离站时间前 90 分钟，截止办理乘机手续时间为航班离站时间前 30 分钟。部分机场值机关闭时间调整为航班起飞前 45 分钟，以具体航空公司的要求为准。承运人规定的停止办理乘机手续的时间，应以适当方式告知旅客。

2.值机时间一般规定的原因

经常外出的人都知道，坐火车可以在火车发车前几分钟通过检票口进站上车，但为什么乘飞机要在航班起飞前 30 分钟停止办理乘机手续？根据民航有关规定，民航班期时刻表向旅客公布的起飞时间是指机场地面保障工作完毕，飞机关上客、货舱门的时间，而不是飞机离地升空的时间。离地升空时间与航班公布时间差在 15 分钟之内均为正点起飞。

值机柜台停止办理乘机手续到飞机关上舱门之间，机场工作人员还有很多工作要做，具体如下。

（1）值机、配载人员要结算旅客人数、行李件数及重量、货物件数及重量、邮件等，并根据以上数据进行载重平衡的计算，画出飞机载重平衡表及飞机重心位置，做好舱单后送交航班机组签字，飞机方可放行（飞机平衡表及重心位置涉及飞行安全）。这些工作需要 15 分钟左右。

（2）值机、行李装载人员要将旅客托运的行李、同机运送的货物和邮件等核对清楚后装运上飞机。

（3）机场安检人员要对办完乘机手续的旅客进行安全检查。

（4）机场广播要通知旅客到指定登机口检票，并引导旅客登机。如登机旅客需要使用摆渡车运送，则耗时会更长。

（5）机场值机、运输服务人员要清点机上旅客人数，并与地面检票的人数情况进行核对，确保没有差错。旅客上了飞机后，乘务员要再次清点人数，防止漏乘，然后进行飞机起飞前的准备工作，给旅客讲解有关注意事项和机上设备使用方法，检查行李架上的行李是否放好，旅客的安全带是否系好等工作。以上工作虽是同步进行，但全部完成需要 15 分钟左右。这样看，从停止办理乘机手续到飞机关上舱门的 30 分钟

时间内，机场方面还需做大量的工作。稍有延迟，就可能造成航班延误。

3. 不同座位数的航班值机时间规定

在实际工作中，根据机场和航班不同，各公司和各机场办理乘机手续的具体时间可能会略有差别，要遵照具体要求执行。但为保证航班正点起飞，机场方面均会严格执行提前一定时间停止办理乘机手续的规定。因此，广大旅客要有牢固的守时意识，按时到机场办理乘机手续，到指定区域候机，不要心存侥幸和主观故意卡点到机场。

旅客应按承运人的要求，提前一定时间到机场办理乘机手续。提前办理乘机手续的时间有以下常见规定：

（1）200个座位以上（含200个）的客机在离站时间前120分钟开始办理手续，在离站时间前30分钟停止办理手续。

（2）90个座位（含90个）至200个座位的客机在离站时间前90分钟开始办理手续，在离站时间前20分钟停止办理手续。

（3）90个座位以下的客机在离站时间前60分钟开始办理手续，在离站时间前20分钟停止办理手续。

在实际工作中，根据机场航班不同，办理乘机手续的具体时间规定略有差异，应遵照具体要求执行。

（三）登机牌、行李牌及行李标签

1. 登机牌

登机牌是航空公司或机场为乘坐航班的旅客提供的登机凭证，旅客必须在提供有效机票和个人身份证件后才能获得。登机牌是旅客登机的主要凭证。登机牌分为手工填写与机器打印两种，由一张正联连着一张或两张副联组成。20世纪80年代之前，我国的登机牌多为手工填写和加盖橡皮戳记，印制十分简单。现在所有机场或航空公司都采用电脑打印，印制更加精美。

机器打印是在离港系统中，由系统以统一格式打印，其操作简单快捷，信息准确。现在应用于登机牌的先进技术越来越多，如应用最为广泛的条形码技术，能将登机牌上的数据自动统计并记录；有的还有自动跟踪功能，能定位机场范围内的旅客；还有电子登机牌，旅客凭个人身份证和下发到手机上的电子登机牌，就可以直接通过安检进行登机，为不需要托运行李的旅客提供了极大的方便。

登机牌中主要包含旅客姓名、航班号、乘机日期、目的地、座位号、舱位、登机口、登机时间等重要信息。值机员将打印好的登机牌交给旅客，并告知安检通道和登机口号码，提醒旅客航班起飞前十分钟停止登机。

2. 行李牌

行李牌是旅客托运行李和领取行李的关键凭证，具有不同的分类方式。根据航段，可分为直达和联程两种；按生成方式，分为机打和手工行李牌；在式样上，粘贴式和拴挂式较为常见。其中，粘贴式行李牌因其防脱落特性，成为承运人广泛使用的选择。无论是哪种类型，行李牌都在旅客出行中发挥着不可或缺的作用。

直达运输行李牌适用于不需转机直达目的地的托运行李；联程运输行李牌或称联运行李牌，适用于在两个以上航班运输的托运行李。

3. 行李标签

行李标签作为行李运输的辅助识别标志，与行李牌协同工作，共同确保行李的安全运输。它通常被贴在行李的外包装上或粘贴在行李牌上，用以提醒装卸人员注意特定事项，如行李的易碎性、特殊处理需求等。这一措施有助于确保行李在运输过程中得到妥善处理，减少损坏和丢失的风险。因此，值机员在为旅客托运行李时，应合理使用行李标签，以便更好地保护行李（图3.3、图3.4）。

行李标签常见的分类有：①易碎易损 FRAGILE；②重物 HEAVY BAGGAGE；③中转 TRANSIT；④优先 PRIORITY；⑤重要旅客 VIP；⑥中转联程 TRANSFER。

图3.3　常见行李标签

图3.4　航空超重行李标签

（四）值机的有效证件

旅客身份证件是指由旅客本人居住地所在国家的相关部门颁发的官方文件，该文件上带有旅客的免冠照片，并能明确显示旅客的身份信息。这种证件是用于确认和证明个人身份的重要工具，如乘坐飞机、办理银行业务、投票等，都可能需要出示此类

证件。身份证件的种类和形式可能因国家和地区而异，但都具备相似的核心功能，即身份验证。

1. 国内航班旅客乘机证件

（1）中国大陆地区居民的居民身份证、临时居民身份证。

（2）护照。

（3）军官证、文职干部证、义务兵证、士官证、军队文职人员证、武警警官证、武警士兵证、海员证。

（4）香港、澳门地区居民的港澳居民来往内地通行证。

（5）台湾地区居民的台湾居民来往大陆通行证。

（6）外籍旅客的护照、外交部签发的驻华外交人员证、外国人永久居留身份证。

（7）民航局规定的其他有效乘机身份证件。

（8）对于16周岁以下的中国大陆地区居民的有效乘机身份证件，还包括出生证明、户口簿、学生证或户口所在地公安机关出具的身份证明。

2. 证件查验的注意事项

证件查验是确保旅客身份真实、合法的重要步骤，以下是查验过程中需要注意的几点事项：

（1）证件完整性和清晰度。证件必须保持完整，无破损或撕裂。同时，证件上的文字、照片等信息必须清晰可辨，模糊不清或影响使用的证件将不予接收。清晰完整的证件是确保信息准确无误的基础。

（2）证件真实性。任何经伪造、涂改的证件，都视为无效证件。查验人员应具备鉴别真伪的能力，对于疑似伪造或涂改的证件，应核实其真实性。

（3）证件有效期。证件必须在证件本身注明的有效期内使用。超出有效期的证件，无论超出时间多短，都视为无效证件。查验人员应仔细核对证件的有效期，确保旅客使用的证件在有效期内。

（4）证件使用人身份。证件必须由旅客本人使用，不得冒用或借用他人证件。查验人员应通过核对照片、询问旅客等方式，确认证件的使用者与实际旅客身份一致。

（5）姓名一致。在办理值机过程中，值机人员需仔细核对身份证、护照上的旅客姓名与机票或离港系统里电子客票票面信息上的姓名是否一致。任何不一致的情况都需要进一步核实，以避免因姓名错误导致的误机或其他问题。

（6）签证及相关文件。对于需要签证的旅客，值机人员还需确认旅客持有有效的签证及相关文件，并特别注意签证及相关文件的有效期限。任何过期或无效的签证及相关文件都可能导致旅客无法顺利出行。

二、值机手续办理流程

（一）值机岗前准备工作

做好值机的准备工作是办理旅客乘机手续的重要环节，有助于应对值机过程中各种复杂情况，减少运输差错和服务事故，缩短办理乘机手续的时间，提高工作质量和服务水准。值机员在正式开始办理值机前，一般需要完成如下准备工作。

1. 个人仪容仪表准备

1）仪表要求

值机员上岗前需按规定统一着装，衣纽、裤纽扣齐，衬衫束在裤或裙内，穿长袖衬衫时扣好袖扣，不得挽裤腿，必须穿黑色皮鞋，做到衣裤整洁，熨烫整齐，按规定佩戴领花和领带。男性员工穿深色短袜，女性员工皮鞋不得露脚尖和脚跟，穿透明或近肤色袜子，袜子不得有破损。

值机员上岗时必须佩戴通行证、工号牌，证件文字面必须外露，不得遮掩。

2）仪容要求

保持仪表端庄，头发要保持自然色，男性员工不留长发和胡须等；女性员工长发必须用网罩梳发，且露出双耳，前发不遮眼，短发不得长过衣领，不得有外露项链、手链、手镯等饰物，戒指只能戴一只，耳环必须是贴耳垂式的，戒指和耳环均不得过大。指甲要保持清洁，不得留长指甲，在工作期间不得吃任何食品（包括口香糖）。女性员工上岗必须化淡妆，不得使用任何指甲油。

上岗期间，站坐姿端正，不得抖腿、跷脚、袖手，不勾肩搭背，不扎堆聊天，不斜靠、倚在任何固定物上，不在工作岗位上做与工作无关的事。

2. 业务用品及设备检查准备

1）提前准备

（1）空白登机牌、行李牌。

（2）易碎物品标识。

（3）优先行李牌。

（4）旅客名牌等。

2）设备检查

（1）办理航班乘机手续的值机员按柜台开放时间提前到达指定柜台，开启柜台电脑，打开并登录值机系统，查看系统状态是否正常。

（2）检查对讲机、打印机、行李磅秤和行李传送带、航显等设备的运行情况是否良好，发现不正常情况及时通知机场维修人员，并做好特殊情况处置预案。

3.航班信息和运输信息收集

值机员在上岗前了解各类航班及运输信息，包括以下几方面：

（1）查阅当日航班预报人数，了解执行航班的机型、机号、座位布局、预定离站时间、值机柜台方位及各航线始发站、经停点和终点站的机场情况、航班动态情况。

（2）收集整理航班各类客运电报，如旅客名单预报（PNL）、特殊服务电报（PSM）、无成人陪伴儿童服务电报（UM）等。

（3）通过订座系统和离港系统，了解直达航班和中转航班各舱位等级的旅客订座情况、座位预留、中转旅客人数、重要旅客和特殊旅客服务要求及其他注意事项。

（4）根据了解到的航班信息和情况，填制《出口航班准备表》。

（二）值机手续办理流程

1.值机引导

值机柜台开放办理乘机手续期间，由引导员在值机区域入口处回答旅客询问，为旅客提供指引以及排队疏导，指引旅客至相应柜台办理乘机手续。

2.主动问候

遵循"十步微笑、五步问好、站立服务、姓氏尊称"的基本原则，在十步之内以目光迎接旅客，当旅客至值机柜台时，值机员起立迎候，主动问候旅客并用"您好""让您久等了"等问候性的语言，然后接过旅客证件，用姓氏或尊称与旅客进行交谈，态度要亲切、礼貌。

3.证件核验

请旅客出示有效证件。在接收到旅客递来的身份证或护照时，值机员务必双手接过以示尊重。识别旅客的姓氏后，在后续的服务过程中，值机员应使用其姓氏或尊称如"先生""女士"等称呼旅客，这有助于建立亲切的服务关系。

要仔细检查身份证件的有效期，确保旅客所持有的证件在有效期内。同时，值机员仔细核对旅客本人与证件照片是否相符，以确保证件的真实性。

对于持电子客票的旅客，无须再查验行程单，直接查看其有效身份证件即可。若旅客带有儿童或婴儿，且持电子客票的情况下，值机员必须严格查验该儿童或婴儿的有效身份证件及出生日期，并与机票上的信息进行核对，确保完全一致。

在核对过程中，除了确认证件上的旅客姓名与机票上的一致外，值机员还应主动与旅客核对航班号、目的地以及可能涉及的转机事项。这样做有助于避免任何可能的误解或混淆，确保旅客能够顺利出行。

值机员核对完所有信息后，应将旅客的证件正面朝上，以旅客能够清晰看到的方式，双手递还。

4. 查验客票

值机员在值机过程中，对旅客所持客票的有效性查验是确保航班安全、有序运行的关键环节。以下是值机员在查验客票时需要注意的要点：

首先，值机员应仔细核对客票的各项信息，包括客票的有效期、航班号、乘机日期、起飞时间、到达站、舱位等级、订座状态、签转栏和限制条件等。这些信息是判断客票是否有效的重要依据，任何一项不符合要求都可能导致客票无效。

其次，值机员应确认旅客所持证件上的姓名与客票上的姓名完全一致。这是防止冒用他人证件或客票的重要措施，也是保障航班安全的重要一环。

对于电子客票，值机员需特别确认电子客票的状态是否为"OPEN FOR USE"。这意味着电子客票已经成功出票并可以使用，是旅客顺利登机的必要条件。

如果旅客未事先订妥座位，值机员应在旅客候补登记表上按顺序为旅客进行登记。这样既可以确保旅客能够按顺序候补座位，也可以避免座位分配出现混乱或遗漏的情况。

5. 服务信息确认

值机员在查验旅客客票有效性的同时，还需细致检查离港系统所显示的特殊服务信息，并与旅客进行逐一确认，以确保每位旅客的特殊需求都能得到满足。

对于餐食需求，值机员需根据离港系统中显示的旅客餐食预订信息，与旅客进行口头或书面确认。对于有特殊饮食要求的旅客，如素食、糖尿病餐等，值机员应格外留意，确保相关信息准确无误，并与航空公司配餐部门进行沟通，确保餐食的供应与旅客需求相匹配。

对于轮椅服务需求，值机员需详细了解旅客的轮椅类型、使用方式以及是否需要协助等信息。在确认这些信息后，值机员应与航空公司地面服务部门联系，确保轮椅服务的安排与旅客需求相符。对于需要在航班过程中使用轮椅的旅客，值机员还需与机组人员沟通，确保他们在飞行过程中得到妥善的照顾。

除了餐食和轮椅服务外，离港系统还可能显示其他特殊服务信息，如婴儿摇篮、氧气瓶等。对于这些服务需求，值机员同样需要与旅客进行确认，并与相关部门协调，确保服务的提供与旅客需求一致。

在确认特殊服务信息的过程中，值机员应保持耐心和细心，充分尊重和理解旅客的需求。对于任何疑问或不确定的情况，值机员应及时与相关部门沟通，确保信息的准确性和服务的完善性。

6. 办理行李托运

值机员要询问旅客交运行李的件数和目的地，并提醒旅客拴挂名牌并检查行李外包装。

值机员要询问旅客手提行李（包括拉杆箱）的具体情况，明确告知超规行李如发生损坏遗失，由此造成的损失及费用，航空公司不承担责任。行李超过规定要求必须托运，如旅客拒绝托运，须在登机口拦截。如旅客交运的行李超过免费行李额，须收取逾重行李费用。

7. 拴挂行李牌

按要求拴挂行李牌。行李牌拴挂位置适当，粘贴牢固。去除旧牌，拴挂新牌前与旅客再次确认行李交运目的地，将行李牌小联粘贴在行李上。

主动询问旅客是否在交运行李内夹带易碎物品，如有，应粘贴易碎物品标识，同时请旅客签字确认后使用行李周转箱（如有）或由专人负责将易碎行李送至行李分拣区。

头等舱、公务舱旅客的交运行李须拴挂头等舱、公务舱行李挂牌；重要旅客的交运行李须拴挂重要旅客行李牌及头等舱或公务舱行李挂牌。

8. 办理登机牌

主动询问旅客座位喜好，结合座位分配原则，尽可能予以满足。如无法满足，须诚恳解释，取得旅客谅解。

值机员需向安排在紧急出口座位的旅客做必要说明，如旅客不愿履行相应职责，需为其调换座位。

1）座位安排的原则和要求

（1）旅客座位的安排，应符合该型号飞机载重平衡的要求。

（2）购买头等舱客票的旅客应安排在头等舱内就座，座位由前往后集中安排。头等舱旅客的陪同和翻译人员，如头等舱有空余座位，可优先安排在头等舱内就座。普通舱旅客安排在普通舱就座，安排顺序应从后往前集中安排。

（3）团体旅客、同一家庭成员、需互相照顾的旅客如病人及其陪送人员等，应尽量安排在一起。

（4）不同政治态度或不同宗教信仰的旅客，尽量不要安排在一起。

（5）儿童旅客、孕妇、视力障碍人士等需要特殊照顾的旅客应安排在靠近服务员、方便出入的座位，但不要安排在紧急出口处。

（6）国际航班飞机在国内航段载运国内旅客时，国内旅客座位应与国际旅客分开安排。

（7）航班经停站有重要旅客或需要照顾的旅客时，应事先通知始发站留妥合理的座位。始发站要通知乘务员注意不要让其他旅客占用。

（8）遇有重要旅客或需要照顾的旅客时，要按照旅客所订舱位的等级情况及人数，留出相应的座位。

（9）携带外交信袋的外交信使及押运员应安排在便于上、下飞机的座位。

2）应急出口座位的发放

飞机上的紧急出口是飞机需紧急疏散旅客时应急所用，因此紧急出口位置是非常重要的位置，在飞行过程中如果出现危险情况，需要紧急疏散旅客时，紧急出口将成为旅客的"救命出口"。

为了确保在紧急情况下快速有效地撤离，避免因各种可能的障碍影响，出于安全的考虑，民航规则要求应急出口座位下不能放置任何行李物品，同时将应急窗口前的座椅靠背设置为不可调节后靠，应急窗口后的座椅靠背不可向前折叠。

民航飞机一般都有多个应急出口，分别位于飞机的前部、中部、后部。坐在应急出口位置的旅客，要严格执行民航规则要求中的《应急出口旅客须知》。在发生紧急情况时，应能协助机组成员完成相关工作。应急出口座位的发放应征询旅客的同意，并请旅客阅读有关应急出口座位安排要求的公告，了解乘坐该座位的责任和义务。办理应急出口座位乘机手续时必须用明确的语言询问旅客是否愿意履行应急出口座位旅客须知卡上列明的职责。在得到旅客的承诺以前，值机人员不得将旅客安排在应急出口座位（图3.5）。

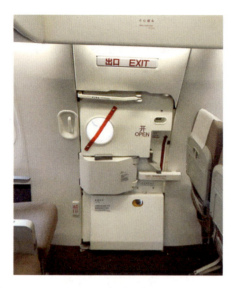

图 3.5　客舱应急出口

安排在应急出口座位上的旅客必须具备完成下列职责的能力：①确定应急出口的位置；②认出应急出口开启结构；③理解操作应急出口的指示；④能够操作应急出口；⑤评估打开应急出口是否会增加由于暴露旅客而带来的伤害；⑥遵循机组成员给予的口头指示或手势；⑦移动或固定应急出口门，以防阻碍使用该出口；⑧评估滑梯的状况，操作滑梯，协助他人从滑梯离开；⑨迅速地经应急出口通过；⑩评估、选择和沿着安全路线从应急出口离开。

不得安排在应急出口座位的旅客：①缺乏阅读能力和缺乏理解印刷或图片形式能力的旅客；②不能把信息口头传达给其他人的旅客；③不能推、撞、拉、转动和操作紧急出口结构的旅客；④视觉不佳的旅客；⑤缺乏听觉能力的旅客；⑥不到 15 岁的旅客；⑦属于精神不正常、行为不能自制的旅客；⑧在押的被管制人员；⑨体型明显肥胖旅客；⑩特殊运输旅客。

9. 交付行李牌、登机牌

手工填制的登机牌应注明航班号、日期、座位号。登机牌只有在旅客办妥登机手续，托运完行李并付清有关费用后方可交付给旅客。对于持电子客票的旅客，值机员应查验登机牌上的 ET 标识及票号，再次与旅客确认航班号、目的地、行李情况，在登机牌上圈出座位、登机口及登机时间，将旅客的登机牌正面朝上，面对旅客视觉方向双手递还。对于头等舱、公务舱的旅客，值机员还需发放贵宾室休息卡，向旅客指引贵宾室方位并致谢，用"祝您旅途愉快"等语言向旅客告别。

（三）值机关闭

1.航班初始关闭（CI）

一般在航班起飞前 30 分钟做航班初始关闭。航班即将初始关闭前，值机员应广播通知并检查柜台前是否有未办理此航班手续的旅客。如有，值机员应及时通知航班主管，并在征得其他旅客同意后先为其办理。候补旅客的航班手续办理完毕后通知值机主管，在正常旅客接收完毕后，接收候补旅客。在离港系统中，值机员通过 CI 指令进行操作，并通知信息调度航班初始关闭，然后填写本航班行李交接单。离港系统是机场为旅客办理乘机手续的一种重要计算机信息系统，CI 指令为航班初始关闭（值机柜台关闭）。

航班初始关闭后，值机员不应再为此航班旅客办理手续；如还有晚到旅客未办理手续，航班有空余座位时，应立即通知信息调度，在获得信息调度同意后，方能接收。

值机员要对晚到旅客表现出关心和诚意。由负责引导的工作人员将旅客引导至登机口，如确实不能安排晚到旅客成行时，需做好解释工作及根据旅客的客票性质做后续航班的安排工作。

值机员各自统计办理情况，包括旅客人数、行李件数、重量、特殊旅客服务，与离港系统中的数据进行核对。

2.航班中间关闭（CCL）

航班中间关闭最迟在航班起飞前 25 分钟操作。信息调度室接到航班初始关闭的信息后，在离港系统中通过使用 CCL 指令，实现航班中间关闭。

信息调度向生产调度室及平衡科报告。报告内容包括：航班办理总人数，航班各航段、各舱位成人 / 儿童、婴儿人数，特殊餐食，VIP 信息。

平衡部门统计航班办理总人数；航班各航段、各舱位成人或儿童、婴儿人数；航班各航段的行李件数及重量；各平衡区域人数。

在航班中间关闭后，一般不再增加旅客。值机员根据行李收运情况填写行李交接单，并通过行李转盘将其交予地面服务部、行李部。

负责清点机票的值机员收集并检查整个航班的乘机联，交票证检查人员。

送机时，值机员与联检单位交接相关单据，并且值机员收集各类送机单据放入随机业务箱，到登机口与旅客服务部的工作人员交接。

3. 航班最后关闭（CC）

航班起飞后，信息调度将航班最终关闭，在离港系统中做 CC 指令后，实现航班最终关闭，这一般在航班起飞后 10 分钟。离港系统自动拍发实际登机旅客名单报（TPM）、旅客中转报（PTM）、常旅客电报（FTL）等电报。值机员手工拍发旅客服务报（PSM）。

关闭航班后，没有特殊情况，不能随便再次开放航班。重新开放航班需修改航班数据，应征得相关部门同意，再次关闭后需及时通知相关部门。打开航班与关闭航班顺序相反。

三、离港系统

（一）离港系统介绍

1. 离港系统的定义

计算机离港控制系统，是民用航空机场值机部门为旅客办理乘机手续，对飞机载重平衡进行计算的大型计算机网络系统，是中国民航引进美国优利公司的航空公司旅客服务大型联机事务处理系统。它具有办理旅客乘机手续、航班控制、载重平衡计算、建立和修正静态数据、自动处理电报等多种功能。其可与计算机订座系统连接，直接获取订座信息，为航班沿线各站最大限度合理安排商务载重、提高飞机吨位利用率提供数据。

2. 离港系统的分类

该系统分为旅客值机（CKI）、航班数据控制（FDC）、配载平衡（LDP）三大部分。在日常的工作中主要是使用 CKI 和 LDP 两大部分。

CKI 系统是一套自动控制和记录旅客登机活动过程的系统，它记录旅客所乘坐的航班、航程、座位证实情况；记录附加旅客数据（如行李重量、中转航站等）；记录旅客办理乘机手续即接收旅客情况或将旅客列为候补情况。

FDC 系统主要负责值机系统的数据管理工作，可以实现航班信息显示或修改、定期航班时刻表的建立或修改、航班记录显示或修改、飞机布局表的显示、修改、建立等功能。

LDP 系统主要用于建立配载航班信息。其根据飞机平衡要求确定业载分布，生成航班的舱单，发送相关的业务报文。

CKI 与 LDP 可以单独使用，也可以同时使用。它们在使用过程中由 FDC 系统进行控制，利用离港系统办理航班的工作流程，主要包括建立航班计划信息、准备办理值机航班柜台、办理值机手续、CKI 关闭航班、航班配载平衡、航班最后关闭等流程（图3.6）。

图 3.6　在离港系统中航班办理的流程

（二）离港系统与订座系统的关系

1. 离港系统与订座系统的信息交互流程

在民航业务运作中，离港系统与订座系统之间的信息交互至关重要。订座系统作为管理航班座位预订的核心系统，会在办理值机前将旅客名单报（PNL）和旅客增减名单报（ADL）发送给离港系统。这样，离港系统能够准确掌握已预订旅客的信息，为值机过程提供数据支持。在值机结束后，离港系统则负责向订座系统发送最后销售报（PFS），详细报告最后登机人数、头等舱旅客名单、候补旅客人数以及订座未值机旅客人数等关键信息。这些信息对订座部门而言至关重要，能够帮助他们实时了解航班座位的使用情况，以便进行更为精准的人员控制和座位调配。通过这一系列的信息交互流程，离港系统与订座系统共同确保旅客出行服务的顺畅与高效。

2. 离港系统与订座系统在旅客出行服务中的协同作用

离港系统与订座系统在旅客出行服务中各自扮演着不同的角色，但又相互协作，共同为旅客提供优质的出行体验。订座系统主要负责管理航班座位的预订和分配，确保旅客能够顺利预订到合适的座位。而离港系统则负责处理旅客的值机、登机确认等离港手续，确保旅客能够顺利出行。在值机过程中，这两个系统通过信息交互实现了协同工作。订座系统提供旅客的预订信息给离港系统，使离港系统能够准确地进行值机操作。同时，离港系统向订座系统反馈实际的登机情况，帮助订座系统更好地控制航班座位的使用。这种协同作用不仅提高了旅客出行服务的效率，也提升了旅客的满意度（图 3.7）。

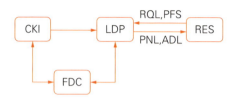

图 3.7　离港系统与订座系统的关系

（三）与值机手续相关的离港系统操作

1. SY 指令

显示有关值机航班的各种基本信息，包括航班状态、布局、订座情况、值机情况等。

指令格式：SY 航班号 / 日期。

例： 输入指令"SY：CZ3101/27JAN08"查询 2023 年 1 月 27 日 CZ3101 的航班信息，离港系统中的显示如图 3.8 所示。

```
SY：CZ3101/27JAN08 CAN/1   CC0800
CWT200000 UWT181094 CAW049803 UAW030897 WTN1 KG TCI
777/21X3/B2056           GTD/B128 POS/GATE BN247 AK00000 CD00000
BDT0720     SD0800     ED0800     CI0730     CC0810     BK16616
CNF/F12C12Y260   CAP/F11C12Y257           AV/F7C9Y21
CAT/000/000/000   VIP/K9RW1-1A
*CANPEK R005/003/253   C004/003/236   B0072/000829   UB0002/00001
```

图 3.8　离港信息回显图

根据离港系统的显示，每行分别的解析如下：

第一行　航班状态显示

OP： 航班开放。

OG： 航班快关闭。

CL： 航班关闭。

CC： 最后关闭。

PC： 航班保护状态。

EC： 航班处于 AEC（自动换飞机）换机型状态。

第二行　航班载量信息显示

CWT： 航班总业载。

UWT： 仍可利用总业载。

CAW： 值机可利用总业载。

第三行　机型信息

机型：777。

飞机号：B2056。

GTD：登机口。

BN247：已发放登机牌号，如有删除旅客，此值不变。

第四行　航班关键时间

BDT：登机时间。

SD：实际离港时间。

ED：预计离港时间。

CI：航班初始关闭时间。

CC：最后关闭时间。

第五行　航班座位信息

CNF：飞机最大座位数。

CAP：飞机实际可用座位数。

AV：飞机可利用剩余座位数。

第六行　特殊信息

CAT：配餐数和备注信息。

备注信息为：VIP 编码。

第七行至第十二行　值机实时信息

R：定座人数。

C：已接收的人数。

B：行李件数 / 重量。

UB：速运行李件数和重量。

SB：候补人数。

CHD：已接收的儿童数。

SA：免票人数。

EXST：占座行李数。

RET：电子客票订座数。

CET：电子客票接收数。

SL：候补人数的限制。

例：SL CANPEK/Y012——Y 舱最多只能候补 12 人。

2. SE 指令显示座位布局

指令格式：SE：航班号 / 日期 / 舱位 / 航段（＊代表所有舱位）。

例：SE：CZ3999/22AUG12/*CANPEK，查询 2012 年 8 月 22 日 CZ3999 航班的全舱座位布局，输入指令得到离港系统显示，如图 3.9 所示。

图 3.9 离港系统全舱座位布局图

思考：案例中的应急出口座位有哪些？请罗列出来。

座位图符号的含义解析如下（表 3.1）：

表 3.1 座位图符号含义表

符号	含　义	符号	含　义
.	已经有旅客占用	*	可利用的座位
:	此半行有婴儿	=	过道
/	靠背不可移动的座位	+	为婴儿预留座位
E	此行或半行有应急出口	I	此行婴儿优先
Q	此行是安静座位	X	锁定（不可利用）座位
T	转港占用（锁定）区	V	ASR 订座名单中保留座位
D	VIP 留座	C	最后可利用座位，* 用完后才可用
P	为未到旅客保留的座位	R	团体留座，自动给 9 人以上团留座
O	为其他航段保留的座位	A	为本段保留的座位
B	可利用的摇篮座位	N	看不到电影的座位
U	可利用的无人陪伴座位	G	RS 指令保留的团体座位
H	头上空间宽敞的座位	）	在本航站转港的旅客占用的座位
L	脚下空间宽敞的座位		

3.关于旅客接收或取消的三个指令

PA：接收指令。

PU：添加或更改指令。

PW：删除指令。

详细指令如下：

PA 接收

PA1，RFW：接收第 1 个旅客

PA1-3，RFW：同时接收第 1 到第 3 个旅客。

PA1；3；4，RFW：同时接收第 1、第 3 和第 4 个旅客

（RFI，RAW，RAI：座位号的指令，F 前面，A 后面，W 窗口，I 过道）

PA1，CHD1　　　　接收儿童旅客

PA1，INF1BB　　　接收带婴儿旅客

PU 更改

PU1，SNR 座位号：为已经接收过的旅客更改座位（R 座位号，SNR 座位号）

PU1，CHD1：添加儿童信息

PU1，UM，PSM　UM，CHD1 添加无伴儿童信息

PU1，WCHR，PSM　WCHR 添加轮椅旅客信息

PU1，SPML AVML（VGML，MOML）添加特殊餐食信息

PW 删除

PW-1：取消旅客的登机信息（慎用）

PW1，WCHR：取消轮椅旅客信息

PW1，INF：取消携带婴儿信息

4.关于行李托运的指令

PU1，1/ 重量：托运 1 件行李 ×× 重量。

BAG1，R：重新打印行李条。

BAG1，R 行李牌后 6 位数：重新打印所指定的一件行李条。

PW1，BAG：取消所有托运的行李（行李一定在面前，将行李条取下）。

PW1，1/ 重量，BT/ 行李牌后 6 位数：取消托运其中一件行李。

PU1，1/ 重量，BT 目的地：托运一件指定目的地的行李。

PRBT/行李牌后6位：通过行李牌号查找旅客。

PUY目的地0，1/重量：托运一件速运行李（先建立航班）。

PWY目的地0，1/重量，BT/行李牌后6位：取消一件指定的速运行李。

5. 离港信息中电子客票状态

电子客票状态为"OPEN FOR USE"时即表示客票有效，可以接收（或候补）编号客票状态说明如表3.2所示。

表 3.2　电子客票状态显示含义

序号	电子客票状态	含　义
1	OPEN FOR USE	开放使用
2	VOID	已作废
3	REFUNDED	已退票
4	CHECKED IN	已办理值机
5	USED/FLOWN	已使用
6	SUSPENDED	挂起
7	PRINT/EXCH	电子客票已换开为纸票
8	FIM EXCH	电子客票已换开为 FIM
9	LIFT BOARDED	正在登机
10	ARP CNTL	机场控制
11	CPN NOTE	状况不明，需系统处理

6. 为普通旅客办理值机及托运的指令流程

（1）FT 航班号。

（2）RN 名字（或 RL 编码）。

（3）PR1（或2，3）核对旅客证件号，确认是否有 ET，查看旅客舱位。

（4）SE*（或 SEF，SEY，SEW）查看座位图。

（5）PA1，R35A（SNR 座位号，RFW，RFI，RAI，RAW）接收旅客。

（6）PU1，1/重量（行李托运需每件称重，重量一定要准）。

任务二 行李运输

一、行李运输一般规定及包装要求

（一）行李的定义

行李是旅客在旅行中为了穿着、使用、舒适或方便的需要而携带的物品和其他个人财物。

（二）行李的分类及相关规定

1. 行李的分类（表3.3）

表3.3 行李分类表

分类方法	类别一	类别二
运输责任	托运行李	非托运行李
占座情况	占座行李	非占座行李
行李性状	普通行李	特殊行李

国内主要航空公司关于行李运输的具体规定不同，在实际工作中应注意遵循所在航空公司的最新规定。

2. 托运行李相关规定

托运行李是指旅客交由承运人负责照管和运输并填开行李票的行李。承运人在收运行李时，必须记录行李的件数及重量，并将行李牌识别联交给旅客作为认领行李的凭证。

以国内主要航空公司为例，国内航班与国际或地区航班对托运行李的体积和重量要求存在部分区别。需要注意的是，以下行李的规格（包括体积与重量），均为航空公司所能接收的普通托运行李的最大值，并非免费行李额，旅客需要为超出免费行李额的部分进行付费（表3.4）。

表 3.4　国内主要航空公司国内及国际或地区航班托运行李规定

航班类型	航空公司	航线舱位	每件重量限制 /kg	每件体积限制 /cm
国内航班	国航 东航 南航		≤ 50	≤ 40 × 60 × 100 >5 × 15 × 20
国际或地区 航班	国航		2 ≤每件≤ 32	每件三边之和 ≤ 158
	东航	头等舱 豪华公务舱 公务舱	≤ 32	每件三边之和 ≤ 158
		其他舱位	≤ 23	
	南航	美国航线	≤ 45	每件三边之和 ≤ 158
		非美国航线	≤ 32	

（数据来源：国航、东航、南航官方网站，2024 年）

3. 非托运行李相关规定

非托运行李也叫随身携带行李或手提行李，是指经承运人同意由旅客带入客舱自行负责照管的行李。非托运行李的重量、体积或件数都有限制，超过限制的物品应作为托运行李办理托运。非托运行李还可以分为自理行李及随身携带行李。

自理行李是指旅客在承运人同意下，自行负责看管的行李。这种行李通常与托运行李合并计重，并需拴挂自理行李牌。它主要包括易碎物品、贵重物品、外交信袋等特殊物品。旅客可将这些自理行李带入客舱内，但要求必须能够放入行李架内或座椅下方，且不能妨碍客舱服务、客舱安全以及旅客的正常活动。

随身携带行李是指获承运人同意后，由旅客自行携带进入客舱的小件行李。随身携带行李有别于自理行李，大部分是旅客在旅途中需要使用而携带的个人物品，如一定量食品、书报、照相机、大衣等。国内主要航空公司对国内航班的非托运行李重量、体积或件数规定详情如表 3.5 所示。

表 3.5　国内主要航空公司国内航班非托运行李规定

航空公司	舱位等级	每件重量限制 /kg	件数上限 / 件	体积限制 /cm
国航	头等舱、公务舱	8	2	每件不超过 55 × 40 × 20
	超级经济舱、经济舱	5	1	

续表

航空公司	舱位等级	每件重量限制 /kg	件数上限 / 件	体积限制 /cm
东航	头等舱	10	2	每件不超过 55 × 40 × 20
	豪华头等舱、公务舱、超级经济舱、经济舱	8	1	
南航	头等舱、公务舱	8	2	每件不超过 55 × 40 × 20
	明珠经济舱、经济舱		1	

（数据来源：国航、东航、南航官方网站，2024）

国内主要航空公司对国际或地区航班非托运行李重量、体积或件数规定详情如表 3.6 所示。

表 3.6　国内主要航空公司国际或地区航班非托运行李规定

航空公司	舱位等级	每件重量限制 /kg	件数上限 / 件	体积限制 /cm
国航	头等舱、公务舱	8	2 件	每件不超过 55 × 40 × 20
	超级经济舱、经济舱	5	1 件	
东航	头等舱	10	2 件	每件不超过 56 × 45 × 25 且三边之和 ≤ 115
	豪华头等舱、公务舱、超级经济舱、经济舱	8	1 件	
南航	头等舱、公务舱	8	2 件	每件不超过 55 × 40 × 20
	明珠经济舱、经济舱		1 件	

（数据来源：国航、东航、南航官方网站，2024）

4. 占座行李相关规定

旅客在客舱中占用座位放置行李的（如易碎品、贵重物品等）为占座行李，每一座位放置行李的重量不得超过 75 kg，并且无免费行李额。

旅客在购票时或航班起飞前，应提前向航空公司申请占座行李服务，并提供行李的具体尺寸、重量等信息。航空公司根据航班实际情况，审核并安排占座行李的运输。如航班座位紧张，航空公司有权拒绝或调整占座行李的申请。旅客在办理登机手续时，须按照航空公司的要求支付占座行李费用，并获取相关凭证。

5. 行李的价值声明

根据航空运输规定，旅客托运的行李在运输过程中发生损坏、灭失时，承运人按

照每千克最高赔偿限额赔偿。

在国际航班中，旅客的托运行李每千克价值超过 20 美元，或自理行李价值超过 400 美元时，可以办理声明价值；在国内航班中，旅客的托运行李每千克价值超过人民币 100 元，可以办理声明价值。

当旅客的托运行李实际价值超过承运人的最高赔偿限额时，旅客有权要求更高的赔偿金额，但必须在办理托运行李时，同时办理行李声明价值，并支付声明价值附加费。办理过声明价值的行李，若在运输途中由于承运人原因造成损失，承运人应按照旅客的声明价值赔偿。

（1）承运人应按旅客声明价值中超过最高赔偿限额部分价值的 5‰ 收取声明价值附加费，以元为单位，其金额取整。

声明价值附加费 $=[$ 行李声明价值 $-($ 规定每千克限额 $\times$ 办理声明价值行李的重量 $)]\times 5‰$

（2）每位旅客的行李声明价值不得超过行李本身实际价值，最高限额为人民币 8000 元（国内航线）或 5000 美元（国际航线）。旅客在办理行李声明价值手续时应出示证明行李声明价值的文件和证据。若承运人对声明价值有异议而旅客又拒绝接受检查时，承运人有权拒绝收运。

（3）当旅客申报价值为外币，应按当日银行公布买入价折算成人民币。

（4）非托运行李和小动物等承运人免责的行李不办理声明价值。

（5）除与另一承运人有特别协议外，一般只能在同一承运人的航班上办理行李声明价值。

（6）声明价值行李的计费重量为千克，不足千克者应进整。但实际重量应保留至小数点后一位。

（7）办理声明价值的行李重量不计入免费行李额内，应另外收费。

（8）办理声明价值的行李必须与旅客同机运出，值机人员应通知行李装卸部门将声明价值行李单独装箱；同时将声明价值行李的重量、件数、行李牌号码、装舱位置等以电报的形式通知相关航站。

（三）行李的包装

行李的包装在保证行李运输质量和飞行安全中起到非常重要的作用，因此承运人对旅客的行李包装要求制订了具体的规定。承运人在收运行李时，应严格检查行李的包装，对不符合包装要求的行李，应要求旅客改善包装，否则可以拒绝收运或不承担损坏的赔偿责任。

1. 托运行李的包装要求

托运行李必须包装完善、锁扣完好、捆扎牢固，能承受一定的压力，能够在正常的操作条件下安全装卸和运输，并符合下列条件：

（1）旅行箱、旅行袋和手提包等必须加锁。

（2）两件以上的包件不能捆为一件。

（3）行李上不能附插其他物品。

（4）竹篮、网兜、草绳、草袋等不能作为行李的外包装物。

（5）行李包装内不能用锯末、谷壳、草屑等作衬垫物。

（6）行李上应写明旅客的姓名、详细地址、电话号码。

2. 非托运行李的包装要求

由旅客带进客舱的随身携带物品，虽然由旅客自行照管，但承运人对其包装仍有具体的要求，规定随身携带物品应符合下列条件：

（1）草绳、网兜、草袋等不能作为随身携带物品的外包装物。

（2）外包装整洁，不容易渗溢，没有污染。

（3）运动器材、乐器等要求有外包装物。

（4）外交信袋、银行特别用箱等必须加有封条。

（四）行李的收运

1. 行李收运的工作要求

（1）承运人应在航班离站当日办理乘机手续时收运行李，如团体旅客的行李过多，或因其他原因需要提前托运时，可与旅客约定时间、地点收运。

（2）旅客必须凭有效客票托运行李，托运行李的目的地应该与客票所列明的经停地或目的地相同。

（3）清除托运行李上的旧行李牌。

（4）检查行李的包装、体积和重量是否符合要求。如不符合要求，应请旅客改善包装；如因时间或条件限制无法改善包装，旅客坚持要求运输，可视具体情况决定可否收运，收运时应拴挂免除责任行李牌，免除相应的运输责任。

（5）超过免费行李额的行李，应收取逾重行李运费，并填开逾重行李票。

（6）行李过磅应准确，以免影响飞机的载重平衡。

（7）不属行李的物品，应按货物托运，不能作为行李托运。

2. 行李收运的注意事项

（1）了解行李的内容是否属于行李的范围，行李内有无夹带禁运、限制携带物品或危险物品。

（2）了解行李是否属于声明价值行李，是否应请旅客办理声明价值行李运输手续。

（3）托运行李必须经过行李安全检查后方可收运。

（4）乘坐国际航班的旅客，其托运行李必须事先办妥海关手续方可收运。

（5）旅客托运的行李一般应随旅客同机运出，如果逾重行李过多，受载量条件的限制无法做到同机运出，应向旅客说明，在后续班机上运出，并将行李重量、件数、行李牌号发电报通知到达站。

（6）不属于行李范围内的物品，应按货物托运，不能作为行李托运。

3. 行李牌

行李牌是承运人运输行李的凭证，也是旅客领取行李的凭证之一。行李牌按式样可分为粘贴式和拴挂式；按其用途可分为直达运输行李牌和联程运输行李牌两种。

承运人对旅客托运的每件行李应拴挂行李牌，并将其中的识别联交与旅客。经承运人同意的自理行李，应与托运行李合并计重后，交由旅客带入客舱自行照管，并在行李上拴挂自理行李牌。

1）常见不同用途的行李牌

（1）直达运输行李牌。直达运输行李牌适用于一个航班上运输的托运行李。

（2）联程运输行李牌（或称联运行李牌）。联程运输行李牌适用于两个以上航班运输的托运行李。但在下列情况下不能使用：①在某些机场，旅客需提取托运行李办理海关手续。②某些国家或某些机场不办理行李联运。③我国国内航线不办理行李联运。

（3）"重要旅客"行李标志牌。重要旅客的托运行李，除拴挂行李牌外，还应拴挂"重要旅客"行李标志牌，以保证重要旅客的托运行李安全、迅速地运达目的地。对拴挂"重要旅客"行李标志牌的行李，要求严加保管、后装先卸。

（4）"优先等级"行李标志牌。为提高运输服务质量，对于不愿意透露身份的重要旅客以及头等舱旅客和在经停站立刻转换飞机的中转旅客的托运行李，除拴挂行李牌外，还应挂"优先等级"行李标志牌，以便这些旅客的托运行李在目的地或中转站迅速卸下飞机。挂有"优先等级"行李标志牌的行李应后装先卸，装在货舱门口处。

（5）旅客名牌。在行李运输中，由于种种原因，行李牌有时会脱落，造成行李错运、丢失。为了便于寻找旅客丢失的行李，承运人要求旅客在托运行李前，在每一件行李上拴挂旅客名牌。承运人在旅客购票或办理乘机手续时，发给旅客"旅客名牌"。旅客应按承运人要求预先填妥旅客名牌上的旅客姓名、电话号码、地址，并在每一件托运行李上拴挂或粘贴旅客名牌。承运人在收运行李时，应检查旅客的托运行李有无旅客名牌。

（6）易碎物品标签。承运人为了提高行李运输质量，对旅客托运的易碎物品，除拴挂行李牌外，还应粘贴易碎物品标签，以便于装卸人员识别。行李在装卸时轻拿、轻放，确保行李在运输中不被损坏。

（7）速运行李牌。当行李发生迟运或错运时，为了尽快将行李运往旅客的目的地，承运人运送迟运、错运行李时，应使用速运行李牌。

（8）免除责任行李牌。在收运行李时，发现下列情况之一应拒绝收运，如旅客仍坚持要托运则必须拴挂免除责任行李牌，免除承运人的相应责任：①精密仪器、易碎物品或包装不符合要求。②柜台关闭后收运的行李。③行李有破损。④无锁或锁已失效。⑤行李超重或超规格。⑥鲜活物品或动物。

免除责任行李牌填写时应根据具体情况，在不符合条件的框内打"×"，如果在免除责任行李牌上打"×"的部分发生损失，承运人不承担责任。除此之外的其他项目发生损失或行李延误运输、丢失，承运人仍应承担相应的责任。

2）常见式样行李牌——粘贴式行李牌

粘贴式行李牌是目前承运人使用最多的一种，具有防止行李牌脱落的功能。为了防止行李运输出现差错和方便寻找行李，一些承运人还将粘贴式行李牌的联数增至五联。其用途如下：

第一联：粘贴在托运行李把手上，便于识别。

第二联：粘贴在行李包装上，当第一联灭失时用以核查行李。

第三联：粘贴在撕下的乘机联上，以备个别旅客由于某种原因没有登机，迅速找出旅客的托运行李牌号码，通知装卸人员将其托运行李卸下。

第四联：粘贴在客票旅客联上，供旅客在到达站领取托运行李时用。

第五联：粘贴在装运该件行李的集装箱上，供拉卸行李时准确、快速地找出该件行李。

二、逾重行李费的计算及收取

（一）免费行李额

免费行李额是根据旅客所付票价、乘坐舱位等级和旅客的航线来决定的。每位旅客的免费行李额包括托运行李和非托运行李的额度总和。

搭乘同一航班前往同一目的地的两个或两个以上同行旅客，如在同一时间、同一地点办理行李托运手续，不论他们是否乘坐同一等级的座位，其免费行李额都按人数和票价座位级别合并计算。

当旅客自愿升舱或降舱时，免费行李额按照改变后的座位等级所规定的免费行李额办理。

1. 国内航线免费行李额

除部分低成本航空外，一般航空公司给予成人或儿童票的旅客免费行李额为：头等舱 40 kg（88 磅），公务舱 30 kg（66 磅），经济舱 20 kg（44 磅）。

持婴儿票的旅客通常无免费行李额，但一般允许免费托运一辆折叠式婴儿推车，也有航空公司如中国国际航空，会给予持婴儿客票旅客 10 千克的免费行李额。近年来，一些航空公司针对不同类型的会员旅客还会额外增加一部分免费行李额（表 3.7）。

表 3.7 中国国际航空实际承运航班计重制航线普通行李免费托运限额

舱位 旅客类型	头等舱	公务舱	悦享经济舱、超级经济舱	经济舱
持成人／儿童客票旅客	40 kg（88 磅）	30 kg（66 磅）	20 kg（44 磅）	20 kg（44 磅）
持婴儿客票旅客	无论何种舱位，免费托运 10 kg（22 磅）			

国航计重制航线普通行李免费托运限额说明详见国航官方网站。

2. 国际航线免费行李额

乘坐国际航线的旅客，免费行李额一般有计重制和计件制两种方式，不同的航空公司或同一航空公司的不同航线，其采用的免费行李额制度有可能不同。

1）计重制免费行李额

计重制是指按照行李的重量规定免费行李额以计算逾重行李费的一种行李制度。

计重制国际航线免费行李额规定较为简单，通常头等舱 40 kg（88 磅），公务舱

30 kg（66 磅），经济舱 20 kg（44 磅），持婴儿票旅客一般无免费行李额，但会允许免费托运／携带一辆折叠式婴儿推车。

2）计件制免费行李额

计件制是指按照行李的件数规定免费行李额以计算逾重行李费的一种行李制度。

国内主要航空公司（中国国际航空公司、中国东方航空公司、中国南方航空公司）运行的国际与地区航线均采用计件制。每家航空公司的规定不尽相同，有些甚至非常复杂，且制度会不定期调整，因此，应以各航空公司官方网站发布的最新计算制度为准。

（二）逾重行李

逾重行李是指超过计重或计件免费行李额的部分。旅客携带逾重行李乘机，应当支付逾重行李费。

1. 计重制逾重行李费的收取

逾重行李费率按逾重行李票填开之日所适用的成人经济舱直达公布票价的 1.5% 计算。

逾重行李费 =（行李总重量 - 免费行李额）×（经济舱直达公布票价金额 ×1.5%）

费用计算需要注意的是，逾重行李费以元为单位，元以下四舍五入。

2. 计件制逾重行李费的收取

国内主要航空公司（中国国际航空公司、中国东方航航空公司、中国南方航空公司）对国际航线逾重行李费大多采用计件制计算方法，且无统一规定，通常在各航空公司官方网站可以查询到具体航线区域给出的具体收费标准。

3. 逾重行李操作流程

（1）值机柜台的工作人员确认旅客行李超重量，填写《逾重行李缴费通知单》，请旅客前往售票柜台支付逾重行李费。

（2）售票柜台工作人员计算逾重行李费，填写《逾重行李票》。

（3）旅客付费后回到值机柜台凭《逾重行李票》的运输联和旅客联办理行李的交运手续。

（4）工作人员收取运输联并交予财务部门。

4. 逾重行李票的填报

逾重行李票由以下四联组成：

（1）会计联供财务结算时使用。

（2）出票人联供出票人留存备查。

（3）运输联为运输逾重行李以及承运人结算时使用。

（4）旅客联为旅客托运逾重行李和报销时使用。

票据填写完，逾重行李交给旅客前，售票柜台工作人员应先撕下会计联和出票人联。旅客持逾重行李票办理托运手续时，工作人员撕下运输联作为运输凭证，并交予财务部门。

三、特殊行李运输

（一）拒绝运输的物品

拒绝运输《危险物品航空安全运输技术细则》（ICAO）、《危险品规则》（IATA）以及法律、法规或者公司规定明令禁止运输的物品，包括但不限于：

（1）危险品，允许作为行李运输的除外。

（2）枪支、弹药、军用和警用械具及仿真品（含主要零部件）。

（3）管制刀具。

（4）有关国家的法律、法规或命令所禁止出境、入境或者过境的物品。

（5）可能对飞机、人员、其他物品造成破坏、伤害、损害的物品。

（6）行李因包装、形状、重量、尺寸或体积不符合行李承运条件，或因其性质或包装不适宜航空运输（如带有报警装置的箱包），可能在航空运输过程中易损、易坏的物品（事先申请并经同意的除外）。

（7）包装不完整、不牢固、无锁扣、捆扎不结实，不能承受一定压力的物品。

（8）飞机装载和运输时无法满足其体积、重量、性质、温度、氧气要求的物品。

（9）在飞行中对驾驶仪器有影响的电子产品或通信器材。

（10）活体动物，野生动物或和具有形体怪异或具有易于伤人等特征的动物（例如蛇）。

（11）公司规定禁止作为行李运输的含危险品设备，如锂电池驱动电动平衡车（扭扭车）、自加热包装食品；以及局方规定禁止作为行李运输的物品。

（12）其他物品：运输时带有明显异味的物品，如未做妥善包装的榴莲等；容易污损飞机的物品；具有麻醉、令人不快或其他类似性质的物质；国家法律、法规和公司规定不适宜作为行李运输的物品。

（二）限制运输的物品

1. 只能作为托运行李的物品

（1）除管制物品外的利器、钝器等，例如菜刀、水果刀、剪刀、手术刀、屠宰刀、雕刻刀、凿、锥、锯等。

（2）免除责任运输行李、声明价值行李、大件行李。

（3）小动物（家庭饲养的猫、狗或其他小动物，服务犬除外）。

（4）带有浓浓或特有气味的水果，运输时需包装完善无异味。

（5）体育运动用枪支弹药或政府公务人员值勤公务需要携带的武器（需有公安部门出具的准许运输的证明文件）。

（6）运动用自行车、高尔夫球用具、滑雪或滑水用具、保龄球用具、渔具、冲浪板或风帆冲浪船、皮划艇、滑翔伞、撑杆。

2. 只能随身携带的物品

（1）高价值物品；易碎或易损物品；易腐物品；绝版视频、印刷品、手稿等物品；重要文件和资料；旅行证件等需要专人照管的物品以及旅行中需要服用的药物。

（2）电子设备、电子医疗装置、电动轮椅或其他移动辅助器材中使用的电池，包括锂电池、燃料电池等。

（3）锂电池移动电源（充电宝）。

（4）含电池的电子烟（包括电子雪茄、电子烟斗以及个人雾化器）。

（5）官方机构或企业使用的水银气压计或水银温度计。

（6）具体细则请详见：《民航旅客禁止随身携带和托运物品目录》和《民航旅客限制随身携带或托运物品目录》。

（三）部分常见特殊行李的收运细则

1. 服务犬的收运

服务犬一般是指导盲犬或助听犬，服务犬经过专门训练为盲人导盲或为聋人助听，而盲人或聋人旅客在旅途中必须依靠它们的帮助。携带导盲犬或助听犬的盲人或聋人旅客须持有医生证明，并按照下列规定办理：

（1）经承运人同意携带的导盲犬或助听犬，可以免费运输，且不计算在旅客的免费行李内。

（2）由盲人或聋人旅客带进客舱或装在货舱内。

（3）导盲犬或助听犬带进客舱运输时，必须在上机前戴上口罩和系上牵引绳索，不得占用座位及妨碍旅客的正常旅行和客舱服务。

（4）如果装在货舱内运输，必须按照小动物收运的规定办理。

（5）在中途不着陆的长距离飞行航班或特殊机型，不适宜运输导盲犬或助听犬时，承运人可以拒绝运输。

2. 小动物的收运

小动物是指家庭驯养的狗、猫、鸟等小动物。野生动物和具有怪异形体或易伤人等特性的动物（例如蛇），不属于小动物范围，不能作为行李运输。

旅客要求携带小动物乘机，必须在订座时提出申请，并同意遵守承运人运输小动物的有关规定，在征得承运人同意后方可携带。

1）运输小动物的包装要求

（1）适合小动物的坚固的金属或木制容器。

（2）能防止小动物破坏、逃逸和伸出容器以外损伤人员、行李或货物。

（3）保证空气流通，不致使小动物窒息。

（4）防止粪便渗透，以免污染飞机和其他物品。

（5）方便喂食和加水。

（6）容器的体积适合货舱装卸。

2）小动物的运输条件

（1）旅客携带小动物乘机，须在订座或购票时提出，经承运人同意方可托运。

（2）小动物的包装必须符合承运人的要求。

（3）属国际运输的小动物应具备出境、入境有关国家的必要证件，证件包括健康证明、注射预防针免疫证明、出境/入境许可证明和动物检疫证明等。

（4）旅客携带小动物应当在乘机之日按照承运人指定的时间办理托运手续，不得迟于航班离站时间前2小时。

（5）小动物途中喂食、加水由旅客负责。

（6）因不符合承运人要求或不符合出入境国家有关规定而被拒绝承运或被拒绝出境、过境、入境以及在运输途中发生逃逸、死亡等一切损失，承运人不承担任何责任和赔偿。

（7）旅客携带的小动物及食物的重量不得计算在免费行李额内，所有重量按适用的逾重行李费率计收运费。

（8）除非经承运人特别允许外，旅客携带的小动物一律不能放在客舱内运输，只能作为托运行李托运，装在货舱内。

（9）如果旅客要求办理联运，必须征得续运承运人的同意方可联运。

3）携带小动物进入客舱的条件

只有经济舱的飞机，每一航班只允许一只小动物作为客舱行李；有头等舱/公务舱的飞机，每一航班只允许一只小动物作为客舱行李放在头等舱/公务舱，还允许一只小动物作为客舱行李放在经济舱；容器体积不超过"31厘米×31厘米×41厘米"；小动物必须放在主人的座位下面。

3. 运动器械或器具的收运

运动器械或器具包括高尔夫球包、保龄球、滑翔伞或降落伞、滑雪或滑水用具、轮滑或滑板用具、潜水用具、射箭用具、曲棍球用具、冰球用具、网球用具、登山用具、自行车、皮划艇或独木舟、悬挂式滑翔运动用具、雪橇或水橇、冲浪板、风帆冲浪用具、橡皮艇或船、撑杆、标枪、单独包装的划船用具或桨、骑马用具等。

不同的航空公司对运动器械或器具收运有着不同的要求，包括运动器械或器具小类的划分、是否计入免费行李额、重量或尺寸限制、每个小类的收费标准等，实际工作中应以各航空公司的具体规定为准。

4. 外交信袋的收运

由外交信使携带的外交信袋装有国家外交机密的文件，其在大使馆与领事馆之间以及领事馆与本国外交部之间传送运输。外交信袋运输工作关系到国家与国家之间的外交关系。因此，承运人对运输外交信袋必须给予高度重视。

外交信袋可由外交信使随身携带，自行保管。但是，当外交信袋数量较多时，可根据外交信使的要求，按照托运行李办理，但只承担一般托运行李的责任。外交信袋运输需要占座位时，必须在订座时提出，并经承运人同意。外交信袋占用座位时，重量限额不得超过75千克，每件体积的限制与行李相同。

外交信袋与信使的行李可以合并计重或计件，超过免费行李额的部分，按照逾重行李的规定办理。占用座位的外交信袋没有免费行李额，运费按下列两种办法计算，取其较高者：根据占用座位的外交信袋实际重量，按照逾重行李费率计算的运费；根据外交信袋占用的座位数，按照运输起讫地点之间，与该外交信使所持客票票价级别相同的票价计算的运费。

外交信使随身携带的外交信袋较多，要求提供候机室与停机坪之间的地面运输时，

可以免费提供协助。班机在中途站停留时，如果外交信使要求留在机上照管外交信袋，在机上留有民航工作人员的情况下，应允许并提供方便。

5. 放射性同位素行李的收运

托运人航空运输放射性同位素必须办理如下手续：

（1）托运人航空托运放射性同位素应向民航部门填交货物托运单，并应提供当地卫生防疫部门和主管单位检查盖章的"放射性货物剂量检查证明书"。

（2）填写托运书时，要写清收货单位名称、地址及电话，以便到达航站及时与收货单位联系，托运书的右上角加盖或注明"放射性同位素"戳记或字样。

（3）放射性同位素的包装必须符合要求，包装物两侧应粘贴规定的包装标志。

（4）办妥托运手续后，应通过电报或电话将托运的放射性同位素的数量等级、班机到达时间等通知收货单位到机场提取。

（5）托运人应于飞机起飞前一天与承运人联系，以预留吨位；班机当日起飞前1小时30分钟内自送至机场。

（6）包机托运的放射性同位素，需派专人押运。

6. 化学危险品的收运

（1）托运人托运化学物品，应当在托运单上准确地填明物品的具体化学品名称和性状，必要时还应当提供生产技术部门出具的技术说明书。

（2）化学物品必须有与其相适应的完整包装，尤其是气体、粉末、液体状态的化学物品，其包装和重量必须符合安全运输的要求。

（3）除放射性同位素和国际联运货物可以按照有关规定负责承运外，化学物品中属于爆炸、易燃、自燃、有毒、腐蚀等性质的危险品，一律不负责承运。

（4）为确保化学物品的安全运输，应按中国民用航空局制定的"化学物品运输规定"办理。

7. 限制物品的收运

无托运行李或因时间紧来不及放入托运行李内，旅客应主动将限制品交安全检查部门装入"限制物品保管袋"内，送交乘务长保管，待飞机到达后，交还本人。

安全检查部门接受限制物品时，应会同旅客填写"限制物品交接单"一式三联：第一联为旅客联，交给旅客；第二联为存根联，始发站留存；第三联为到达站联，随限制物品保管交乘务长。旅客收到限制物品后，交回"限制物品交接单"的旅客联。如果旅客未领取限制物品，乘务长应将限制物品转交于到达站行李查询部门保管。

四、行李运输不正常的处理

行李不正常运输是指行李在运输过程中，由于承运人工作疏忽、过失或其他原因造成的行李运输差错或行李运输事故，如行李迟运、错运、错卸、漏卸、错发、损坏、遗失等。行李运输发生不正常情况时，工作人员应及时、迅速、认真、妥善地处理，尽量避免或减少因行李不正常运输造成的损失。

PIR 是行李运输事故记录（Property Irregularity Report）的英文简称，它是少收行李、多收行李、行李破损及行李内物品被盗等行李运输不正常情况的原始记录，也是行李查询与赔偿工作的依据。

国际行李查询部门（代号 LL）是负责处理国际行李不正常运输工作的部门；国内行李查询部门（代号 IN）是负责处理国内行李不正常运输工作的部门。一些航空公司还设立专门的行李查询中心，协助各地查询及处理本航空公司的行李查询工作和行李赔偿工作。

（一）迟运行李

迟运行李指本次航班应载运但未予装机的应与旅客同机的行李。

1.迟运行李的原因

（1）行李上拴挂的行李牌脱落导致无法识别行李的目的站。

（2）旅客办理登机手续时间较晚，来不及当班运出，为了保证航班正点行李装在下一个航班上。

（3）出发站行李传送带出现分拣或传输等机械故障。

（4）航班因载量问题而被临时拉下。

（5）由于工作人员疏忽将行李牌拴挂到其他航站。

2.迟运行李的处理流程

（1）在行李不正常运输登记表上编号、登记。

（2）安排后续航班将迟运行李运至目的地。

（3）拍发运送行李电报给行李目的站。

（4）行李牌上识别联脱落无法确定行李目的站的迟运行李，应等待其他航站发来的查询电报，确定行李的目的地后，安排后续航班运往行李目的地。

（5）行李运出前，应填写并拴挂速运行李牌。

（6）代理其他承运人处理迟运行李时，应通知该航空公司驻本站代表。

（7）中转站收到迟运行李后，按照速运行李牌上列明航班号或日期转运。

（8）到达站收到迟运行李后，立即通知旅客提取。迟运行李提取后，将收到日期和交付日期用电报通知迟运行李的中转站和到达站。

（二）少收行李

航班到达站没有收到按照规定应该随旅客同机运达的托运行李，称为"少收行李"。

1. 少收行李的原因

（1）始发站行李漏装。

（2）始发站行李错装。

（3）中途站错卸行李。

（4）到达站漏卸行李。

（5）行李牌脱落无法辨认行李的目的地而没有装上飞机。

2. 少收行李的处理流程

（1）进行本站查询有如下内容：①查看行李到达大厅与行李传送带周围有无遗留行李。②通知行李装卸队检查货舱、集装箱内（必要时还可检查客舱）是否有漏卸行李，并检查行李仓库。③向货运仓库询问有无误将行李卸到货物仓库内。④沿到达行李的运输路线查找。

（2）查验旅客的客票和行李牌识别联。请旅客交验客票及行李牌识别联，记录旅客姓名、旅行路线的客票上填写的托运行李的件数、重量以及行李牌识别联上的目的地，有无改变航程、客票签转等情况。

（3）弄清少收行李的特征。包括外包装形状颜色和制作材料等，如是联程行李，还要向旅客询问行李的转运情况，最后看见行李的地点，是否已在联运站发现短少行李。

（4）查看多收行李记录、外站发来的多收行李和运送行李电报。

（5）填写"行李运输事故记录"。它是少收行李、多收行李、行李破损及行李内物品被盗等行李运输不正常情况的原始记录。由于"行李运输事故记录"是行李查询与赔偿工作的依据，在填制时，应力求做到准确、详尽。

（6）填写"少收行李处理登记表"。

（7）根据具体情况预付旅客适当的临时生活用品补偿费。

（8）拍发有关少收行李查询电报。

（9）填写"遗失物件问卷"。将由确实已丢失行李的旅客填写的"遗失物件问卷"，附在"行李运输差错处理记录"上，在办理赔偿时，作为赔偿金额的依据之一。

（10）少收行李结案。

（三）多收行李

多收行李指在每一次航班行李交付工作已经完毕，航班到达 24 小时后仍无人领取的行李。

1. 多收行李的原因

（1）错运行李，挂有目的站为非本站的行李牌错运到本站的行李。

（2）速运行李，挂有速运行李牌需要中转至目的站的行李。

（3）无人认领行李，挂有目的地为本站的行李牌的行李，但无人认领。

（4）无行李牌行李。

2. 多收行李的处理流程

（1）填写记录卡。填写"多收行李记录卡"，并拴挂在多收行李上。多收行李入库备查。

（2）在多收行李处理登记表上编号、登记：①登记时仔细查看行李外包装是否完整无损、有无上锁；行李上如果有旅客姓名、地址、电话号码，应尽量详细地记录；②对破损和无锁的行李进行包扎或上铅封后过磅重量，并做好记录。

（3）核对登记本。

将多收行李登记本与少收行李登记本上记录的情况进行对照分析，从中找出少收的行李。

（4）拍发多收行李电报。

（5）错运行李的处理：①属地站错运至本站的多收行李，可按原行李牌上的目的地，选择合理的运输路线和航班运往行李的目的地；②拍发运送行李电报至行李目的地或有关中转站，并在电报最后注明是错运行李；③如果本站没有至行李目的站的航班，也无法通过其他航班中转，可将行李退回原发运站；④填写和拴挂速运行李牌，保留原行李牌。

（6）无人认领和无行李牌行李的处理如下：①核对其他站发来的少收行李查询电

报或到达站的旅客名单表（TPM）。②查看行李上的旅客姓名、地址、电话标识牌或其他能识别旅客姓名地址的标志和行李颜色、类型等。必要时，经领导同意后，工作人员可以开启包装查看行李内物品（必须两人以上在场），以便从中得到有关线索，并设法与旅客本人或单位有关人员联系。③如果暂时无法找到失主，应在多收行李报告表上登记运达航班号、日期、行李颜色、行李形状、行李的内容等，并拴挂多收行李记录卡、过磅入库。④在航班到达后4小时内向运达航班的始发站、中途站或终点站拍发多收行李电报（OHD），最迟不得超过飞机到达后的第二天中午12时。⑤多收行李在航班到达72小时后仍无人认领或没有找到失主，应向有关航站和行李查询中心拍发SHL电报。⑥去函与失主联系，并请旅客提供以下情况：A. 乘坐航空公司、航班号、日期；B. 行李颜色、类型和行李物品；C. 是否属于托运行李；D. 是否已向承运人报失，在哪里报失的。⑦找到失主之后，应通知失主前来领取。如果失主在外地，可按照速运行李的运送要求处理。⑧多收行李从开始保管之日起，超过90天，可按无法交付行李处理。多收行李、旅客遗留的自理行李和随身携带物品，以及由于安全原因禁止携带的物品，这些行李、物品经过多方查找仍无法找到失主，保管期又超规定时限（90天），可以作为逾期无人领取行李、物品（无法交付行李）。A. 行李查询部门负责逾期无人领取行李、物品的处理工作。在处理前要认真做好清点、登记工作，并上报有关部门批准；属于国际运输的无法交付行李还应会同当地海关进行处理。B. 无法交付行李交给海关时，要求逐件列单，与海关经办人员办理交接手续。C. 如属军用品、违禁品、文物、金银珠宝以及其他重要文件、资料等应向有关部门办理无价移交，不得擅自处理。D. 属于行李运输事故，并已由承运人做出赔偿的行李，可以变卖，所得款项全部归做出赔偿的承运人所有。E. 对逾期无人领取行李、物品，任何单位或个人不得私自挪用或变卖、购买和违章处理。F. 处理所得金额应扣除行李保管费、处理费、关税后，余额交财务部门。逾期无人领取行李、物品在处理之日起30天内旅客前来认领，经确认后可将余款交还失主。⑨其他承运人航班运来的无主行李，可以移交给其承运人处理。

（7）多收行李结案。多收行李电报发出后，行李已被认领，应立即向有关行李查询部门或行李查询中心拍发多收行李结案电报（CFI）。

（四）速运行李

速运行李是指行李发生不正常运输（如迟运、多收等）后，需要迅速将行李运抵行李的目的地。

（1）运送速运行李必须按照速运行李牌的要求详细填写有关项目，并拴挂在行李上，保留原行李牌。

（2）速运行李尽可能使用原航空公司航班运送，也可利用本航空公司或其他承运人的最近一次班机免费运送。

（3）其他承运人的速运行李，如果行李包装不符合运输规定，可拒绝接收。运送其他承运人的速运行李，如果发生损坏、丢失，承运人不负赔偿责任。

（4）本航空公司的速运行李委托其他航空公司运送，应办理交接手续。

（5）海关监管的速运行李，运送时需办理海关手续。

（6）速运行李发运前，应拍发运送行李电报给到达站行李查询部门以及有关中转站。

（7）必要时，工作人员还应给遗失行李的旅客打电话、写信或发电报，通知旅客行李的运送航班、日期和目的地。

（五）破损行李

破损行李是指在运输过程中，旅客交运的行李外部受到损伤，因而使行李的外包装或内装物品遭受损失。行李破损分为明显破损和不明显破损。明显破损是指行李外包装有明显的破损痕迹或外包装变形。不明显破损是指行李外包装完好或看不出有破损的痕迹，但是内物品受损。

1. 行李破损的原因

（1）行李运输设备、箱子的自身质量较差。

（2）行李箱内物品放置得过多。

（3）机场搬运工野蛮装卸。

（4）飞机起降过程中受重力影响，行李有可能出现破损。

出现行李破损，应立即查明行李破损的原因，明确责任。如果属于在运输过程中的正常现象，应向旅客解释，因为在正常的行李运输过程中，行李箱包也会受到一定损耗，例如轻微的摩擦、凹陷或表面沾染少量的污垢等，这些情况下，承运人不负运输不当的责任。

2. 行李破损的处理流程

（1）在装卸或传送行李时发生或发现行李破损，应会同行李装卸人员填制行李事故签证单，并采取必要的补救措施。行李破损发生在始发站，一般要求将破损的行李修复后运输；如果一时无法修复，在运出时，应拍发行李破损电报（DMG），通知行李目的站和有关转运站。

（2）旅客提取行李时，提出行李破损，应会同旅客检查行李外包装和内物品的破损或遗失情况，尽可能明确责任。

（3）属于承运人责任的行李破损应会同旅客填制"行李运输事故记录"（PIR），一式两份，一份交旅客收执，作为索赔的依据；另一份留行李查询部门存查。承运人代理其他航空公司业务时，增加一份交该航空公司。

（4）如果行李的外包装完好无损，旅客提出行李内物品破损，并要求赔偿，除非旅客能提出证据，证实是承运人的过失所造成外，承运人可不赔偿。

（5）如代理其他承运人处理破损时，填妥"行李运输事故记录"（PIR）后，可由其承运人驻本站代表直接处理。

（6）挂有"免除责任行李牌"的行李发生破损，应查对"免除责任行李牌"上打"×"的项目，如果属于免除责任的破损，承运人可不赔偿。

（7）行李破损登记：发生或发现行李破损，应立即填写"行李装卸事故签证"或"行李运输事故记录"，并根据破损行李赔偿标准的有关规定办理赔偿。每月底填写本月行李损坏登记表。

（六）托运行李内物品被盗或丢失

1. 托运行李内物品被盗或丢失的原因

根据航空运输的特点，旅客的行李在运输过程中，要经过多个部门协作装卸飞机，发生行李内物品丢失的原因有可能是行李箱没有锁好或者内装物品过多致使行李箱在始发站、经停站或目的站被搬运时，受挤压被打开等。

2. 托运行李内物品被盗或丢失的处理流程

（1）旅客在提取行李时，提出所托运的行李内物品部分被盗或丢失，并要求承运人赔偿。因一时难以明确责任，承运人应详细询问旅客，并请旅客书面提出被盗或丢失的物品和价值。如果属于承运人责任，其应赔偿。

（2）旅客在领取行李时，如果没有提出异议，即为托运行李已经完好交付。事后旅客又提出行李内物品被盗或丢失，承运人应协助旅客查找，除非旅客能提供证据证明属承运人的过失所造成外，承运人可不承担任何责任。

（3）旅客在托运行李内夹带现金、贵重物品等，一旦丢失或被盗，如属于承运人责任，按一般托运行李承担赔偿责任。

（4）发现托运行李内物品遗失，应立即通知装卸部门和运输部门的值班领导到现场查看情况，检查该航班到达行李的交付过程，记录卸机、运送行李和交付行李的经办人员名单，尽可能找到疑点。行李内物品丢失情况严重的要向保卫部门报告或向公安部门报案。

（5）会同旅客填制"行李运输事故记录"（PIR），一式两份，一份交旅客作为赔偿凭证；一份交查询部门存查。如承运人责任已解决，仅填制一份作存查之用。

（6）填制行李内物品短缺报告。

（7）填制行李内物品短缺赔偿工作表。

（8）向有关航站行李查询部门拍发托运行李内物品被盗或丢失电报（P/LOST）。

（9）托运行李内被盗或丢失物品一旦找到后，应当面交付旅客。旅客提取时，须办理签收手续。

（10）有关站收到查询电报后，应立即协助查找。若找到行李，可按"速运行李"运送到查询站。贵重物品、易碎物品或小件物品应交乘务长带到目的站。

（七）遗失／遗留自理行李、随身携带物品

自理行李、随身携带物品是指经承运人同意由旅客自行负责照管的行李物品。这些行李物品的遗失不属于承运人的运输责任范围，但承运人可根据旅客提供的情况和线索，协助旅客查找。遗失或遗留的自理行李找到后，通知旅客前来提取。旅客遗留的自理行李、随身携带物品应尽快找到失主；一时无法找到失主，应交由行李查询部门保管和处理。

1. 遗失自理行李和随身携带物品的处理流程

（1）根据旅客提供的情况和线索，协助旅客查找。

（2）与有关的机务人员、乘务人员、机上清洁人员、候机室服务人员和海关、安检、边防部门联系。

（3）请旅客留下姓名、地址、遗失物品名称、数量、牌号及型号等。

（4）不填写"行李运输事故记录"，但要根据旅客提供的情况做好记录编号、登记。

（5）向有关站发查询电报。

2.遗留自理行李和随身携带物品的处理

旅客遗留的物品（包括自理行李、随身携带物品等）应交由行李查询部门保管和处理，处理方式如下：

（1）旅客的遗留物品应做好交接手续，编号、登记、拴挂多收行李记录卡、过磅，并上铅封入库。

（2）查看物品，并对其内容列出清单。如果发现失主姓名、地址，应通知失主认领。

（3）向有关站拍发多收行李电报（OHD）。

（4）有关站回电或来电查询，应认真查对，并将遗留行李物品按多收行李处理。如找到失主，应将遗留的行李物品拴挂速运行李牌运送到离失主最近的航站。

（5）如果找不到失主，旅客遗留的行李物品保管90天后，作为无法交付行李处理。但鲜活易腐物品不受上述时间限制，可根据具体情况经请示领导后及时处理。

（6）代理其他承运人的班机上发现旅客遗留的行李物品，可转交给其承运人驻本站代表处理。

 习 题

一、单选题

1.电子客票状态为"（   ）"时即表示客票有效。

A. REFUNDED　　　B. OPEN FOR USE　　C. SUSPENDED　　　D. ARP CNTL

2.以下哪些旅客不能坐在紧急出口座位？（   ）

A. 不能把信息口头传达给其他人的旅客

B. 属于精神不正常、行为不能自制的旅客

C. 不到15岁的旅客

D. 以上全是

3.以下哪个符号表示过道？（   ）

A. "＝"　　　　　B. "＋"　　　　　C. "＞"　　　　　D. "."

4.在SY中，哪些代码与航班时间有关？（   ）

A. CC　　　　　B. CET　　　　　C. CHD　　　　　D. R

5. 在关于旅客的指令中，下列哪个指令表示修改旅客信息？（　　）

   A. PA1，SNR36A　　　B. PU1，SNR36A　　　C. PW-1　　　　　　　D. PW1，INF

6. 在民航行李运输中，关于行李的一般规定，以下哪项是正确的？（　　）

   A. 所有液体物品均可随身携带上飞机　　　B. 锂电池类物品应放在托运行李中

   C. 尖锐物品应妥善包装后托运　　　　　　D. 易燃易爆物品可少量携带

7. 关于民航免费行李额的规定，以下说法正确的是？（　　）

   A. 每位旅客的免费行李额是固定的，不受舱位等级影响

   B. 经济舱旅客的免费行李额通常少于商务舱旅客

   C. 免费行李额包括手提行李和托运行李的总和

   D. 儿童旅客不享有免费行李额

8. 当乘客的行李超过免费行李额时，以下哪项描述正确？（　　）

   A. 超过部分可以免费托运　　　　　　　　B. 超过部分需支付额外费用

   C. 超过部分将被航空公司没收　　　　　　D. 超过部分可由乘客自行处理

9. 在民航行李收运过程中，以下哪项是旅客必须遵守的规定？（　　）

   A. 可以携带易燃易爆物品

   B. 行李重量和尺寸不受限制

   C. 行李必须标明旅客姓名、联系方式和目的地

   D. 可以将宠物随意放入行李中托运

10. 行李退运时，以下哪项说法是正确的？（　　）

   A. 退运行李无须经过安全检查　　　　　　B. 退运行李必须在航班起飞前办理

   C. 退运行李的费用由航空公司全额承担　　D. 退运行李可以在任意机场办理

二、判断题

1. 旅客在办理行李托运时，无须向工作人员说明行李内物品的种类和数量。（　　）

2. 行李退运的费用一般由旅客自行承担。　　　　　　　　　　　　　　　（　　）

3. 残疾人辅助器具在民航运输中属于特殊行李，可以享受免费托运的待遇。（　　）

4. 行李在运输过程中丢失，航空公司应全额赔偿旅客购买行李的费用。　　（　　）

5. 行李不正常运输时，旅客应在航班到达后立即向航空公司提出行李查询申请。

                                              （　　）

6. 机场自助值机只能打印机票，不能托运行李。　　　　　　　　　　　　（　　）

7. 旅客通过自助值机领取到登机牌后，不能到柜台进行行李托运。 （ ）

8. 值机员为旅客办理值机手续时，须站立服务。 （ ）

9. 值机员为旅客选座位时，可优先按座位图随机安排。 （ ）

10. 离港系统可以为所有旅客办理值机手续、打印登机牌、托运行李。 （ ）

三、填空题

1. 行李不正常运输时，旅客应向_____提出行李查询申请。

2. 行李损坏赔偿时，航空公司通常根据行李的_____和损坏程度来确定赔偿金额。

3. 坐在紧急出口位置的旅客，要严格执行民航规则要求中的_____。

4. 不同_____或不同宗教信仰的旅客，尽量不要安排在一起。

5. 携带_____的外交信使及押运员应安排在便于上、下飞机的座位。

>>> >>> 项目四

安检与机场
联检服务

项目导读

　　安检与机场联检服务是保障旅客安全和民用航空器在空中飞行安全所采取的一项必要措施，它直接关乎旅客的生命财产安全以及航空器的正常飞行，涵盖了旅客登机前或出境前必须接受的人身及行李检查环节。本项目包含两个主要学习任务：安全检查和机场联检。

　　本项目旨在深入剖析安检与机场联检服务的核心内容和操作流程，通过系统介绍安全检查勤务工作布局、安全检查工作流程、口岸与政府管理、出境入境边防检查、海关、检验检疫等方面的知识，为民航运输服务专业学生提供全面、实用的学习指导。学生通过学习，将掌握保障旅客和航空器安全的重要知识和技能，确保民航运输的顺利进行。

学习目标

1. 知识目标

（1）掌握民航安全检查各阶段的工作流程。

（2）了解民航安全检查各区域布局要求。

（3）了解公安边防、海关部门的主要工作职责，掌握边防、海关检查须知。

（4）理解卫生、动植物检疫的主要任务，掌握卫生、动植物检疫须知。

2. 能力目标

（1）对民航安全检查工作流程有清晰的认知。

（2）能够设置各区域工作布局。

（3）能够识别机场联检单位各相关部门，如边检、海关、检验检疫等，并能简述其职责范围。

3. 素质目标

（1）树立职业道德规范意识。

（2）树立团队协作意识。

（3）树立自由、平等、公正、法治的社会主义核心价值观，增强民航职业法律意识。

项目实训

1. 任务情景

假期客流高峰，请各小组根据客流情况开展当班的工作。目前已知今日航班客流高峰有多个大型旅游团，请按照今日客流安排本班次工作勤务布局并对本班次工作情况开班前会、班后会。

2. 任务实施

（1）小组长组织组员讨论分工角色。

（2）组内分工组织成员完成相关信息的搜索。

（3）根据航班信息进行勤务布局、班前会、班后会及勤务小结。

（4）每个小组派代表展示小组成果。

（5）开展任务评价：小组自评、组间互评、教师评价。

3. 任务评价

序号	评价内容与标准	分值	评价主体		
			小组自评（20%）	组间互评（40%）	教师评价（40%）
1	勤务小结内容正确、结构完整、逻辑严谨、文字精练，能够准确总结本班次任务及情况	30分			
2	小组组织主题明确，能够准确传达任务，令班组成员清晰任务指令	20分			
3	组员分工明确，能够及时完成任务并反馈班组长	20分			
4	口述者语言表达流畅清晰、语速适中、语调把握得当，有感染力	20分			
5	口述者仪容仪表符合专业形象要求，仪态端庄大方具有亲和力，礼貌礼节得体	10分			

案例导入

  2024 年 4 月 15 日武汉天河机场 T2 航站楼全面引入自助设备 112 套，值机区域包含 32 个自助托运柜台，机场自助设备覆盖率达 80%，位列全国除北京、深圳机场外第三名。在航站楼的出发大厅，旅客可完成值机手续、行李托运全流程自助，并可实现旅客"即办、即托、即检、即出结果"，旅客在办理完值机及行李托运手续后，现场仅需等待 2～3 分钟，其行李的检查结果将直接在值机柜台上反馈，若有需要开包检查的托运行李，可前往开包间处理，再前往安检待检区。T2 航站楼安检区域也全面引入自助设备及智慧化系统，旅客可将身份证、护照或登机牌放在预检闸机的读卡器上，便可进入安检待检区候检。已办理好登机牌（纸质或电子登机牌均可）或已通过托运行李检查的旅客才可以顺利通过。

  进入安检通道，是检查随身行李环节。旅客放置随身物品的置物筐内含有芯片，旅客在放置行李的同时，随即通过右上方人脸识别屏进行人脸识别，即可做到旅客信息与旅客物品"人包绑定"，旅客专属个人物品筐自动进入 X 光机接受检查，实现同步过检，一定程度上避免行李被误拿，提高随身行李安检效率和安全性的同时，还同步实现了物品查验可追溯。

  讨论：武汉天河机场如何将智慧化、自动化技术更好地应用于民航安检工作中，以提升安检效率和旅客满意度？

任务一　安全检查

一、安全检查勤务工作区布局

安检工作区是在航站楼、航空货运区、航空器活动区出入口等实施安全检查的安检工作场所，包括对证件、人身和手提物品、托运行李、商品、货物和车辆等进行安全检查的区域。安检工作区布局是安全检查顺利实施的先决条件，布局合理与否，直接关系到安全检查的质量和速度。

（一）安检工作区的分类

应根据需要，在民用运输机场内设置以下安检工作区，并预留一定的扩展空间。

1. 旅客人身和手提行李安检工作区（包括机组和工作人员安全检查通道）

用于身份验证、人身安全检查、手提行李安全检查、非公开检查、行李开包检查等的相关区域。

2. 旅客托运行李安检工作区

用于旅客托运行李的安全检查、托运行李处理系统的后台管理以及进入行李分拣系统的工作人员的安全检查通道等。

3. 商品安检工作区

用于商品安全检查、身份验证和人身安全检查的相关区域。

4. 停机坪出入道口机组人员、工作人员及车辆安检工作区

用于身份验证、人身安全检查、手提行李安全检查、车辆检查等的相关区域。

安检工作区应设置禁止拍摄、禁止旅客携带或托运的物品等安全保卫标识和通告设施，可以采用机场动态电子显示屏、宣传栏、实物展示柜等形式。安检工作区应为安全保卫设施及其配套设施留有足够的安装、使用、维护和维修空间。

航站楼内所有区域均不应俯视观察到安检工作现场。可俯视观察到安检工作现场的区域应符合以下要求：采用非透视物理隔断隔离，隔断净高度应不低于 2.5 米，公共

区域一侧不应有用于攀爬的受力点和支撑点，并设置视频监控系统（物理隔断为全高度的情况除外）；必要时，应能够对公众关闭。

（二）安检工作区的设置

1. 旅客人身和手提行李安检工作区设置

旅客人身和手提行李安检工作区应设置旅客人身和手提行李安全检查通道，每个安检工作区均应设置安检值班室、安检现场备勤室、特别检查室和暂存物品保管室等。

1）旅客人身和手提行李安全检查通道设置应符合以下要求

（1）应设置与高峰时段旅客流量相适应的安全检查通道，按照高峰小时旅客出港流量每180人设置一个通道，并设置备用通道。

（2）应设置验证区、检查区、整理区，并合理布局。

（3）一类、二类和三类机场每条安全检查通道长度应不小于13米（包括验证柜台），其中X射线安全检查设备前端长度应不小于3.5米；采用单门单机模式的每条安全检查通道宽度应不小于4米；采用单门双机模式的两条安全检查通道宽度应不小于8米。四类机场每条安全检查通道的安全检查现场面积应不小于40平方米。

（4）应在每条安全检查通道的前端设置能够锁闭的门，宜在后端设置能够锁闭的门，门体打开时应不影响安检人员的视线和操作。

（5）错位式安全检查通道之间应设置不低于2.5米的非透视的物理隔断，防止人员穿行或物品传递。

（6）安全检查通道内应设置旅客自弃物品箱。

（7）安全检查通道光照环境应满足安全检查各岗位工作的需要。

2）能满足无障碍通行的安全检查通道还应符合以下要求

（1）满足残障旅客等特殊群体的正常通行和安全检查的需要。

（2）通道内不应有会导致特殊群体旅客受到意外伤害的障碍物。

（3）至少设置一个轮椅检查区域。

3）候检区应符合以下要求

（1）每条安全检查通道前的候检区应长度不小于20米或面积不小于40平方米。

（2）应设置限行设施。

（3）应配备贴有明显标识的旅客自弃物品收集箱，旅客自弃物品收集箱应方便安保人员可以随时观察内部情况。

4）旅客托运行李安检工作区设置

（1）应设置物理隔离设施，以确保经过安全检查的行李与未经授权人员隔离。

（2）应具有充足实施安全检查的空间和设备。

（3）应设置视频监控系统，对托运行李的开包检查、行李传送系统等实施监控。

（4）与航站楼相通的行李传送带入口应设置安全保卫设施，如安装可锁闭装置或入侵报警装置等，防止未经授权人员和物品进入。

（5）行李称重设备、托运行李安全检查设备、行李传送系统应合理布局，确保每件托运行李都经过安全检查。

5）如果将旅客托运行李安检系统集成到托运行李处理系统中，则应符合以下要求

（1）旅客托运行李处理系统与安全检查设备衔接部分的传送速度与安全检查设备带速或通过率匹配，应不影响安全检查设备的成像质量。

（2）采用双通道 X 射线安全检查设备的，旅客托运行李处理系统应确保每次只有一件行李通过单台双通道 X 射线安全检查设备。

（3）旅客托运行李处理系统应与托运行李安全检查系统建立联动机制，确保信息传递完整、安检功能的实现和安全保卫信息的倒查。

2.安检勤务工作的方法及要求

安检勤务工作的方法：安检勤务工作采取分级指挥、分级负责的方法。

安检勤务工作的要求如下：

（1）民航安检机构勤务部门实施安检勤务工作时，应当对工作现场实施有效安全管控。每日勤务工作开始前，勤务部门应当根据当日运行信息，分配勤务工作，调配勤务人员，分配勤务时应当定人员、定岗位、定任务、定责任。

（2）民航安检员应当落实岗位工作责任制，做到熟悉勤务方案，明确自身任务，严格按照岗位职责开展勤务工作。

（3）民航安检勤务工作中发生、发现情况和问题时，应当按照各级权限进行处理。遇有突发性事件，应当按照突发事件应急处置预案处置。勤务工作中发生的案（事）件，应当按照移交的有关规定和程序，将相关人员、物品和证据材料，移交报告有关部门。

（三）安检勤务工作的组织

民航安检机构在安排各项勤务工作时，要以勤务为中心，兼顾教育、培训和学习，完成以勤务为中心的各项工作的安排。

勤务工作的组织和实施，应当由科、队（或班、组）等建制单位安排，采取分级指挥、分级负责的方法，使各级职、责、权分明。组织勤务时应当把工作程序作为一个整体，合理使用执勤人员，安排组织好上、下岗勤务交接，保证勤务的连续性。

民航安检机构各单位应当结合自身担负的任务，制订正常情况和特殊情况勤务方案，作为实施勤务和处置情况的依据，时刻做好转入紧急情况的准备，以应对各类突发性事件。民航安检机构应当加强与联检单位的联系配合，制订协同方案，互相支持，确保检查、监护、管理等各项勤务的顺利进行。民航安检机构在勤务实施过程中，应当做好安检设备、通信器材、勤务用品、机动车辆的保障工作。

二、安检工作流程

（一）安全检查准备工作

1. 本班次工作的准备和交接

当班勤务工作开展前，勤务部门清理民航安检工作现场，测试民航安检设备，准备勤务用品，做好岗位人员分配，提出岗位职责和勤务要求。对候机隔离区进行巡视、清场（实施机场控制区 24 小时持续安保管制的运输机场除外）。

2. 班前会

当班勤务科、队（或者班、组）长组织班前工作布置会，检查民航安检员到岗情况和人员着装仪容、证件佩戴情况。民航安检员当日首次上岗执勤前，应当以班组为单位，互相检查人身、物品、执勤着装和仪容，正确佩戴机场控制区通行证件。民航安检员离开机场控制区再次上岗前，其人身、物品、执勤着装和仪容、机场控制区通行证件佩戴应当接受检查。民航安检员的机场控制区通行证件由民航安检机构勤务部门集中统一管理。

民航安检员传达上级文件和指示，按照航班预报信息或货物运输信息合理安排勤务，并提前到达勤务现场，办理接班手续。

民航安检勤务交接应当按照同级对口、书面交接原则实施，交接班应当尽量在勤务实施间歇进行，进行交接班时，应完成当前过检人员、物品的检查工作，交接班期间不应当影响勤务正常开展。接班部门应当提前到达勤务现场，按时办理接班手续。

交班部门应当在接班部门完成交接正常开展岗位勤务工作后，方可离开。交接班记录应当包括：上级的文件、指示，勤务遇到的问题及处理情况，民航安检设备状态，勤务用品使用情况，勤务遗留问题及注意事项和其他需要交接的事项。

（二）安全检查实施工作及岗位职责

1. 维序检查岗位

（1）对待检人员进行分类识别和分流疏导，要求待检人员按秩序排队并做好待检准备。

（2）宣传、解释民航安检工作相关法律、法规、规章和政策，接受民航安检工作有关法律、法规、规章和政策咨询。

（3）观察待检区情况，对待检人员进行分类识别和分流疏导，引导待检人员正确使用特殊通道，维持待检区域秩序。

（4）提示待检人员做好检查前准备工作。

2. 验证检查岗位

（1）采取检查、观察、询问相结合的方法，核查受检人员的有效乘机身份证件及乘机凭证，检查无误后加注验讫标识，请受检人员进入安检通道。

（2）对进入机场控制区的人员进行人、证对照，核实人证相符。

（3）核验旅客有效乘机身份证件的真伪及有效性；核验旅客乘机凭证有效性；核验乘机身份证件、乘机凭证姓名一致；采集旅客正面头像和旅客信息录入民航安检信息管理系统，并加注安检验讫标识。

（4）核验机组人员、工作人员和其他人员进入机场控制区的证件真伪及有效性，核录相关信息。

（5）合理控制通行人员验放速度。

（6）按规定处置不符合证件检查验放标准的人员。

3. 前传引导检查岗位

（1）告知、提示、协助待检人员，将随身物品、手提行李内的便携式电子设备、备用锂电池、充电宝、液态物品和身着的厚重衣物等可能影响民航安检设备检查效果的物品单独取出，放置在行李托盘内接受民航行李安检设备检查；引导待检人员正确摆放随身行李物品，做好待检准备。

（2）保证有效检查间隔。

（3）合理控制人员过检速度。

（4）维护民航人身安检设备前秩序。

4. 人身检查岗位

（1）引导受检人员有序、有效地通过民航人身安全检查设备，对通过民航人身安全检查设备报警的受检人员，应当采取重复通过民航人身安全检查设备或手工人身检查的方法进行复查，排除疑点后方可放行。

（2）对通过民航人身安全检查设备检查不报警的受检人员可以采用手工人身检查的方式进行随机抽查。

（3）手工人身检查原则上应当采用手持金属探测器配合手工检查的方式，但是基于旅客安全或者无法使用手持金属探测器的，也可以采用纯手工检查方式。

（4）手工人身检查一般由与旅客同性别的民航安检员执行；对女性旅客的手工人身检查，应当由女性民航安检员执行。

（5）引导受检人员有序、有效通过民航人身安检设备。

（6）按规定处置检查时发现的民航禁限运输物品及携运人员。

5. 民航行李安检设备操作岗位

（1）按照判图分析方法，使用操作功能键对图像进行判读，辨认是否出现民航禁限运输物品或可疑图像；

（2）将需要开箱检查的行李物品及重点检查部位准确无误地通知开箱包检查岗位。

（3）对经过开箱包检查的行李物品进行复检。

6. 行李物品开箱包检查岗位

（1）确认并复述民航行李安检设备操作岗位的指令，确认箱包归属，控制箱包，进行开箱包检查。

（2）与民航行李安检设备操作岗位确认检查结果，并提示对实施开箱包检查的行李物品进行复检。

（3）通知防爆检查岗位对疑似爆炸物品、爆炸装置或者无法确认性质的可疑行李物品进行防爆检查。

（4）按规定处置检查时发现的民航禁限运输物品及携运人员。

7. 防爆检查岗位

（1）确认并复述开箱包检查岗位指令，按规定对疑似含有爆炸物、爆炸装置或者无法确定性质的可疑行李物品、航空货物、航空邮件进行防爆技术检测。

（2）按规定对行李物品、航空货物、航空邮件进行防爆抽检。

（3）按规定处置疑似爆炸物、爆炸装置检测报警事件。

（三）安全检查善后工作

1. 总结收尾

当天（班）勤务结束，勤务部门清点、存放、交接民航安检设备、勤务用品，关闭、妥善保管各种设备设施，清理民航安检工作场地并对现场进行锁闭或者持续实施安保控制，总结、登记勤务情况和处理结果。

2. 班后会进行本班次工作的分析、总结

当班勤务结束后由当班勤务科、队（或班、组）长分级开展班后工作讲评，总结当班勤务执勤情况，点评当班勤务典型案例和特殊情况处置，提出工作改进要求。

3. 日常工作情况报告

日常工作情况报告是安检机构、安检人员对工作中遇到的情况、问题和阶段性工作情况及时或定期向上级领导或主管部门报告。

安检人员对执勤中遇到的旅客证件不符、隐匿携带危险品和违禁物品、扰乱安检现场秩序等问题应及时向科、队（或班、组）值班领导报告。安检科、队（或班、组）值班领导遇到无权处理的问题应向本安检机构值班领导报告。

安检机构除定期向上级业务主管部门填写报表外，应每月报告一次业务工作情况，每半年报告一次综合情况。安检机构应定期将日常工作情况向机场公安机关进行通报，民航各级公安机关应主动了解本地区民航安检机构的工作情况。

4. 特殊情况报告

特殊情况报告是指接到预谋劫持、爆炸民用航空器的情报或发生劫、炸机以及机场爆炸等突发事件时的情况报告。

1）特殊情况报告的条件

凡所接到的情报中威胁目标直接针对民用航空器，并具有下列情况之一的，应立即报告。

（1）有明确预谋作案时间。

（2）有明确作案目标，如针对某航空公司、某机场、某航线、某航班、某航空器等。

（3）有作案人姓名、国籍、证件号码。

（4）接到民用航空器遇劫、炸机的信息后，安检机构应立即将基本情况电话报告中国民航局公安局，然后再将详细情况以书面形式传真上报。

（5）特殊情况在报告民航局公安局的同时，应按程序及时逐级上报。

2）特殊情况报告的内容

（1）当日安检过程有无发现可疑情况；全部旅客是否均经过安全检查；是否按照规定实行开包和手工人身检查；安检仪器设备的技术状态；安全门在检查过程中所使用的技术参数等。

（2）当日检查旅客人数、手提行李数量；手工人身检查、开包检查数量；查出危险品、违禁物品数量及处理情况；移交机组保管的限量携带物品件数、品名及物主座位号；X射线安全检查仪、安全门查出疑点和报警情况；验证时发现证件不符的情况。其中，重点是劫、炸机嫌疑人的检查情况。

5. 编写勤务小结

勤务小结是一种回顾和思索的手段。用规范性的书面形式回顾、分析和总结经验教训。

（1）勤务小结的作用：积累经验、改进工作；信息交流、有利工作；提高素质、促进工作。

（2）勤务小结一般由标题、正文、署名和日期组成。

标题：要标明时间和概括小结的内容，给读者留下鲜明的印象。

正文：这是小结的主要内容，一般包括基本情况概述、主要成绩和经验、存在问题和教训、采取的对策和措施、今后的努力方向。

署名和日期：这也是小结不可缺少的部分。

（3）根据小结的内容与写作特点，常见的有条文式、小标题式和全文贯通式三种。

条文式：将小结的内容按性质和主次轻重逐条排列，行文简要，眉目清楚。

小标题式：正文部分按照逻辑关系分成几个小标题，逐层深入地进行总结。这种写法条理清楚，一目了然。

全文贯通式：前后贯通可以不列条款、不分章节，按时间和事物发展顺序全文贯通，一气呵成。

任务二　机场联检

口岸是国家指定的对外往来的门户，具有基础设施和查验、监管机构，用于对人员、货物和交通工具合法出入国（关、边）境进行检查检验和提供服务的交通枢纽。口岸通常位于不同运输方式的交通网络运输线路的交会点，是国家或地区对外交通运输系统的重要组成部分，具有优越的地理位置和方便的交通运输条件。

图 4.1　中华人民共和国口岸

首先，口岸是国家主权的体现。任何出入境人员、交通工具均需从国家指定的口岸通行，口岸上均设有国家派驻的各类管理机关，代表国家实施管理职能。口岸不仅是对外贸易、国际交往的通道，也是保卫国家主权、安全和维护社会秩序的前哨。

其次，口岸是国家或地区对外交通运输系统的重要组成部分，它不仅是不同运输方式的交通网络运输线路的交会点，也是国际货物运输的集散地。口岸的地理位置和交通运输条件对国际贸易的流通具有决定性影响，高效的口岸运作能够显著降低物流成本，提高贸易效率，促进国内外市场的互联互通。

再次，口岸不仅承担经济功能，还提供各种社会服务，如旅游、文化交流等。口岸的社会服务功能有助于促进国际人文交流和文化互鉴，增进各国人民之间的相互理解和友谊。

目前，我国口岸管理已经进入了一个更加成熟和稳定的阶段，在国内形成了一套较为完善的管理体系。我国口岸管理的方式在国际上展现出了积极开放的姿态，为全球贸易和人员往来提供了便利，有力地支撑了国家的经济社会发展和国际交流合作。随着国家对高质量发展的重视和"十四五"规划的深入实施，口岸管理已经逐步形成了一套以改革创新为核心动力的管理体系，旨在满足人民对美好生活的追求，并服务于国家的开放战略。具体包括以下六个方面：

（1）口岸综合管理是国家和地方对口岸实施宏观调控的活动，主要包括制定全国和本地区口岸建设规划、编制口岸开放规则、协调口岸管理工作等。

（2）边防检查是国家设在口岸的边防检查机关，依法对出入境人员、交通运输工具、货物及其携带的行李物品等实施检查、监督的一种管理活动。

（3）海关管理是指国家依法设置在口岸的海关机关对进出口货物、货币、金银、证券、行李物品、邮递物品、运输工具等实施管理，内容包括征税、查私、统计进出口商品等。

（4）是国家设置在口岸的卫生检疫部门为防止检疫传染病的传入和传出而实施的传染病监测、口岸和交通运输工具的卫生监督等。

（5）我国设立在口岸的动植物检疫机关对全国进出境动植物及其产品实施检疫，依法执行进出境动植物检疫业务。

（6）为严把进出口商品质量，维护国家和消费者利益，我国在口岸专门设立进出口商品检验机关对进出口商品进行检验，主要包括法定检验、监督管理和进出口商品鉴定业务等。

一、海关通关

（一）海关的任务、主要职责

中华人民共和国海关是国家的进出关境（以下简称"进出境"）监督管理机关。海关依照有关法律、行政法规，监管进出境的运输工具、货物、行李物品、邮递物品和其他物品（以下简称"进出境运输工具、货物、物品"），征收关税和其他税、费；查缉走私；并编制海关统计和办理其他海关业务。

（二）海关的法律制度

海关遵循《中华人民共和国海关法》《进出口关税条例》《海关行政处罚实施细则》

《海关稽查规定》《知识产权海关保护规定》等相关行政法规和规范性文件。这些法律、法规共同明确了海关的基本职能、职权范围和运作机制，构建了对跨境运输工具和货物的监督体系、进出口商品的税收政策、打击走私活动的措施，同时也界定了违反海关法规所需承担的法律后果。

（三）旅客及机组人员海关检查须知

1.旅客通关应选择正确通道

在海关监管场所，海关在通道内设置专用申报台供旅客办理有关进出境物品的申报手续。经中华人民共和国海关总署批准实施双通道制的海关监管场所，海关设置"申报"通道（又称"红色通道"）和"无申报"通道（又称"绿色通道"）供进出境旅客选择。

"申报"通道（又称"红色通道"）适用于携带需要申报物品的旅客。如果旅客携带有超过免税额度的商品、物品，或者携带有须经检疫的物品，如动植物产品等，需选择红色通道进行申报。

"无申报"通道（又称"绿色通道"）适用于无须申报任何物品的旅客。如果旅客所携带的物品均在免税额度内，且没有需要申报的物品，可以选择绿色通道快速通关。

2.旅客需向海关申报的物品范围

"通关"指进出境旅客向海关申报，海关依法查验行李物品并办理进出境物品征税或免税验放手续，或其他有关监管手续的总称。

"申报"指进出境旅客为履行中华人民共和国海关法规规定的义务，对其携运进出境的行李物品实际情况依法向海关所作的书面申明。

进出境旅客按规定向海关办理申报手续通关时，应首先在申报台前向海关递交《中华人民共和国海关进出境旅客行李物品申报单》或海关规定的其他申报单证，如实申报其所携运进出境的行李物品。进出境旅客对其携运的行李物品以上述以外的其他任何方式或在其他任何时间、地点做出的申明，海关均不视为申报。

1）进境需向海关申报的物品

下列进境旅客应向海关申报，并将申报单证交由海关办理物品进境手续：

（1）携带需经海关征税或限量免税的《旅客进出境行李物品分类表》第二、三类物品（不含免税限量内的烟酒）的进境旅客。

（2）非居民旅客及持有前往国家（地区）再入境签证的居民旅客携带途中必需的旅行自用物品超出照相机、便携式收录音机、小型摄影机、手提式摄录机、手提式文字处理机每种一件范围者的进境旅客。

（3）携带人民币现钞6000元以上，或金银及其制品50克以上的进境旅客。

（4）非居民旅客携带外币现钞折合5000美元以上。

（5）居民旅客携带外币现钞折合1000美元以上。

（6）携带货物、货样以及携带物品超出旅客个人自用行李物品范围的进境旅客。

（7）携带中国检疫法规规定管制的动植物及其产品以及其他须办理验放手续的物品的进境旅客。

2）出境需向海关申报的物品

下列出境旅客应向海关申报，并将申报单证交由海关办理物品出境手续：

（1）携带需复带进境的照相机、便携式收录音机、小型摄影机、手提式摄录机、手提式文字处理机等旅行自用物品的出境旅客。

（2）未将应复带出境物品原物带出或携带进境的暂时免税物品未办结海关手续的出境旅客。

（3）携带外币、金银及其制品未取得有关出境许可证明或超出本次进境申报数额的出境旅客。

（4）携带人民币现钞6000元以上的出境旅客。

（5）携带文物的出境旅客。

（6）携带货物、货样的出境旅客。

（7）携带出境物品超出海关规定的限值、限量或其他限制规定范围的出境旅客。

（8）携带中国检疫法规规定管制的动植物及其产品以及其他须办理验放手续的物品的出境旅客。

3. 中华人民共和国禁止、限制进出境物品

1）禁止进境物品

（1）各种武器、仿真武器、弹药及爆炸物品。

（2）伪造的货币及伪造的有价证券。

（3）对中国政治、经济、文化、道德有害的印刷品、胶卷、照片、唱片、影片、录音带、录像带、激光视盘、计算机存储介质及其他物品。

（4）各种烈性毒药。

（5）鸦片、吗啡、海洛因、大麻以及其他能使人成瘾的麻醉品、精神药物。

（6）带有危险性病菌、害虫及其他有害生物的动物、植物及其产品。

（7）有碍人畜健康的、来自疫区的以及其他能传播疾病的食品、药品或其他物品。

2）禁止出境物品

（1）列入禁止进境范围的所有物品。

（2）内容涉及国家秘密的手稿、印刷品、胶卷、照片、唱片、影片、录音带、录像带、激光视盘、计算机存储介质及其他物品。

（3）珍贵文物及其他禁止出境的文物。

（4）濒危的和珍贵的动物、植物（均含标本）及其种子和繁殖材料。

3）限制进境物品

（1）无线电收发信机、通信保密机。

（2）烟、酒。

（3）濒危的和珍贵的动物、植物（均含标本）及其种子和繁殖材料。

（4）国家货币。

（5）海关限制进境的其他物品。

4）限制出境物品

（1）金银等贵重金属及其制品。

（2）国家货币。

（3）外币及其有价证券。

（4）无线电收发信机、通信保密机。

（5）贵重中药材。

（6）一般文物。

（7）海关限制出境的其他物品。

二、边防检查

（一）出境入境边防检查的任务和职责

出境入境边防检查站（以下简称"边防检查站"）是中华人民共和国在对外开放的港口、航空港、车站和边境通道等口岸设立的，负责对出境、入境的人员及其行李物品、交通运输工具及其载运的货物实施边防检查的国家机关。其任务是维护中华人民共和国的主权、安全和社会秩序，便利出境、入境的人员和交通运输工具的通行。我国出境、入境边防检查工作由公安部主管。

其主要履行下列职责：

（1）对出境、入境的人员及其行李物品、交通运输工具及其载运的货物实施边防检查。

（2）按照国家有关规定对出境、入境的交通运输工具进行监护。

（3）对口岸的限定区域进行警戒，维护出境、入境秩序。

（4）执行主管机关赋予的和其他法律、行政法规规定的任务。

（二）出境入境边防检查法律制度

出境入境管理主要依据《中华人民共和国出境入境管理法》《中华人民共和国护照法》和《中华人民共和国出境入境边防检查条例》。

（三）旅客出境入境检查须知

出境、入境的人员必须按照规定填写出境、入境登记卡，向边防检查站交验本人的有效护照或者其他出境、入境证件（以下简称"出境、入境证件"），经查验核准后，方可出境、入境。出境、入境的人员有下列情形之一的，边防检查站有权阻止其出境、入境：

（1）未持出境、入境证件的。

（2）持有无效出境、入境证件的。

（3）持用他人出境、入境证件的。

（4）持用伪造或者涂改的出境、入境证件的。

（5）拒绝接受边防检查的。

（6）未在限定口岸通行的。

（7）国务院公安部门、国家安全部门通知不准出境、入境的。

（8）法律、行政法规规定不准出境、入境的。

（9）中华人民共和国与有关国家或者地区订有协议的，按照协议办理。

边防检查站认为必要时，可以对出境、入境的人员进行人身检查。人身检查应当由两名与受检查人同性别的边防检查人员进行。

出境、入境的人员有下列情形之一的，边防检查站有权限制其活动范围，进行调查或者移送有关机关处理：

（1）持用他人出境、入境证件嫌疑的。

（2）持用伪造或者涂改的出境、入境证件嫌疑的。

（3）国务院公安部门、国家安全部门和省、自治区、直辖市公安机关、国家安全机关通知有犯罪嫌疑的。

（4）有危害国家安全、利益和社会秩序嫌疑的。

（四）行李物品、货物的检查

出境、入境的人员和交通运输工具不得携带、载运法律、行政法规规定的危害国家安全和社会秩序的违禁物品；携带、载运违禁物品的，边防检查站应当扣留违禁物品，对携带人、载运违禁物品的交通运输工具负责人依照有关法律、行政法规的规定处理。

任何人不得非法携带属于国家秘密的文件、资料和其他物品出境；非法携带属于国家秘密的文件、资料和其他物品的，边防检查站应当予以收缴，对携带人依照有关法律、行政法规规定处理。

出境、入境的人员携带或者托运枪支、弹药，必须遵守有关法律、行政法规的规定，向边防检查站办理携带或者托运手续；未经许可，不得携带、托运枪支、弹药出境、入境。

三、检验检疫

（一）卫生检疫及动植物检疫部门的任务和职责（图4.2）

图4.2 某机场卫生检疫柜台

为了防止传染病由国外传入或者由国内传出，在中华人民共和国国际通航的港口、机场以及陆地边境和国界江河的口岸（以下简称"国境口岸"），设立国境卫生检疫机关，依照《中华人民共和国国境卫生检疫法》规定实施传染病检疫、监测和卫生监督。

国务院设立动植物检疫机关（以下简称"国家动植物检疫机关"），统一管理全国进出境动植物检疫工作。国家动植物检疫机关在对外开放的口岸和进出境动植物检疫业务集中的地点设立的口岸动植物检疫机关，依照《中华人民共和国国境卫生检疫法》规定实施进出境动植物检疫。口岸动植物检疫机关在实施检疫时可以行使下列职权：

（1）依照《中华人民共和国国境卫生检疫法》规定登船、登车、登机实施检疫。

（2）进入港口、机场、车站、邮局以及检疫物的存放、加工、养殖、种植场所实施检疫，并依照规定采样。

（3）根据检疫需要，进入有关生产、仓库等场所，进行疫情监测、调查和检疫监督管理。

（4）查阅、复制、摘录与检疫物有关的运行日志、货运单、合同、发票及其他单证。

（二）出入境检疫法律制度

出入境检疫主要依据《中华人民共和国国境卫生检疫法》《中华人民共和国进出境动植物检疫法》《中华人民共和国进出口商品检验法》和《中华人民共和国食品安全法》。

（三）旅客及机组人员检疫须知

1. 卫生检疫

根据《中华人民共和国国境卫生检疫法》及其实施细则的规定，有发热、寒战、咳嗽、呼吸困难、腹泻、呕吐等体征或症状的旅客，以及患有传染性疾病、精神病的旅客，须主动向检验检疫机构申报，并接受检验检疫。在航行过程中出现上述症状的旅客请及时报告机组人员，到达后由机组人员通知检验检疫机构，实施检验检疫。

来自世界卫生组织发布的黄热病疫区的旅客，需主动向检验检疫机构出示有效的黄热病预防接种证书。

2. 携带物检疫

（1）根据《出入境人员携带物检疫管理办法》的规定，禁止携带进境的物品有以下种类：①动植物病原体（包括菌种、毒种等）、害虫及其他有害生物。②动植物疫情流行的国家或者地区的有关动植物、动植物产品和其他检疫物。③动物尸体。④土壤；⑤《中华人民共和国禁止携带、邮寄进境的动植物及其产品名录》所列各物：A.动物及动物产品类：活动物［犬、猫除外（具有输出国官方兽医出具的动物检疫证书和疫苗接种证书的犬、猫等宠物，每人仅限一只）］，包括所有的哺乳动物、鸟类、鱼类、两栖类、爬行类、昆虫类和其他无脊椎动物，动物遗传物质；（生或熟）肉类（含脏器类）及其制品；水生动物产品；动物源性奶及奶制品，包括生奶、鲜奶、酸奶、动物源性的奶油、黄油、奶酪等奶类产品；蛋及其制品，包括鲜蛋、皮蛋、咸蛋、蛋液、蛋壳、蛋黄酱等蛋源产品；燕窝（罐头装燕窝除外）；油脂类，皮张、毛类，蹄、骨、角类及其制品；动物源性饲料（含肉粉、骨粉、鱼粉、乳清粉、血粉等单一饲料）、动物源性中药材、动物源性肥料。B.植物及植物产品类：新鲜水果、蔬菜；烟叶（不含烟丝）；种子（苗）、苗木及其他具有繁殖能力的植物材料；有机栽培介质。C.其他检疫物类：菌种、毒种等动植物病原体，害虫及其他有害生物，细胞、器官组织、血液及其制品等生物材料；动物尸体、动物标本、动物源性废弃物；土壤；转基因生物材料；国家禁止进境的其他动植物、动植物产品和其他检疫物。⑥国家规定禁止进境的废旧物品、放射性物质以及其他禁止进境物。

（2）出入境人员携带下列物品，应当向海关申报并接受检疫：①入境动植物、动植物产品和其他检疫物；②出入境生物物种资源、濒危野生动植物及其产品；③出境的国家重点保护的野生动植物及其产品；④出入境的微生物、人体组织、生物制品、血液及血液制品等特殊物品（以下简称"特殊物品"）；⑤出入境的尸体、骸骨等；⑥来自疫区、被传染病污染或者可能传播传染病的出入境的行李和物品；⑦其他应当向海关申报并接受检疫的携带物。

（3）携带动植物、动植物产品和其他检疫物入境有下列行为之一的，由海关处以5000元以下罚款：①应当向海关申报而未申报的；②申报的动植物、动植物产品和其他检疫物与实际不符的；③未依法办理检疫审批手续的；④未按照检疫审批的规定执行的。有前款第二项所列行为，已取得检疫单证的，予以吊销。

3.携带伴侣犬、猫

（1）每人每次限带一只。

（2）携带宠物入境的，携带人应当向检验检疫机构提供国家或者地区官方动物检疫机构出具的有效检疫证书和疫苗接种证书。宠物应当具有芯片或者其他有效身份证明。

（3）入境后须主动向检验检疫机构申报。

习 题

一、单选题

1. (　　) 是在航站楼、航空货运区、航空器活动区出入口等实施安全检查的安检工作场所。

    A. 登机工作区　　　B. 安检工作区　　　C. 值机工作区　　　D. 问询工作区

2. (　　) 是用于身份验证、人身安全检查、手提行李安全检查、非公开检查、行李开包检查等的相关区域。

    A. 旅客人身和手提行李安检工作区

    B. 旅客托运行李安检工作区

    C. 商品安检工作区

    D. 停机坪出入道口机组人员、工作人员及车辆安检工作区

3. 安检工作区应设置 (　　)、禁止旅客携带或托运的物品等安全保卫标识和通告设施。

    A. 禁止拍摄　　　B. 禁止托运　　　C. 禁止倒水　　　D. 禁止通行

4. 航站楼内所有区域均不应俯视观察到安检工作现场。可俯视观察到安检工作现场的区域应符合以下要求：采用非透视物理隔断隔离，隔断净高度应不低于 (　　) 米，公共区域一侧不应有用于攀爬的受力点和支撑点，并设置视频监控系统（物理隔断为全高度的情况除外）；必要时，应能够对公众关闭。

    A. 1　　　　　　　B. 1.5　　　　　　C. 2.5　　　　　　D. 3

5. 一类、二类和三类机场每条安全检查通道长度应不小于 (　　)。

    A. 5　　　　　　　B. 8　　　　　　　C. 10　　　　　　D. 13

6. 下列哪个单位不属于机场联检部门？(　　)

    A. 出境入境边防检查　　　　　　　　B. 民航安全检查

    C. 海关　　　　　　　　　　　　　　D. 检验检疫

7. 下列工作中，属于出境入境边防检查站职责的是 (　　)。

    A. 进入港口、机场、车站、邮局以及检疫物的存放、加工、养殖、种植场所实施检疫，并依照规定采样

    B. 征收关税和其他税、费

C. 对口岸的限定区域进行警戒，维护出境、入境秩序

D. 对进入进场控制区的旅客及其行李物品进行安全检查

8. 出境、入境的人员有下列哪种情形，边防检查站有权阻止其出境、入境？（　　）

A. 持有无效出境、入境证件的　　　　　B. 携带伴侣犬、猫的

C. 携带人民币现钞 6000 元以上的　　　D. 携带打火机、火柴等火种的

9. 下列哪类进境旅客应向海关申报，并将申报单证交由海关办理物品进境手续？（　　）

A. 携带文物者

B. 携带人民币现钞 6000 元以上，或金银及其制品 50 克以上者

C. 携带货物、货样者

D. 携带动物制品者

10. 根据《出入境人员携带物检疫管理办法》的规定，禁止携带进境的物品包括（　　）。

A. 出入境的微生物、人体组织、生物制品、血液及血液制品等特殊物品

B. 携带伴侣犬、猫

C. 土壤

D. 国家货币

二、判断题

1. 当班勤务结束后由当班勤务科、队（或班、组）长分级开展班后工作讲评。（　　）

2. 搬运人员对执勤中遇到的旅客证件不符、隐匿携带危险品和违禁物品、扰乱安检现场秩序等问题应及时向科、队（或班、组）值班领导报告。（　　）

3. 特殊情况在报告民航局公安局的同时，应按程序及时逐级上报。（　　）

4. 旅客托运行李安检工作区应设置视频监控系统，对托运行李的开包检查、行李传送系统等实施监控。（　　）

5. 错位式安全检查通道之间应设置不低于 1.5 米的非透视的物理隔断，防止人员穿行或物品传递。（　　）

6. 国际机场是国家指定的对外往来的门户，具有基础设施和查验、监管机构，用于对人员、货物和交通工具合法出入国（关、边）境进行检查检验和提供服务的交通枢纽。（　　）

7. 出境入境边防检查法律制度包括《中华人民共和国护照法》。　　（　　）

8. 任何人不得非法携带属于国家秘密的文件、资料和其他物品出境；非法携带属于国家秘密的文件、资料和其他物品的，边防检查站应当予以收缴，对携带人依照有关法律、行政法规规定处理。　　（　　）

9. 有发热、寒战、咳嗽、呼吸困难、腹泻、呕吐等体征或症状的旅客，以及患有传染性疾病、精神病的旅客，须主动向检验检疫机构申报，并接受检验检疫。　　（　　）

10. 携带宠物入境的，携带人应当向检验检疫机构提供国家或者地区官方动物检疫机构出具的有效检疫证书和疫苗接种证书。　　（　　）

三、填空题

1. _____时应当把工作程序作为一个整体，合理使用执勤人员，安排组织好上、下岗勤务交接，保证勤务的_____。

2. 当班勤务开展前，勤务部门清理_____，测试_____，准备_____，做好岗位人员分配，提出_____和勤务要求。

3. 民航安检员当日首次上岗执勤前，应当以班组为单位，互相检查人身、物品、执勤着装和仪容，正确佩戴机场控制区通行证件。

4. 口岸的功能包括_____，_____，_____。

5. _____是中华人民共和国在对外开放的港口、航空港、车站和边境通道等口岸设立的，负责对出境、入境的人员及其行李物品、交通运输工具及其载运的货物实施边防检查的国家机关。

>>> >>> 项目五

离港进港服务

项目导读

　　离港进港服务直接关系到旅客对航空服务的整体评价。本项目旨在通过系统介绍，使学生全面掌握离港进港服务的核心知识和技能，提升服务质量，增强旅客满意度。

　　本项目包含两个主要学习任务：离港服务和进港服务。离港服务任务将深入剖析候机服务和登机服务的各个环节，确保旅客在离港过程中能够享受到高效、便捷的服务。进港服务任务则重点关注航班到港前后的准备工作、航班中转工作、过站航班及备降航班等情况的处理，以确保旅客在进港时能够顺利、快速地完成后续流程。

学习目标

1.知识目标

（1）掌握登离机服务常规工作流程和规范。

（2）了解登离机服务特殊情况的处理流程。

（3）掌握航班进港前的准备工作及进港后的工作要点。

（4）了解中转航班、过站航班及备降航班的区别和服务要求。

2.能力目标

（1）初步应用登机口服务流程完成登机服务工作。

（2）判断中转航班、过站航班及备降航班并按相关要求完成服务工作。

（3）能运用所学知识完成航班到港后的工作流程，同时应对备降航班的紧急情况，培养理解、分析、处理问题的能力。

3.素质目标

（1）养成耐心、细心、贴心的职业素养。

（2）培养团队协作精神。

（3）理解以人为本，根植个性化服务的理念。

（4）贯彻"敬畏生命""敬畏规章""敬畏职责"的新时代民航精神。

项目实训

1. 任务情景

请各小组模拟真实的国内航班准点到港场景，各小组成员选出两名扮演旅客，其余成员扮演生产调度员、接机员、行李巡查员，模拟完成航班到港后的主要工作。

2. 任务实施

（1）小组成员讨论并进行分工安排。

（2）各成员按身份角色罗列工作任务清单。

（3）各小组分别展示任务成果。

（4）开展任务评价：小组自评、组间互评、教师评价。

3. 任务评价

序号	评价内容与标准	分值	评价主体		
			小组自评（20%）	组间互评（40%）	教师评价（40%）
1	操作完整性： 在航班到港模拟过程中的流程是否符合规范，是否完整完成航班到港工作。	40 分			
2	准确性： （1）检查学生在模拟过程中是否出现错误，如指引错误、报告错误等。 （2）统计模拟过程中出现的异常情况，评价学生的准确度和注意力。	40 分			
3	团队协作： （1）观察学生在模拟任务中的沟通与协作情况，是否能够有效配合完成任务。 （2）评估学生在面对模拟突发情况时的应对能力和团队协作精神。	20 分			

案例导入

旅客没有轮椅　地服破例"出租"

4月28日凌晨，成都双流机场某航值机柜台前，郑先生一行五人焦急地等待着。他们原计划托运的电动轮椅因不符合航空规定而无法托运，而接下来的三天他们将在成都旅游，没有轮椅将极不方便。此时，地服工作人员白蕙菱的出现，给他们带来了希望。

白蕙菱耐心听完郑先生的困扰，详细解释了电动轮椅不能托运的原因——不可拆卸的轮椅电池超过160 wh，属于航空危险品，为了旅客的安全，根据民航局规定航空公司是不予承运的，并表示会尽力帮忙。她立即联系值班主任周蕾，共同商议解决办法。经过商议，她们决定破例将轮椅借给郑先生使用三天。郑先生感激不已，承诺三天后按时归还，并向两位工作人员连声道谢。

在接下来的三天里，郑先生一行五人借助借来的轮椅，在成都的街头巷尾畅游无阻，尽情享受旅游的乐趣。而白蕙菱和周蕾也始终关注着轮椅的借用情况，确保旅客能够安全、顺利地使用。

三天后，问询柜台收到了一台归还的轮椅。这台轮椅看上去崭新如初，仿佛被人细心擦拭过，散发着耀眼的光芒。这是郑先生一行人对地服人员信任与感激的表达，也是他们诚信与责任的体现。

讨论： 你认为作为民航地勤服务人员的必备职业素养是什么？要具备怎样的能力？

任务一 离港服务

一、登离机服务规范与流程

（一）候机工作要求

（1）旅客办理乘机手续后，指引其在指定的候机区等候登机。

（2）头等舱旅客、公务舱旅客和贵宾旅客可享受专属休息候机服务。

（3）旅客候机时，应提供候机位置、航班号、航班动态显示等必要的信息和引导服务。

（4）候机时，国际航班国内航段旅客应与国际旅客分开候机。

（二）登机前的准备工作

1.登机物品准备

地勤保障人员依据航班保障任务，应于起飞前90分钟通过离港系统检查航班号、航空器注册号、机型、停机位、计划/实际起飞时间（STD/ETF）、旅客及特殊要求，并协同配载部门、客舱部门完成餐食配备、应急设备检查、舱单打印等等级物品准备工作，确保符合机型适配性与民航安全规范。

2.登机口的柜台准备

（1）地勤保障人员根据各航空公司或各机场规定提前到达登机口。

（2）检查区域广播设备、内话设备等设施是否正常。

（3）核对航显信息，如航班号、目的地是否与预报相符。

（4）打开计算机，输入相关指令，将计算机切换至相应航班页面上。

（5）提供旅客问询服务。

（6）巡视大厅，观察旅客手提行李，及时处理超规行李，做好解释工作。

（7）巡视大厅，了解老、弱、病、残、孕及怀抱婴儿旅客的情况，准备安排其优先登机。

（8）掌握特殊服务旅客情况，适时通知其登机。

（9）设置登机口护栏隔离带，确保登机顺畅。

（10）核对航空器注册号与预报航空器注册号是否一致。

3. 发布旅客登机通知

在航班开始登机前，通过以下方式通知旅客登机：

（1）通知机场广播室调整登机航显。

（2）通知机场广播室进行航班登机广播。

（3）使用登机口自带小广播组织旅客登机。

（三）旅客登机总则

（1）在符合载重平衡的需求下，安排旅客登机。

（2）登机时，应满足特殊旅客的需求。

（3）登机时，除机组成员和允许登机的工作人员外，禁止无关人员进入飞机客舱。

（四）旅客登机次序

以下旅客将优先登机：

（1）担架旅客。

（2）遣返旅客、犯罪旅客、押运人员。

（3）病人、行动不便旅客和老年旅客。

（4）无成人陪伴儿童和携带婴儿旅客。

（5）头等舱旅客、公务舱旅客、持金卡或银卡的 VIP 旅客（根据旅客意愿）。

（6）特殊团队旅客。

（7）过境、过站旅客。

（8）普通旅客。

（五）登机口工作人员的职责

1. 靠桥航班

靠桥航班原则上配备 4 名工作人员，他们完成以下工作：

（1）登机口验牌扫描。

（2）维护登机秩序。

（3）处理超规行李。

（4）根据需要检查旅客证件。

（5）登机路线沿途引导。

（6）机舱口撕登机牌副联。

（7）及时处理各项特殊情况。

2. 不靠桥航班

不靠桥航班原则上至少配备 4 名工作人员，他们完成以下工作：

（1）登机口验牌扫描。

（2）维护登机秩序。

（3）处理超规行李。

（4）根据需要检查旅客证件。

（5）登机路线沿途引导。

（6）安排摆渡车并引导旅客上下摆渡车。

（7）机舱口撕登机牌副联。

（8）负责旅客机坪安全。

（9）及时处理各项特殊情况。

二、登机广播与登机牌验放工作

（一）常规登机工作规范

（1）工作人员一般在登机时间前 15 ～ 20 分钟到达登机口，做登机准备。

（2）航班登机开始前，工作人员进行登机广播，设置航显，有条件的机场可进行区域小广播以通知旅客登机。

（3）召集、引导病残旅客、无成人陪伴儿童、携带婴儿旅客、VIP 旅客、头等舱旅客、公务舱旅客根据旅客意愿先登机，再引导普通旅客登机。

（4）根据航线要求检查旅客证件，检查时顺着旅客队伍由前向后地进行检查。

（5）须仔细查验登机牌，根据各机场要求检查边防章、安检章。

（6）登机口登机牌查验方式如下：

电脑扫描——在登机过程中，工作人员扫描登机牌，验证无误后，撕下登机牌副联，将登机牌归还旅客。对于网上值机、手机值机的旅客，登机口操作包括以下内容：①通过扫描旅客的手机二维码确认旅客的值机信息；②查看网上值机、手机值机旅客是否持有登机凭证。

手工撕牌——工作人员在手工撕牌时查验航班号、日期，撕下登机牌副联，并在航班登机过程中对副联反复查验清点，保留备查。

（7）登机过程中，遇特殊旅客，应主动上前搀扶或协助提拿行李，并允许此类旅客优先登机或随时登机。

（8）登机过程中，登机口工作人员用不同语言（中/英文等）欢迎每位旅客，预祝旅途愉快。

（9）登机口工作人员随时掌握航班人数的变化信息。

（10）在登机途中，工作人员应走在旅客前面，与旅客距离不超过2米，并经常回头照顾旅客，主动扶老携幼。

（11）准确清点登机牌副联数，确保其与离港系统及机上旅客人数相符。

（12）查找尚未登机旅客的信息。

（13）广播寻找未登机旅客。

（14）对于未登机旅客应积极寻找，操作方法如下：①对照计算机系统（手工撕牌，采用排出登机牌的方式）找出旅客姓名；②立即广播通知；③根据旅客相关信息，进行有针对性的查找；④在客舱内核查旅客是否已登机。

（15）根据登机口关闭时间的要求，执行减客程序。

（16）舱门关闭和撤离的操作流程如下：①国际航班随机业务文件送至飞机上；②登机牌副联数与舱单人数相符；③与乘务长确认登机人数，交接相关服务单据；④必须等待飞机移动后方可撤离登机口位；⑤整理并回收登机口业务用品，将已整理好的登机牌副联留存备查；⑥关闭登机口系统。

（二）航班的操作要求

1. 靠桥航班的操作要求

靠桥航班需注意控制廊桥内旅客人数，适当控制登机速度，防止拥堵。

2. 远机位航班的操作要求

（1）航班登机前根据旅客人数联系摆渡车。

（2）航班上客时，工作人员应于摆渡车旁引导旅客，注意旅客上下车的安全。

（3）与摆渡车司机交接飞机号、航班号、停靠位置等。

（4）工作人员接送航班时乘坐摆渡车的原则为：最后上车，最先下车。

（5）乘坐客梯车登机，应控制客梯车上的旅客人数，避免安全隐患。

（6）需要注意的安全事项如下：①摆渡车关门时注意旅客安全，防止旅客受伤、夹伤的情况发生。②旅客上机前，工作人员必须检查客梯车是否停稳。③阻止旅客在机翼下穿行。④防止旅客在机坪上随意走动。

3.减客程序

航空公司按以下操作对未按时登机的旅客执行减客程序（包括任何已登机旅客临时提出终止旅行或过站旅客任何时候提出终止旅行），保证航班准时起飞。

（1）航空公司严格执行"旅客和行李同机运输"的安全原则，任何被减旅客的随身携带物品、自理行李和托运行李必须同时卸下。

（2）航空公司不对非本公司原因造成的减客行为承担任何责任。

（3）已登机旅客或过站旅客自动终止旅行（临时弃乘）被视为放弃履行运输合同，航空公司不对其客票损失承担责任。

（4）航班减客的流程如下：①查找旅客姓名和预拉行李；②根据实际情况（包括旅客重要性、操作的可行性、飞机动态、地面装卸、机务加油等情况），做出减客（含清舱和卸载行李）决定；③实施减客、卸载行李、清舱等操作；④根据实际登机人数修改已送上飞机的总申报单和旅客名单以及相关资料；⑤如果需要，引导所有旅客离机，配合安检部门进行清舱；⑥核准最后登机旅客人数和行李数。

4.特殊情况

1）寻找未登机旅客的流程

（1）对照计算机登机旅客座位表（手工撕登机牌副联），采用整理机牌座位的方法找出未登机旅客姓名。

（2）分析旅客未登机原因，在记录中检查是否有重要旅客或重复办理乘机手续的情况，并进入客舱内核查旅客是否已登机。

（3）广播通知未登机旅客登机。

（4）前往边防以及邻近区域寻找旅客。

（5）从PNR中提取旅客信息，通过旅客联系电话寻找旅客。

（6）在到达区域或行李提取处寻找过站旅客。

（7）相互核对，确认旅客未登机是否已被落下。

（8）询问其他航空公司，旅客是否已改乘。

2）登机时发现旅客登机牌未盖边防章 / 安检章

（1）请旅客在登机口稍等，立即通知边防 / 安检人员到场处理。

（2）边防人员检查并盖章予以放行的，引导旅客登机。

（3）边防人员检查后确定不能放行的，立即将该情况及旅客的托运行李信息通知相关调度部门。

3）计算机扫描人数与撕牌人数不相符

（1）核查该航班是否有 INF（婴儿旅客）、先行登机的旅客。

（2）要求乘务员协助再次清点人数。

（3）查验登机牌副联并迅速排放座位，尽快找出原因。

5. 登机口行李的操作要求

1）登机口交运行李规范

（1）在登机口区域放置告示牌，内容包括最大随身携带物品和自理行李放行标准、登机口拦截警示标志、告示牌架底放置随身携带物品和自理行李尺寸测试框架和磅秤。

（2）在登机过程中，测试旅客手提行李的尺寸和重量，对携带超重或超大尺寸行李的旅客进行拦截。

（3）对拦截的超重和超大尺寸行李，请旅客填写免责托运行李牌。

（4）在与旅客交代免责条款后，将免责托运行李牌拴挂在行李上。

（5）免责托运行李牌的收据交给旅客，作为旅客认领行李的凭据。

（6）将所有拦截的超重或超大尺寸行李归拢，填写行李运输交接单。

（7）航班起飞前将拦截行李情况（件数、堆放地点、航班号、航班起飞时间）通知地面调度部门。

（8）清点拦截行李的件数，签署行李运输交接单。

（9）将所有拦截行李直接搬运至飞机货物装卸处，装入行李箱内。

（10）因为时间、装载容量或其他原因，无法同机装载所有拦截行李，通知值机员处理，值机员将无法同机装载的拦截行李按非正常行李运输处理，同时注明按免责行李运输。

2）经承运人同意可带入客舱的物品

（1）个人旅行用品。

（2）外交信袋（密封）。

（3）经工作人员同意，并拴挂自理行李牌的行李。

（4）单独购票的占座行李（每张客票不能超过75千克）。

（5）随机押运的贵重物品、文件等（合理尺寸、重量）。

（6）旅途中使用的医疗设备（合理尺寸、重量）。

（7）允许带上飞机的导盲犬/助听犬等。

任务二　进港服务

一、飞机到达前准备工作

（一）航班进港前的准备工作

在每架航班从"始发/中转/备降站"起飞至前往"目的/中转/备降站"的过程中，当收到前站起飞的信息后，就即将到达的航班需做好各个岗位相应的工作准备，岗位职责及内容如下：

1. 生产调度员（表5.1和表5.2）

表 5.1　生产调度员航班进港前岗位工作职责

航班进港前岗位工作职责	负责对前场生产运作进行监督指挥、运筹调配
	负责收集、传递航班数据，包括：航空公司业务通告、航班计划等
	负责制作公司代理航空公司进港航班预报表
	负责整理和发布航班信息，包括：航空器注册号变更、航班计划变更、航班延误、航班取消、特种服务、VIP、中转信息等
	负责接收、传递应急救援等特殊情况事件信息
	负责通知为备降航班提供服务
	负责收集和保存载重平衡图表，准确录入公司代理航空公司进港航班的生产数据
	负责记录、跟踪现场投诉事件及好人好事

表 5.2　生产调度员航班进港前岗位工作内容

航班进港前岗位工作内容	检查电脑、对讲机、打印机、电话是否正常，并摆放整齐。有不正常情况及时报值班主任，报有关人员检修或更换设备
	按公司员工仪容仪表细则管理规定执行
	通过 AMS 系统将进港航班到达时间、停机位，抄在预报原始报表上并复核航空器注册号
	接收航空公司通报的航班变更及进港航班特殊事情，按事情的分类通知机场保障部门
	做好前场异常情况记录，及时找相关单位处理（如：行李转盘、航显、电梯、空调）并要求前场及时反馈处理结果

2. 机坪客梯车桥工作人员（表 5.3 和表 5.4）

表 5.3　机坪客梯车桥工作人员航班进港前岗位工作职责

航班进港前岗位工作职责	负责提供公司前场生产用车
	负责机坪使用车辆的正常使用及维修报备工作
	负责了解机坪使用车辆的行驶路线及停放范围
	负责区域内的道路安全及故障排查
	负责廊桥、客梯车、摆渡车等设备的正常使用

表 5.4　机坪客梯车桥工作人员航班进港前岗位工作内容

航班进港前岗位工作内容	检查对讲机和车辆状况是否正常
	与现场运营室了解航班预计到达情况（包括时间、人数、要客信息等），做好车辆安排
	了解机位情况（是否远机位，是否需要廊桥、客梯车等）
	按计划路线了解区域内安全隐患，如遇道路故障、积雪、积水等情况须及时上报机场现场运营部门
	接到用车指令后及时到达指定地点，按章行车，途中发生特殊情况及时向值班主任汇报，确保人员安全上下车
	航班预计进港前 5 分钟，廊桥、客梯车、摆渡车到位

3. 进港服务工作人员（接机员）（表5.5和表5.6）

表5.5 进港服务工作人员航班进港前岗位工作职责

航班进港前岗位工作职责	负责联系廊桥交接人员
	负责核查乘客摆渡车到位情况
	负责引导进港旅客
	核对到达特殊服务旅客单据，与机组确认签字交接，并协助特殊服务旅客下飞机，引导至到达厅出口，查验接机亲属身份证件后签字交接

表5.6 进港服务工作人员航班进港前岗位工作内容

航班进港前岗位工作内容	检查对讲机及电话状况是否正常
	检查所需轮椅状况及数量
	按公司员工仪容仪表细则管理规定执行职业形象检查
	通过对讲机、电话等方式联系廊桥交接人员
	与摆渡车调配室对接，核对远机位到达所需摆渡车数量
	与贵宾室对接信息，确认要客情况及需求
	与生产调度员确认到达特殊服务旅客信息并准备单据
	检查过站、中转人数，准备过站\中转标识物料
	利用运行系统核对航班滑入、落地时间
	国际航班到达须提前联系联检部门
	航班到达前15分钟到达对应廊桥或机位
	如遇特殊情况，及时向运行指挥中心上报

4. 要客服务接机工作人员（表5.7）

表5.7 要客服务接机工作人员航班进港前岗位工作职责及内容

航班进港前岗位工作职责	负责要客进港服务
	负责要客车辆安排
	负责要客信息传递工作
	负责要客的其他服务事宜

续表

航班进港前岗位工作内容	登录运行系统查询要客航班的准确滑入、落地时间
	与相关部门核对要客行程信息，包括姓名、职务、座位号、随行人员及行李件数、重量等
	如航班行程信息发生变更及时上报生调部门及始发站
	按需安排接机车辆或客梯
	查询要客进港服务要求，如是否需要提前或延后下机、轮椅、专车等服务
	航班落地前 10 分钟到达对应机位或廊桥，做好要客指引工作

5. 到达行李巡查员（表 5.8）

表 5.8　到达行李巡查员航班进港前岗位工作职责及内容

航班进港前岗位工作职责	负责进港行李的发放工作
	负责进港行李的监察工作
	负责进港行李的特殊情况
航班进港前岗位工作内容	通过运行系统查询航班的进港信息
	准备行李箱框、行李指示牌、团队行李登记本等物料
	核对机场运行系统中的行李转盘标识、航班号、始发站是否正确一致
	核查行李转盘工作情况是否良好

（二）其他地面工作人员

除上述列举的部分工作人员职责及内容外，还有一些其他的地面工作人员在航班进港前也需要做好准备工作，例如：航班餐食、航班清洁、航班燃油、航班机务等。在每一架飞机落地前，地面的工作人员都在各自岗位上做好了相应的准备，才能确保航班滑入、落地后的进港工作顺利有序地开展。

二、飞机到达后工作

在飞机平稳滑入后，到港工作有序开展，航班到港后地勤服务人员的主要工作如下：

（一）生产调度员的到港工作（表5.9）

表5.9 生产调度员的到港工作

航班到港后岗位工作职责	负责对前场生产运作进行监督指挥、运筹调配
	负责收集、传递航班数据，包括：航空公司业务通告、航班计划等
	负责接收、传递应急救援等特殊情况事件信息
	负责做好值班台账记录
	负责记录、跟踪现场投诉事件及好人好事
	负责收集和保存载重平衡图表，准确录入公司代理航空公司进港航班的生产数据
	负责将生产数据汇总成报表，获授权后向外单位发布数据
航班到港后岗位工作内容	通过AMS系统将进港航班到达时间、停机位抄在预报原始报表上并复核航空器注册号
	接收服务员报到达航班开机门时间，并记录在原始报表单上
	将航班保障完毕的信息包括装卸完毕的时间输入电脑，制作成航班保障作业单，航班结束后录入完毕并打印，次日07：00前传于外场处
	记录VIP信息，输入次日要客信息并打印、发放
	保障工作中异常状况的台账记录并及时汇报领导

（二）进港服务工作人员（接机员）的到港工作（表5.10）

表5.10 进港服务工作人员（接机员）的到港工作

航班到港后岗位工作职责	负责报航班开舱门
	负责引导进港旅客
	核对到达特殊服务旅客单据，与机组确认签字交接，并协助特殊服务旅客下飞机，引导至到达厅出口，查验接机亲属身份证件后签字交接
	航班开舱门报生调
	询问机组是否有特殊服务旅客

续表

航班到港后岗位工作内容	飞机开舱门后，礼貌地指引旅客前往到达厅
	离航班记录单和特殊服务旅客申请单归档
	为不正常航班旅客提供、发放饮料或餐食等服务
	为不正常航班的旅客提供、引导、安排酒店住宿及住宿后旅客送回候机楼的引导登机服务
	了解到达航班动态，收集各类电报，有无需要提供特殊协助的旅客，通知国际特服人员；有无过境旅客，通知国际进港服务员；通知联检单位飞机准确到达时间、停机位和过境旅客情况
	向联检单位通告航班落地，引导联检单位人员上飞机查验
	引导机组到联检单位办理入境手续
	将到达航班的总申报单、旅客名单、机组名单、货邮舱单等文件归档保存
	接飞机时，召集本航班所有过境旅客，引导到过境厅或者边检指定的地点（过境航班）
	如果海关提出检查旅客的托运行李，协助海关对行李进行检查

（三）要客服务接机工作人员的到港工作（表 5.11）

表 5.11　要客服务接机工作人员的到港工作

航班到港后岗位工作职责	负责要客到港服务
	负责要客车辆安排
	负责要客信息传递工作
	负责要客的其他服务事宜
航班到港后岗位工作内容	航班开舱门前 10 分钟到达对应机位
	核实所需要客车辆是否按规定到达
	联系行李到达处告知要客行李件数、重量，并提前做好要客行李分拣工作
	按要求引导要客下机
	与乘务机组交接要客信息

（四）到达行李巡查员的到港工作（表 5.12）

表 5.12　到达行李巡查员的到港工作

航班到港后岗位工作职责	负责到港行李的发放工作
	负责每日发放行李数据的统计，并将回收"行李领取凭证牌"保留七天
	负责到港行李的特殊情况
航班到港后岗位工作内容	随时关注航班到达并提前到发放口做好行李检票准备
	为每位提取行李的旅客逐件核对行李票，确认无误后放行
	发现旅客所提行李与行李票不符时正确礼貌告知旅客并指引旅客重新提取行李
	发现团队旅客提取行李时会同团队导游填写《进港团队行李领取记录本》并逐件核对托运行李，确认无误后放行
	旅客行李提取完毕后整理回收的旅客行李票并存放 7 天
	收到旅客破损行李信息进行破损赔偿：查看旅客的行李牌，观察其行李破损部位及破损程度，按各航空公司相关规定与旅客协商进行赔偿。复印旅客的相关资料，填写相关单据并拍发电报
	收到旅客少收行李信息进行少收处理：仔细倾听旅客描述的行李细节，进行本站查找，再联系出发站查询。会同旅客填写少收相关单据。行李找到后通知旅客提取或送交旅客指定地点
	收到错运行李后，根据行李牌目的站标识，证实属错运行李，向相关站拍发电报，转运或退回行李
	收到多收行李后，如有行李牌的行李，3 日之内无人认领，退回始发站。如行李牌脱落，则根据不同情况建立相关档案，拍发多收报，入仓
	在发现有不正常行李时，到达航班在到达后 2 小时内拍发电报到相关航站；出发航班在发现 30 分钟内拍发电报到相关航站

三、中转航班服务

（一）中转航班

1. 中转联程

中转联程是指旅客持联程客票，在到达站衔接另一航班至其他目的地点的转机旅行。旅客未持联程客票或后续航班未事先订妥座位不视为联程中转；联程客票指列明两个以上航班的客票。如不是使用一本客票，其衔接客票号码应相连。

非上述定义的旅客转机，分别按旅客到达和旅客出发办理。

2. 最短衔接时间

各机场根据自己的旅客中转服务条件规定适用于本机场的最短航班衔接时间。同一城市两个机场间的转机衔接时间应适当增加往来两机场间陆路交通时间（表5.13和表5.14）。

表5.13　本公司或所在联盟的航班 MCT 时间

中转方式	MCT 时间（衔接时间）
国内转国内	50 分钟
国内转国际	100 分钟
国际转国内	90 分钟
国际转国际	60 分钟

表5.14　与非联盟航班 MCT 衔接时间

中转方式	MCT 时间（衔接时间）
国内转国内	90 分钟
国内转国际	120 分钟
国际转国内	120 分钟
国际转国际	90 分钟

旅客购买的联程机票，其始发航班与衔接航班的间隔时间需满足机场最短中转要求（MCT），以确保顺利转机。

3. 航班中转服务

1）"一票到底"中转服务

旅客持已订妥座位的"联程中转"及联盟成员航空公司的联程客票（不超过两个联盟成员航空公司、三个航段的航班），在始发站一次性办理直到目的地的"登机牌""行李牌"，无须在中转站再次办理后续航班的乘机手续。

2）非"一票到底"中转服务

航班到达后，接机工作人员需指引未办理"一票到底"手续的旅客和"无转机信息"旅客至中转柜台办理续程航班手续。

3）"机转机"中转服务

"机转机"又称为"舱门对舱门"，指将转机旅客由到达航班直接转接至下一续程航班。

"机转机"服务是针对由于航班不正常或代理人未按规定时间开票，造成转机旅客实际转机时间少于"最短衔接时间（MCT）"的特别情况，因此为旅客提供直接从"舱门到舱门"的特别服务。该服务仅对国内转国内的旅客提供，通常当始发航班实际到达时间与联程航班预计起飞时间少于40分钟时，应为旅客提供"机转机"服务，如机下分拣、分装行李等。

4）"同机中转"服务

为了争取特定航线的客源，在该航线没有开通直达航班的情况下，合理地利用飞机周转，使该航线指定航班的联程旅客在中转站不需换乘飞机，即可飞往目的地。该航线指定的航班称作"同机中转"航班。

5）"隔夜转机"中转服务

例如南方航空为旅客提供的隔夜中转免费住宿服务，指旅客选定航班当天无法衔接续程航班的国内转国际、国际转国内、国际转国际、国内转国内等情况的隔夜中转服务；或旅客选定航班衔接时间超过6小时（含）的经广州中转澳大利亚的国内转国际（例如：西安—广州—悉尼/墨尔本）、国际转国内（例如：悉尼/墨尔本—广州—武汉）中转服务；或旅客选定航班衔接时间超过8小时（含）的经广州中转澳大利亚的国际转国际（例如：德里—广州—悉尼/墨尔本、悉尼/墨尔本—广州—东京）中转服务。

"隔夜中转免费住宿"业务主要是通过使用"南航旅客酒店住宿券"的方法来实现。销售单位在销售中转客票时为旅客填开"南航旅客酒店住宿券"，并将旅客需要入住的情况通知中转站；中转站按照通知为旅客预订酒店；在旅客到达中转站时，中转站审核或为没有填开"南航旅客酒店住宿券"的旅客补开住宿券，并通知酒店为旅客安排住宿；旅客凭"南航旅客酒店住宿券"入住酒店。

在中转航班中还会出现"衔接错失"的情况，始发站和中转站的地面工作人员应采取适当补救措施，保障旅客的后续出行。

航班延误或取消而可能导致旅客航班衔接错失，始发站应在旅客登机前，征得其同意后为旅客更改后续航程，并及时通知中转站做出安排；如旅客登机后航班发生延误的，则由中转站进行安排。

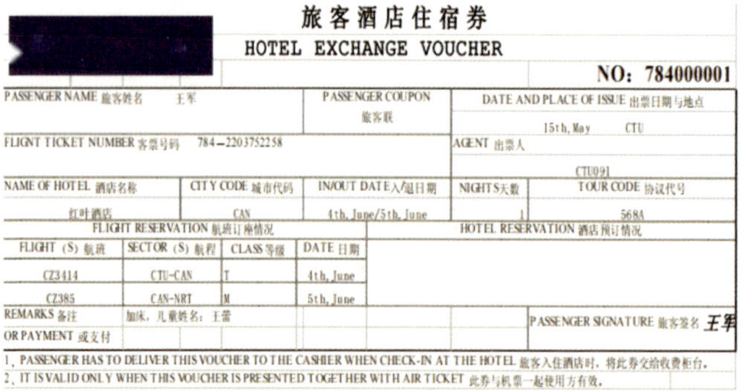

图 5.1　旅客酒店住宿券

旅客乘坐的始发航班延误导致无法正常衔接原定中转航班时，中转站按规定向衔接错失的旅客提供膳宿服务。回收旅客的续程登机牌；为旅客更改后续航班，并安排专人做好后续跟踪服务工作。

四、过站航班（经停航班）

（一）过站航班定义

过站航班又称为经停航班，指的是飞机中途需要降落到某个机场，再飞往目的地，并且全程都使用同一航班号。

（二）过站（经停）的原因

飞机经停主要分为技术经停和航班经停。技术经停是为了给飞机加油或进行技术检查等；航班经停是为了再次上下旅客，以增加上客率。

（三）过站时间

过站时间标准指的是航班时刻管理部门批准的到港时间与离港时间的间隔，即航班编排过站时间。航班标准过站地面保障时间是指过站运行中飞机开、闭舱门的时间，对于不同过站保障标准对应不同的过站保障流程图（表 5.15、表 5.16、表 5.17）。

表 5.15　20 分钟过站保障标准

工作内容	责任单位 / 责任人	标准保障时间				
		0	5	10	15	20
飞机到达停机位，开舱门	飞行部、工程部					

续表

工作内容	责任单位/责任人	标准保障时间				
		0	5	10	15	20
旅客下客完毕	乘务员、地面服务人员	5 分钟				
机组放行手续办理、签派放行资料送达	签派代理服务员、现场保障员	5 分钟				
加水、加餐食、客舱清洁	地面服务代理、客舱服务代理	10 分钟				
过站飞机检查，放行	工程部或其代理部门	10 分钟				
加油完毕	油料公司、飞行员	12 分钟				
各项保障完毕通知上客	现场控制员	10 分钟				
旅客全部完成登机（包括远机位保障摆渡）	地面服务保障				8 分钟	
行李和货物装卸完毕	地面服务保障			18 分钟		
拖车到位（如需）	工程部或其代理部门					5 分钟
清点人数，核对舱单，关舱门	配载员、乘务员					2 分钟

表 5.16　30 分钟过站保障标准

工作内容	责任单位	标准保障时间						
		0	5	10	15	20	25	30
飞机到达停机位，开舱门	飞行部、工程部							
旅客下客完毕	乘务员、地面服务人员	10 分钟下完客						
机组放行手续办理、签派放行资料送达	签派代理服务员、现场保障员	10 分钟						
加水、加餐食、客舱清洁	地面服务代理、客舱服务代理	15 分钟						
过站飞机检查，放行	工程部或其代理部门	15 分钟						
加油完毕	油料公司、飞行员	20 分钟						
各项保障完毕通知上客	现场控制员	12 分钟						
旅客全部完成登机	地面服务保障			13 分钟				

续表

工作内容	责任单位	标准保障时间						
		0	5	10	15	20	25	30
行李和货物装卸完毕	地面服务保障	27 分钟						
拖车到位（如需）	工程部或其代理部门							5 分钟
清点人数，核对舱单，关舱门	配载员、乘务员							3 分钟

表 5.17　35 分钟过站保障标准

工作内容	责任单位	标准保障时间							
		0	5	10	15	20	25	30	35
飞机到达停机位，开舱门	飞行部、工程部								
旅客下客完毕	乘务员、地面服务人员	10 分钟下完客							
机组放行手续办理、签派放行资料送达	签派代理服务员、现场保障员	10 分钟							
加水、加餐食、客舱清洁	地面服务代理、客舱服务代理	15 分钟							
过站飞机检查，放行	工程部或其代理部门	15 分钟							
加油完毕	油料公司、飞行员	20 分钟内							
各项保障完毕通知上客	现场控制员	15 分钟内							
旅客全部完成登机	地面服务保障					17 分钟			
行李和货物装卸完毕	地面服务保障	30 分钟							
拖车到位（如需）	工程部或其代理部门								5 分钟
清点人数，核对舱单，关舱门	配载员、乘务员								3 分钟

五、备降航班

（一）备降定义

航班备降是指航班因故不能或不宜降落在目的地机场而需在其他机场降落。

（二）备降分类

航班备降包括计划备降、非计划备降和紧急备降。

（1）计划备降是指航班飞机按照航空公司飞行计划中所列明的备降机场实施的备降。

（2）非计划备降是指除计划备降以外的其他备降。一般是指航班飞机因故无法飞往计划备降机场的备降。

（3）紧急备降是指航班飞机发生空中遇险、非法干扰、危险品泄漏、油量告警等紧急情况，需要尽快降落而实施的备降。

（三）备降航班的服务要求

（1）航班落地前向前站了解航班人数，有无重要旅客或特殊服务旅客。

（2）飞机落地后接取机上业务文件。

（3）及时了解航班信息，以便向旅客提供准确的航班动态。

（4）国际航班需与联检单位联系，确定旅客是否留在机上等待。

（四）旅客下机等候的服务程序

（1）发放过站登机牌，引导和安排旅客休息。

（2）如有重要旅客、高端旅客或特殊服务旅客，应派专人做好服务工作，提供相应休息区域。

（3）对备降航班的旅客，按航班不正常的有关规定提供服务。

（4）旅客要求终止行程，退还未使用航段的全部票款（但所退票款不得超过旅客支付的实际票价），不收取退票费。

（五）旅客在机上等候的服务程序

（1）通过机上广播通知旅客航班备降原因、预计停留时间。

（2）停留时间较长，需安排旅客下机休息时，如有旅客行动不便不愿下机，则应根据机长的决定（国际航班还应根据联检要求），为旅客作出在机上休息等候的安排。

（六）备降航班取消的服务程序

（1）办理备降航班的补班乘机手续，应为旅客发放新的登机牌。

（2）办理备降航班的补班（只要是航班运行部门发布的备降航班补班计划，无论原飞机继续飞行或由其他公司代飞），备降场站值机部门在补班航班离站后，按实际乘机人数填写《出发旅客人数统计表》，与航班备降证明一同上交财务结算部门。地面服务部门将实际成行旅客的信息资料留存。

（3）如备降航班的旅客变更或签转其他航班，或备降航班的旅客被合并到另一航班，应填开中断舱单为旅客更改或签转航班；值机部门应打印旅客的电子票联或将旅客的乘机联复印件作为填开中断舱单的依据，附航班备降证明一同上交财务结算部门。

（4）备降航班的旅客要求终止旅行，应将旅客的托运行李拉下并通知旅客领取。

（5）备降航班的旅客要求退票，应为旅客出具"航班不正常证明"，也可由销售部门人员根据运行信息网信息为旅客办理。

一、单选题

1. 在 25 分钟过站保障标准中，旅客下客完毕的标准时间为（   ）。

    A. 5 分钟   B. 10 分钟   C. 15 分钟   D. 20 分钟

2. 旅客乘坐的始发航班延误，导致无法正常衔接原定中转航班时，中转站按规定向衔接错失旅客提供膳宿服务，需要回收旅客的（   ）。

    A. 续程登机牌   B. 随身行李   C. 托运行李   D. 行程单

3. 在南航与非联盟航班转机要求的 MCT 衔接时间，国内转国际的时间为（   ）。

    A. 30 分钟   B. 90 分钟   C. 100 分钟   D. 120 分钟

4. 紧急备降是指航班飞机发生（   ）等紧急情况，需要尽快降落而实施的备降。

    A. 空中遇险   B. 非法干扰   C. 危险品泄漏   D. 油量告警

    E. 以上都是

5. 办理备降航班的补班乘机手续，应为旅客发放新的（   ）。

    A. 酒店食宿券   B. 登机牌   C. 过站登机牌   D. 中转行李牌

6. 在民航离港服务中，旅客需要完成哪个环节后才能前往安检区？（   ）

    A. 办理登机手续（值机）   B. 购买机票

    C. 通过海关   D. 领取行李

7. 旅客在办理登机手续时，通常需要提供以下哪些信息？（   ）

    A. 航班号   B. 护照照片   C. 信用卡信息   D. 酒店预订信息

8. 对于无托运行李的旅客,以下哪个步骤可以省略?(   )

    A. 办理登机手续   B. 安检   C. 行李托运   D. 候机

9. 旅客在民航离港服务中,如果发现机票丢失,应该首先联系哪里?(   )

    A. 机场安检   B. 航空公司客服   C. 机场警察   D. 机场售票处

10. 民航离港服务中,以下哪个环节是旅客不能自行完成的?(   )

    A. 领取登机牌   B. 填写行李托运单

    C. 行李的安检和装卸   D. 通过安检进入候机区

二、判断题

1. 生产调度员在航班到港前需要通过 AMS 系统将进港航班到达时间、停机位,抄在预报原始报表上并复核航空器注册号。   (   )

2. 行李巡查员在航班到港前需与摆渡车调配室对接,核对远机位到达所需摆渡车数量。   (   )

3. 要客服务人员在航班到港前须联系行李到达处告知要客行李件数、重量,并提前做好要客行李分拣工作。   (   )

4. 在 20 分钟过站保障标准中加水、加餐食、客舱清洁的标准时间是 10 分钟。

    (   )

5. 所有备降航班中,机上的旅客都必须下机等待。   (   )

6. 民航离港服务中的登机口服务人员主要负责检票和登机引导工作。   (   )

7. 所有旅客都需要在航班起飞前两小时到达机场完成离港服务流程。   (   )

8. 旅客在办理登机手续时,如果发现机票信息有误,可以直接在值机柜台进行修改。   (   )

9. 航空公司提供的离港服务中,包括为旅客提供餐饮和住宿服务。   (   )

10. 在民航离港服务中,旅客的行李托运后,航空公司会负责行李的安全和运输,直到行李到达目的地。   (   )

三、填空题

1. 要客服务工作人员在航班到港前须与生调部门核对要客行程信息,包括_____、_____、_____、_____、随行人员及行李件数、重量等。

2. 到达行李巡查员在航班到港后,发现有不正常行李时,在航班到达后,拍发电报到相关航站；出发航班在发现_____拍发电报到相关航站。

　　3.进港接机员在航班到港后应为不正常航班的旅客提供、引导_____、_____及住宿后旅客送回候机楼的_____服务。

　　4."机转机"又称为"_____"，指将转机旅客由到达航班直接转接至下一续程航班。

　　5.技术经停是为了给_____等；航班经停是为了再次上下旅客，以增加_____。

>>> >>>　项目六

机场通用服务

项目导读

　　机场作为旅客出行的重要枢纽，提供了一系列通用服务项目，确保旅客的旅程顺畅、舒适。这些服务涵盖了航站楼问询、机场广播以及机场商业等多方面。

　　本项目主要介绍了航站楼问询、机场广播和机场商业等服务项目，旨在为旅客提供全方位、便捷的服务。通过对本项目的学习，学员能提供机场设施的使用指南、交通指引等，帮助旅客更好地安排行程；能提醒旅客注意飞行安全，并了解机场内的各项规定和设施；提升机场的整体服务质量，增强旅客对机场的信任和满意度，为旅客的旅程增添了一份愉悦和舒适。同时，也为后续深入学习民航旅客服务等课程提供坚实的基础。

学习目标

1. 知识目标

（1）理解机场通用服务的类型、种类、内涵。

（2）了解航班的起飞、降落、延误、取消等动态信息。

（3）熟悉航站楼内各类服务设施的布局。

（4）熟悉机场公共信息标识服务的设计原则与标准，包括导向标识、安全警示标识、服务设施标识等。

2. 能力目标

（1）能够快速、准确地获取和传递航班信息，为旅客提供及时、准确的航班动态查询服务。

（2）能进行机场广播播报，为旅客提供服务。

（3）能够识别、理解和应用机场公共信息标识服务，为旅客提供清晰、便捷的导航指引。

3. 素质目标

（1）培养良好的服务意识和职业道德，以旅客需求为导向，提供热情、周到的问询服务。

（2）增强团队协作精神和创新意识，共同提升航站楼问询服务的整体质量。

（3）提高应对压力和挑战的能力，保持积极心态和良好形象，为旅客营造舒适的候机环境。

1. 任务情景

假设你是机场地勤服务人员，请从机场餐饮、机场免税、机场住宿、机场兑换服务、机场交通、机场特产店、机场书屋中任选一个场景进行服务模拟，要求安排不少于2名角色，各组自行设计情景对话，内容要反映地勤服务人员在服务过程中的相关职业素养，展现良好的沟通能力和服务意识，且对话时间不少于5分钟。

2. 任务实施

（1）步骤1：将学生分成若干组，每组4—6人。

（2）步骤2：各组按照要求进行服务场景模拟，充分展现机场地勤服务人员职业素养。

3. 任务评价

序号	考核项目	考核内容	分值	评价主体		
				小组自评（20%）	组间互评（40%）	教师评价（40%）
1	案例分析	分析恰当	40分			
2	情景演练	情景对话自然、流畅	30分			
		反映出地勤服务人员职业素养	30分			

案例导入

　　2023 年 11 月 22 至 24 日，第十三届中国机场商业及零售发展主题大会在海南三亚成功举办。在全球旅游业复苏、国内机场游客吞吐量稳步回升的背景下，这次大会汇聚了国内外机场商业及零售代表和品牌方，共同探讨数字化时代机场及旅游零售业的发展机遇，旨在重塑机场商业新形态，打造新体验。会议议题广泛，涵盖机场零售业发展、餐饮建设、商业品牌打造等多个方面。分享嘉宾围绕机场商业的餐饮和服务进行深入交流，为全球机场的商业零售服务发展建言献策。大兴机场商贸公司总经理安志勇、和府捞面 CFO 施羿如等业界人士进行了主题分享，探讨了高质量机场商业支撑发展、数字化中台系统高效运营等话题。会议强调"向外寻合作，向内谋改革"的发展方向，关注如何深化业态整合与资源整合，创新合作共赢模式，为机场零售商业模式创新探索新路径。

任务一　航站楼问询服务

一、问询服务的岗位分类与职责

（一）问询服务的岗位分类

航站楼问询服务作为航空运输企业旅客服务的关键窗口，集航班查询、交通指引、设施使用说明等多项功能于一体，为旅客提供全方位、便捷的一站式咨询体验。该服务不仅能迅速解决旅客在旅行过程中的疑难问题，更能为旅客指明解决问题的方向，因而备受旅客的赞誉与信赖。作为旅客服务的重要一环，航站楼问询窗口发挥着举足轻重的作用，为旅客的便捷出行提供了坚实的支持与保障。其主要分为以下几类：

1. 根据服务提供方的不同，分为航空公司问询、机场问询以及联合问询

航空公司问询主要由各航空公司设立，专注于解答关于该航空公司航班的具体问题，如航班时刻、舱位情况、机票退改签规则等。而机场问询则更侧重于提供机场整体的运营信息，如机场布局、安检流程、交通接驳等。联合问询尤为全面，由航空公司与机场共同派出服务人员，组成联合问询柜台，他们不仅熟悉各自领域的专业知识，还能通过内部沟通机制快速解决跨领域的复杂问题。这种服务模式大大减少了旅客在多个问询点之间奔波的时间，为旅客提供一站式的咨询解答服务。

2. 根据服务提供方式分为现场问询和电话问询

现场问询是指旅客在问询柜台面对面地向服务人员咨询相关问题。现场问询的互动性强，深受旅客喜爱。在问询柜台前，旅客可以直接向服务人员描述问题，并通过观察服务人员的表情和肢体语言来更好地理解解答内容。同时，现场问询还允许旅客通过展示相关证件或资料来辅助咨询，以获取更准确的解答。

而电话问询则允许旅客通过电话与服务人员沟通，解决旅行中的疑问。电话问询进一步细分为人工电话问询和自动语音应答问询，前者适用于解决复杂或非常见问题，后者则通过语音提示自助操作，解决常见疑问，既节省人力又提高效率。

3. 根据服务柜台的设置位置，可分为隔离区外和隔离区内的问询服务

隔离区外的问询服务主要面向还未进入安检区域的旅客。这些旅客通常对机场的整体布局和基础设施不太熟悉，因此他们需要了解的信息更加基础且广泛。问询服务人员需要耐心解答关于航班信息、机场交通、餐饮购物等方面的问题，同时提供详细的机场地图和指引，帮助旅客顺利找到目的地。

而隔离区内的问询服务则更多地关注已通过安检的旅客需求。这些旅客已经进入机场的核心区域，对机场的设施和服务有了一定的了解，他们的问题通常更加具体和深入。问询服务人员需要熟悉航站楼内的各种设施和服务，如休息区、充电站、卫生间等，以便为旅客提供准确的指引和帮助。同时，他们还需要密切关注航班的动态变化，及时为旅客提供最新的航班信息。

通过这种精细化的划分，问询服务能够更好地满足不同区域旅客的需求，为他们提供更加精准和贴心的服务。这不仅有助于提升旅客的满意度和忠诚度，还有助于提升机场的整体形象和竞争力（图 6.1）。

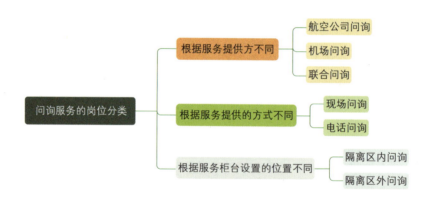

图 6.1　问询服务的岗位分类

（二）问询服务的岗位职责

1. 首问责任制

"首问责任制"是一种服务机制，其核心在于：当旅客在航站楼内向工作人员提出航空知识等相关问题时，第一位接触旅客的工作人员需积极、准确地回答。若遇到无法解答的问题，需引导旅客至相应部门或单位，避免使用模糊、不明确的答复。首位接触旅客的工作人员即为"首问责任人"。

航站楼问询服务作为机场服务的重要组成部分，其职责在于为旅客提供准确、及时、专业的咨询与指引。在这一岗位上，"首问责任制"发挥着至关重要的作用，主要体现在以下几个方面：

（1）"首问责任制"强化了问询服务人员的责任意识。作为旅客进入机场后首先接触的工作人员，问询服务人员肩负着为旅客答疑解惑、提供指引的重要职责。"首问责任制"要求他们对待每一位旅客的咨询都必须认真负责，无论问题是否属于本岗位职责范围，都必须给予准确回答或指引。这种制度的实施，有效避免了相互推诿的现象，确保了旅客的问题能够得到及时、有效的解决。

（2）"首问责任制"提升了航站楼问询服务的品牌形象。品牌形象是机场服务质量的重要体现，而问询服务作为旅客接触机场服务的第一道窗口，其服务质量直接关系到旅客对机场的整体印象。"首问责任制"的实施，要求问询服务人员以旅客需求为导向，用热情、礼貌、耐心的态度为旅客提供优质服务。这种服务方式不仅能获得旅客的认可和尊重，也能提升机场服务的整体形象。

（3）"首问责任制"促进了部门之间的协作与配合。在航站楼问询服务中，问询服务人员经常需要与其他部门或单位进行沟通和协调，以解决旅客提出的各种问题。"首问责任制"的实施，使得问询服务人员在遇到超出自身职责范围的问题时，能够主动与其他部门进行沟通与协调，共同为旅客提供解决方案。这种跨部门的协作不仅提高了问题解决的效率，也加强了部门之间的联系和合作，有助于形成机场整体服务的大局观。

综上所述，"首问责任制"在航站楼问询服务中发挥着至关重要的作用。它不仅强化了问询服务人员的责任意识，提升了服务品牌形象，还促进了部门之间的协作与配合。

2.问询服务的岗位职责

1）航班动态监控与旅客现场咨询

（1）实时追踪航班信息。需紧密关注航班起降、延误、取消等实时动态，确保信息的准确性、时效性和完整性；及时更新航班显示屏、公告板等媒介，为旅客提供直观、便捷的航班信息查询服务。

（2）专业解答与指引。要耐心、细致地解答现场旅客关于航班动态、登机流程、行李托运等方面的疑问；提供清晰、明确的指引，帮助旅客高效完成出行前的各项准备工作。

2）电话问询服务

（1）高效接听与记录。负责接听旅客电话问询，准确记录旅客需求，并提供相应的解答和指引；确保电话线路的畅通，及时处理电话故障，保证电话问询服务稳定运行。

（2）个性化服务支持。须提供各类温馨预约服务，如特殊旅客服务、无障碍设施预约等，确保旅客能够享受到个性化的服务体验；主动向旅客介绍航空公司和机场服务的内容及特色，提升旅客对服务的认知和满意度。

3）不正常航班应对与安抚

在航班出现延误、取消等不正常情况时，要主动与旅客沟通，提供及时、准确的解释，确保旅客情绪稳定；提供后续航班信息、改签、退票等相关服务，协助旅客解决不正常航班带来的问题。

4）前台管理与服务

（1）热情接待与咨询。要热情接待各类旅客及相关人员，提供咨询、指引等服务；并维护前台秩序，确保旅客有序排队、文明出行，及时处理前台突发情况。

（2）应急处理与协调。要及时处理前台突发情况，如旅客纠纷、紧急求助等，确保旅客安全、顺利出行；与其他部门保持密切联系，协调解决旅客在出行过程中遇到的问题。

5）完成上级领导安排的其他工作

（1）跨部门协作与支持。根据工作需要，要协助其他部门完成相关工作任务，确保航站楼整体运营顺畅；积极参与团队活动，提升团队协作能力和整体服务水平。

（2）持续学习与提升。要积极参加培训和学习活动，提升自身业务水平和服务能力；关注行业动态和最新服务理念，不断创新服务方式，提升旅客满意度。

二、问询服务管理标准与要求

（一）问询服务管理标准

问询服务作为航空运输企业服务体系的重要组成部分，承担着为旅客提供准确、及时、专业的信息解答和咨询指导的重要任务。

在航空运输企业中，问询服务的质量标准不仅体现了企业的服务水平和专业素养，更直接关系到旅客的出行体验和信任度。因此，企业应制定明确的服务质量标准，确保问询服务的每一个环节都能达到规范化和标准化的要求。

1. 问询柜台管理标准

1）问询柜台设置细节标准

（1）位置选择：问询柜台应设置在旅客流量大的区域，如候机大厅的主要入口、转机区域、交通枢纽点等，确保旅客能够在第一时间发现并找到问询柜台。

（2）背景墙设计：柜台后方背景墙应保持简洁、大方，色彩搭配应与整体环境相协调，营造出舒适、专业的氛围，无多余装饰物，避免分散旅客注意力。

（3）高度适配：柜台的高度应根据人体工学原理进行设计，确保旅客与服务人员之间能够保持舒适的交流姿态；既要避免旅客低头或仰头交流，也要方便服务人员操作电脑、文件等物品。考虑到不同身高旅客的需求，可以设计可调节高度的柜台，以满足更多旅客的使用需求。

2）问询柜台服务设施细节标准

（1）设备维护。对于问询柜台所使用的电脑、打印机等关键设备，服务人员应实施定期维护计划，确保它们的稳定运行，避免因设备故障而导致服务中断或延误。设立设备故障应急响应机制，一旦设备出现故障，服务人员能够迅速响应并进行修复，确保服务的连续性和高效性。服务人员定期对设备进行清洁和保养，以延长设备使用寿命，并维持整洁的柜台形象。

（2）信息更新。信息展示架或电子显示屏作为向旅客传递信息的重要渠道，应确保其内容的准确性和时效性。要制订信息更新计划，定期检查和更新展示内容，确保旅客获取到最新、最准确的信息。对于重要信息或变更内容，应设置醒目的提示或标识，以便旅客能够快速识别并了解。

（3）休息区设置。为旅客提供舒适、宽敞的休息区，以满足他们在等待或休息时的需求。座椅应选用舒适、耐用的材质，并定期进行清洁和消毒，确保旅客的使用安全与健康。休息区须提供充足的饮水设施，如饮水机或自动售货机，以满足旅客的饮水需求。

（4）在休息区内可设置一些宣传资料或旅游指南，供旅客免费取阅，帮助他们更好地了解目的地或旅行信息。

3）问询柜台服务规范细节标准

（1）着装规范：服务人员须统一穿着专业制服，确保仪表整洁、大方得体，树立良好的职业形象，赢得旅客的尊重和信任。

（2）主动服务：应积极主动地向旅客致以问候，耐心细致地解答他们的问题，严

禁推诿、敷衍塞责,确保旅客感受到温馨、周到的服务。

(3)投诉处理:对于旅客的投诉和建议,应认真倾听,及时处理并记录,以便改进服务质量。

4)问询柜台服务技能细节标准

(1)业务知识:应熟悉机场的航班动态、交通路线、旅游景点等信息,以便为旅客提供准确的解答和建议。

(2)沟通技巧:应具备良好的沟通技巧,能够用简洁明了的语言解答旅客的问题,避免使用过于专业的术语导致旅客理解困难。

(3)应急处理:在处理突发情况时,应保持冷静,迅速采取措施解决问题,并及时向相关部门汇报情况。

2. 其他问询服务管理标准

1)流动问询服务管理标准

(1)服务人员标准:流动问询服务人员应穿着统一、醒目的制服,并佩戴工作牌,以便于旅客识别。服务人员应具备良好的职业素养和沟通技巧,能够主动、热情地解答旅客疑问。

(2)服务内容标准:流动问询服务应覆盖机场内的主要区域,包括候机大厅、登机口、行李提取区等。服务人员应能够解答关于航班动态、登机手续、行李托运等方面的疑问,并提供必要的指引和帮助。

(3)服务时间标准:流动问询服务应在机场运营时间内持续提供,确保旅客在任何时间都能得到及时的帮助。

2)交通咨询服务管理标准

(1)信息准确性标准:应提供准确、详细的机场周边交通信息,包括出租车、公交车、地铁等交通工具的线路、班次、票价等。

(2)服务及时性标准:应迅速响应旅客的咨询,及时提供所需信息,避免旅客长时间等待。

(3)指引明确性标准:应为旅客提供明确的交通指引,包括具体的乘车地点、方向、时间等,确保旅客能够顺利到达目的地。

3）机场外部网站问询服务管理标准

（1）信息更新标准：机场外部网站应实时更新航班动态、机场通知、交通指南等信息，确保旅客能够通过网站获取最新、最全面的信息。

（2）互动响应标准：网站应设置在线客服或留言板等功能，方便旅客在线提问或反馈问题。应及时回复旅客的咨询和留言，确保旅客的疑问得到解答。

（3）信息准确性标准：网站发布的信息应经过严格审核，确保信息的准确性和真实性。对于可能误导旅客的信息，服务人员应及时进行更正或删除。

4）电话问询服务管理标准

（1）接听标准：应在铃响三声内接听电话，并使用礼貌、亲切的语言与旅客交流。

（2）解答标准：应准确、迅速地解答旅客的疑问，对于复杂问题或需要查询的信息，应告知旅客查询进度和预计回复时间。

（3）记录与反馈标准：电话问询服务应建立详细的记录制度，记录旅客的咨询内容和处理结果。对于旅客的投诉和建议，电话问询服务人员应及时进行反馈和改进。

5）旅客指南服务管理标准

（1）内容完整性标准：旅客指南应包含机场的基本信息、航班动态、交通指南、服务设施等方面的内容，确保旅客能够全面了解机场的相关信息。

（2）分发与获取标准：机场应在显眼位置设置旅客指南取阅处，方便旅客随时获取。同时，也可以通过机场外部网站、手机 App 等渠道提供电子版旅客指南，方便旅客随时查阅。

（二）问询服务管理要求

1. 岗前准备与行为规范

1）仪容仪表

（1）头发应保持整洁有序，符合公司规定的发型标准，展现出专业且得体的形象。

（2）面部妆容应清洁自然，淡雅而不失精致，避免过于浓重或夸张的妆容。

（3）避免佩戴过于夸张或显眼的饰品，指甲应干净整洁，避免涂抹过于鲜艳或夸张的指甲油。

（4）穿着公司统一的工作服，确保衣物整洁无污渍，搭配得当，展现出大方得体的职业形象。

（5）正确佩戴公司发放的工作牌，确保位置醒目且易于辨认，避免使用其他非工作相关的饰物或挂饰，以维持职业形象的专业性和严肃性。

2）设施设备检查

（1）每日准时到岗，对工作环境中的设施设备进行全面检查。首先确认电脑、电话等关键设备是否能够正常运行，保证信息交流与工作沟通的顺畅。若遇到设备故障，须立即启动报修流程，并视情况启用备用设备，以确保问询服务能够持续、高效地提供，不受任何干扰。

（2）对轮椅、配餐拖车等辅助设备进行全面检查，包括但不限于设备的外观、功能、操作灵活性等，确保这些设备始终处于良好的工作状态，能够随时为需要的客户或员工提供便捷的服务。同时，要定期检查设备的维护记录，对于需要定期保养或维修的设备，提前安排相关工作，以预防潜在的运行问题。

（3）除日常检查外，还应定期进行设施设备的深度维护和保养。通过定期清洁、润滑、紧固等维护措施，延长设备的使用寿命，减少故障发生的可能性。同时，对于设备的更新和升级，也要保持关注，及时引进新技术和新设备，提升工作效率和服务质量。

3）行为规范

（1）遵循"三声"服务原则，做到来有迎声、问有答声、去有送声，展现专业且周到的服务态度，让旅客感受到宾至如归的温暖。与旅客交流时，保持微笑，目光柔和，态度真诚。

（2）与旅客交流时，保持自然微笑，目光亲切柔和，传递出真诚与关怀。通过友善的肢体语言和面部表情，营造轻松愉快的交流氛围。

（3）使用文明礼貌的用语，注重谈话的艺术与技巧。尊重旅客的观点和需求，避免使用可能引起争执的言辞，确保沟通顺畅且愉快。

（4）保持工作场所的整洁与有序，营造专业的工作环境。避免在工作时间内谈论与工作无关的话题，保持专注和高效。

（5）问询柜台应始终保持有工作人员在岗，为旅客提供及时的服务。如遇特殊情况需暂时离开，务必放置"请稍等"指示牌，并尽快安排其他工作人员接替，确保旅客的需求得到及时响应。

（6）当旅客提出投诉时，应耐心倾听并了解旅客的诉求，认真记录相关情况。对于能够解决的问题，应及时给予答复和处理；对于需要上级协调的问题，应及时向上级反映并跟进处理结果。始终保持冷静和理智，避免激化矛盾或产生不良后果。

2. 岗位知识要求

（1）问询服务人员需具备扎实的民航基础知识，包括但不限于国际航空运输概论、旅客行李运输规则以及客票销售与退改签等业务流程。通过深入学习和实践，确保能够准确、高效地解答旅客的各种疑问，提供专业化服务。

（2）对旅游地理基础知识有较为全面的了解，掌握国内外主要旅游目的地的特色与概况。同时，需熟悉民航旅客心理学基础知识，以便更好地理解旅客的心理需求，提供个性化的服务体验。

（3）深入了解本部门各岗位的工作程序及职责，确保在提供问询服务时能够迅速、准确地协调资源，解决问题。此外，对相关部门及联检单位的业务知识也应有所了解，以便在处理跨部门或跨单位的复杂问题时能够迅速找到解决方案。

（4）熟练掌握《中国民用航空旅客、行李国内运输规则》和《中华人民共和国民用航空法》等相关法律法规的内容及规定。在服务过程中，确保严格遵守法律法规，维护旅客的合法权益，同时保障公司的合规运营。

（5）持续关注民航行业的最新动态和政策变化，及时更新自己的知识储备。通过参加行业培训、交流会议等活动，不断提升自己的专业素养和服务水平。

3. 业务处理要求

1）现场问询服务

（1）主动站立与目光交流。当旅客走向问询处时，工作人员应主动站立，并微笑示意，展现对旅客的尊重和欢迎。保持与旅客的目光交流，这有助于建立信任感，旅客可以感受到真诚的服务态度。

（2）文明礼貌用语与语言技巧。使用常用的、易于理解的礼貌用语，避免使用复杂或生僻的专业术语。语言应简洁明了，避免冗余和模糊的表达，确保旅客能够迅速理解回答。根据旅客的年龄、性别和文化背景，适当调整语速和语调，使沟通更加顺畅。

（3）肢体语言的优化。保持自然、得体的肢体语言，如点头、手势等，以辅助口头表达，增强沟通效果。避免不雅或不当的举止，如挠头、叉腰等，以免给旅客留下

不良印象。

（4）双手交接票证与物品。在交接旅客票证和其他物品时，务必使用双手，表示对旅客的尊重和重视。同时，要仔细检查票证和物品，确保无误后再交给旅客，避免后续纠纷。

（5）提升专业素养与应对能力。定期对工作人员进行专业培训，包括业务知识、沟通技巧和应急处理等方面，以提高其专业素养和应对能力。鼓励工作人员主动学习新知识、新技能，以适应不断变化的旅客需求和行业发展趋势。

（6）建立反馈机制与持续改进。设立旅客反馈渠道，如意见箱、在线评价等，收集旅客对问询服务的意见和建议。定期分析反馈数据，找出服务中的不足和问题，制定相应的改进措施并付诸实施。通过持续改进，不断提升现场问询服务的质量和水平，满足旅客的期望和需求。

2）电话问询服务

（1）接听电话时，确保铃响三声内迅速响应，展现高效且专业的服务态度。对于未能及时接听的电话，应尽快回复并解释原因，以获取旅客的理解。

（2）使用清晰、准确且易于理解的语言回答旅客问题，尽量避免使用专业术语或复杂词汇。语气温和友善，让旅客感受到真诚与关心。同时，注意避免使用服务禁语，以免给旅客带来不良印象。

（3）努力提高电话接通率，确保服务专线畅通无阻。为此，可以合理安排工作人员的工作时间，避免高峰时段人手不足的情况。此外，严禁利用问询电话拨打私人电话，确保服务资源的有效利用。

（4）在电话问询服务中，注重与旅客的沟通技巧。耐心倾听旅客的需求，主动询问并了解旅客的行程安排、特殊需求等信息，以便提供更为精准和个性化的服务。

（5）对于复杂或难以立即回答的问题，应告知旅客会尽快查找相关资料或咨询相关部门，并在承诺的时间内给予回复。同时，可以留下旅客的联系方式，以便后续跟进和反馈。

任务二　航站楼广播服务

一、航站楼广播系统的功能与组成

（一）航站楼广播系统的功能

机场广播系统是一个复杂而关键的系统，它在机场的日常运作中扮演着至关重要的角色。其主要功能包括以下几个方面：

1. 航班信息与动态广播

这是机场广播系统的核心功能之一。系统能够实时接收和传播航班的起降信息、延误情况、登机口变更等动态信息，确保旅客能够及时了解航班的最新状态。

2. 旅客服务信息广播

机场广播系统还会播放与旅客服务相关的信息，如机场设施指引、安检提示、行李提取指引等，帮助旅客更好地了解和利用机场的各项服务。

3. 紧急通知与安全提示

在紧急情况下，如突发天气、安全事故等，广播系统能够迅速切换到紧急模式，播放紧急通知和安全提示，指导旅客采取适当的应对措施，确保人员安全。

4. 分区播放与音量控制

机场广播系统通常支持分区播放功能，即不同区域可以播放不同的内容。同时，系统还能够根据实际需要调整各区域的音量大小，确保广播信息的有效覆盖和清晰度。

5. 多语种支持

为了满足来自不同国家和地区的旅客的需求，机场广播系统通常支持多种语言播放，如中文、英文、日文、韩文等，方便旅客理解和接收信息。

6. 智能化管理

现代机场广播系统通常具备智能化管理功能，能够自动调整音量、自动切换播放

内容等，提高系统的智能化水平和易用性。

（二）航站楼广播系统的组成

公共广播系统是机场航站楼必备的重要公共宣传媒体设备，是机场管理部门播放航空公司航班信息、特别公告、紧急通知等语言信息的重要手段；是旅客获取信息的主要途径之一；也是提高旅客服务质量的重要环节。

系统由基本广播、自动广播、消防广播三部分组成，广播系统应采用当今先进的计算机矩阵切换器，对各种音源进行管理和分配，并限定它们的广播范围和广播权限，使所有的广播呼叫站都在设定的范围内工作，避免越权广播。系统有自动语言合成功能，可把数字信号转换成语言信号播出，合成后的语音标准、自然、流畅。语种为中文和英文。

系统有自动广播功能，在航班信息或航班动态信息的控制下，按时间顺序和不同的广播分区进行广播，无需操作人员的干预自动地进行。同时，航班信息的广播可与航班信息的显示同步。

系统设有噪声控制处理器，设置地点应包括国际办票大厅、国内办票大厅、迎客大厅、国际候机厅、国内候机厅，通过获取现场噪声信号自动调节音量和提高声调，增加语言的清晰度。功放设有自检热备份倒备机功能，系统能自动检测功放故障，并自动将故障功放单元的负载切换至备用功放上，并显示报警。

1. 基本广播

基本广播即广播系统的基本硬件设备，设置于广播机房内，主要设备如下：①广播用音源设备；②切换器；③噪声检测及音量自动控制设备；④功率放大器；⑤功率放大器故障检查及自动切换设备项目二问询服务；⑥扬声器回路故障检测设备；⑦广播系统工况记录显示设备；⑧功率输出接线排。

2. 自动广播

自动广播由计算机和语音合成模块组成。计算机通过以太网络与航站楼计算机综合管理系统相连接。接收预先编制的航班信息表，按时间段及不同的广播分区顺序自动播出或按动态航班信息播出。

3. 消防紧急广播

消防紧急广播与航站楼公共广播共用同一套广播系统。在消防控制中心设一智能话筒，公共广播系统赋予其最高优先级。在紧急情况下，相应广播分区的正常广播被切断，取而代之的是消防中心播送的疏散撤离广播。其他广播分区的广播内容不变。

4.广播分区设置

航站楼共设多个广播分区、每个广播分区的扬声器按功率放大器的负载能力分组并联在一起，接入相应的放大器输出端子排上。

5.呼叫站设置

呼叫站由广播话筒和控制键盘组成，呼叫广播分区范围和呼叫优先级别均由广播控制系统限定。呼叫站之间可以实现内勤通话，及时联系、互通情况。

为更好地为旅客服务和提高服务质量，在旅客流量大、实时性广播多的分区设置广播呼叫站。

6.噪声探头设置

迎客厅、国际办票厅、国内办票厅、国际候厅、国内候厅都是旅客最集中的广播分区，环境噪声随旅客流量波动。

二、航站楼广播服务规范用语

（一）广播用语的一般规定

机场地服广播作为机场服务的重要组成部分，负责向旅客传达航班信息、安全提示等重要内容。为确保广播信息的准确、及时传达，提升旅客的出行体验，特制定以下广播用语的一般规定：

（1）广播用语必须准确、规范，采用统一的专业术语，语句通顺易懂，避免发生混淆。

（2）广播用语的类型应根据机场有关业务要求来划分，以播音的目的和性质来区分，参照《民航机场候机楼广播用语规范》。

（3）各类广播用语应准确表达主题，规范使用格式，参照《民航机场候机楼广播用语规范》第四章。

（4）广播用语以汉语和英语为主，同一内容应使用汉语普通话和英语对应播音。在需要其他外语语种播音的特殊情况下，主要内容可根据《民航机场候机楼广播用语规范》第三、四、五章广播用语汉语部分进行编译。

（二）广播用语的分类（表6.1）

表6.1　广播用语分类

广播用语分类	1. 航班信息类	（1）出港类	A. 办理乘机手续类	a. 开始办理乘机手续通知 b. 推迟办理乘机手续通知 c. 催促办理乘机手续通知 d. 过站旅客办理乘机手续 e. 候补旅客办理乘机手续
			B. 登机类	a. 正常登机通知 b. 催促登机通知 c. 过站旅客登机通知
			C. 航班延误取消类	a. 航班延误通知 b. 所有始发航班延误通知 c. 航班取消通知（出港类） d. 不正常航班服务通知
		（2）进港类	A. 正常航班预告	
			B. 延误航班预告	
			C. 航班取消通知（进港类）	
			D. 航班到达通知	
			E. 备降航班到达通知	
	2. 例行类	须知		
		通告		
	3. 临时类	一般事件通知		
		紧急事件通知		

（资料来源：根据《民用机场候机楼广播用语规范 MH/T 1001—95》整理）

（三）航班信息类广播用语的格式规范

航班信息类播音是候机楼广播中最重要的部分，用语要求表达准确、逻辑严密、主题清晰。

1.规范的格式形式

（1）每种格式由不变要素和可变要素构成。其中，不变要素指格式中固定用法及其相互搭配的部分，它在每种格式中由固定文字组成。可变要素指格式中动态情况确定的部分，它在每种格式中由不同符号和符号内的文字组成。

格式中的符号注释：〔〕中的内容可以选用，或跳过不用；〈〉中的多个要素中选择一个，不同的要素用序号间隔。

（2）每种具体的广播用语的形成方法：根据对应格式，选择或确定其可变要素（如航班号、登机口号、飞机机号、电话号码、时间、延误原因、航班性质等）与不变要素共同组成具体的广播用语。

2. 规范的格式内容

（1）出港类广播用语包括三类：办理乘机手续类、登机类和航班延误取消类。

办理乘机手续类广播用语包括以下五种：

a. 开始办理乘机手续通知

> 前往（航站名称）的旅客请注意：
>
> 您乘坐的〔补班〕（航班号）次航班现在开始办理乘机手续，请您到（柜台号）号柜台办理。
>
> 谢谢！

b. 推迟办理乘机手续通知

> 乘坐〔补班〕（航班号）次航班前往（航站名称）的旅客请注意：
>
> 由于〈1. 本站天气不够飞行标准；2. 航路天气不够飞行标准；3.（航站名称）天气不够飞行标准；4. 飞机调配原因；5. 飞机机械原因；6. 飞机在本站出现机械故障；7. 飞机在（航站名称）机场出现机械故障；8. 航行管制原因；9.（航站名称）机场关闭；10. 通信原因〉本次航班不能按时办理乘机手续。〔预计推迟到（二十四小时制小时时刻）点（分钟时刻）分办理。〕请您在出发厅休息，等候通知。
>
> 谢谢！

c. 催促办理乘机手续通知

> 前往（航站名称）的旅客请注意：
>
> 您乘坐的〔补班〕（航班号）次航班将在（二十四小时制小时时刻）点（分钟时刻）分截止办理乘机手续。乘坐本次航班没有办理手续的旅客，请马上到（柜台号）号柜台办理。
>
> 谢谢！

d. 过站旅客办理乘机手续通知

乘坐〔补班〕(航班号) 次航班由 (航站名称) 经本站前往 (航站名称) 的旅客请注意：
请您持原登机牌到〔(柜台号) 号〕〈1. 柜台 2. 服务台 3. 问询台〉换取过站登机牌。
谢谢！

e. 候补旅客办理乘机手续通知

持〔补班〕(航班号) 次航班候补票前往 (航站名称) 的旅客请注意：
请马上到 (柜台号) 号柜台办理乘机手续。
谢谢！

登机类广播用语包括以下三种：

a. 正常登机通知

〔由 (航站名称) 备降本站〕前往 (航站名称) 的旅客请注意：
您乘坐的〔补班〕(航班号) 次航班现在开始登机。请带好您的随身物品，出示登机牌，由 (登机口) 号登机口上〔(飞机机号) 号〕飞机。〔祝您旅途愉快。〕
谢谢！

b. 催促登机通知

〔由 (航站名称) 备降本站〕前往 (航站名称) 的旅客请注意：
您乘坐的〔补班〕(航班号) 次航班很快就要起飞了，还没有登机的旅客请马上由 (登机口) 号登机口上〔(飞机号) 号〕飞机。〔这是〔补班〕(航班号) 次航班〈1. 第 (播音次数) 次；2. 最后一次〉登机广播。〕
谢谢！

c. 过站旅客登机通知

前往 (航站名称) 的旅客请注意：
您乘坐的〔补班〕(航班号) 次航班现在开始登机，请过站旅客出示过站登机牌，由 (登机口) 号登机口先上〔(飞机号) 号〕飞机。
谢谢！

航班延误取消类广播用语包括以下四种：

a. 航班延误通知

〔由（航站名称）备降本站〕前往（航站名称）的旅客请注意：

我们抱歉地通知，您乘坐的〔补班〕（航班号）次航班由于〈1. 本站天气不够飞行标准；2. 航路天气不够飞行标准；3.（航站名称）天气不够飞行标准；4. 飞机调配原因；5. 飞机机械原因；6. 飞机在本站出现机械故障；7. 飞机在（航站名称）机场出现机械故障；8. 航行管制原因；9.（航站名称）机场关闭；10. 通信原因〉〈1. 不能按时起飞；2. 将继续延误；3. 现在不能从本站起飞〉起飞时间〈1. 待定；2. 推迟到（二十四小时制小时时刻）点（分钟时刻）分〉在此我们深表歉意，请您在候机厅休息，等候通知。〔如果您有什么要求，请与〔（柜台号）号〕〈1. 不正常航班服务台；2. 服务台；3. 问询台〉工作人员联系。〕

谢谢！

b. 所有始发航班延误通知

各位旅客请注意：

我们抱歉地通知，由于〈1. 本站天气原因；2. 本站暂时关闭；3. 通信原因〉由本站始发的所有航班都〈1. 不能按时；2. 将延误到（二十四小时制小时时刻）点（分钟时刻）分以后〉起飞，在此我们深表歉意，请您在候机厅内休息，等候通知。

谢谢！

c. 航班取消通知（出港类）

〔由（航站名称）备降本站〕前往（航站名称）的旅客请注意：

我们抱歉地通知，您乘坐的〔补班〕（航班号）次航班由于〈1. 本站天气不够飞行标准；2. 航路天气不够飞行标准；3.（航站名称）天气不够飞行标准；4. 飞机调配原因；5. 飞机机械原因；6. 飞机在本站出现机械故障；7. 飞机在（航站名称）机场出现机械故障；8. 航行管制原因；9.（航站名称）机场关闭；10. 通信原因〉决定取消今日飞行，〈1. 明日补班时间；2. 请您改乘〈1. 今日；2. 明日〉〔补班〕〉（航班号）次航班，起飞时间〉〈1. 待定；2. 为（二十四小时制小时时刻）点（分钟时刻）分〉。在此我们深表歉意。〔请您与〔（柜台号）号〕〈1. 不正常航班服务台；2. 服务台；3. 问询台〉工作人员联系，〔或拨打联系电话（电话号码），〕我们将为您妥善安排。〕

谢谢！

d. 不正常航班服务通知

〔由（航站名称）备降本站〕乘坐〔补班〕（航班号）次航班前往（航站名称）的旅客请注意：

　　请您到〈1.服务台；2.餐厅〉凭〈1.登机牌；2.飞机票〉领取〈1.餐券；2.餐盒；3.饮料、点心〉

　　谢谢！

（2）进港类广播用语包括五种：正常航班预告、延误航班预告、航班取消通知（进港类）、航班到达通知和备降航班到达通知。

A. 正常航班预告

迎接旅客的各位请注意：

　　由（航站名称）飞来本站的〔补班〕（航班号）次航班将于（二十四小时制小时时刻）点（分钟时刻）分到达。

　　谢谢！

B. 延误航班预告

迎接旅客的各位请注意：

　　我们抱歉地通知，由（航站名称）飞来本站的〔补班〕（航班号）次航班由于〈1.本站天气不够飞行标准；2.航路天气不够飞行标准；3.（航站名称）天气不够飞行标准；4.飞机调配原因；5.飞机机械原因；6.飞机（航站名称）机场出现机械故障；7.航行管制原因；8.（航站名称）机场关闭；9.通信原因〉〈1.不能按时到达；2.将继续延误〉〈1.预计到达本站的时间为（二十四小时制小时时刻）点（分钟时刻）分；2.到达本站的时间待定〉。

　　谢谢！

C. 航班取消通知（进港类）

迎接旅客的各位请注意：

　　我们抱歉地通知，由（航站名称）飞来本站的〔补班〕（航班号）次航班由于〈1.本场天气不够飞行标准；2.航路天气不够飞行标准；3.（航站名称）天气不够飞行标准；4.飞机调配原因；5.飞机机械原因；6.飞机在（航站名称）机场出现机械故障；7.航行管制原因；8.（航站名称）机场关闭；9.通信原因〉已经取消。〔〈1.明天预计到达本站的时间为（二十四小时制小时时刻）点（分钟时刻）分；2.明天到

达本站的时间待定〉。〕

　　谢谢！

　　D. 航班到达通知

迎接旅客的各位请注意：

　　由（航站名称）飞来本站的〔补班〕（航班号）次航班已经到达。

　　谢谢！

　　E. 备降航班到达通知

由（航站名称）备降本站前往（航站名称）的旅客请注意：

　　欢迎您来到（航站名称）机场。您乘坐的〔补班〕（航班号）次航班由于〈1.（航站名称）天气不够飞行标准；2. 航路天气不够飞行标准；3. 飞机机械原因；4. 航行管制原因；5.（航站名称）机场关闭〉不能按时飞往（航站名称）机场，为了您的安全，飞机备降本站。〔请您在候机厅内休息，侍候通知。如果您有什么要求，请与〔（柜台号）号〕〈1. 不正常航班服务台；2. 服务台；3. 问询台〉工作人员联系。〕

　　谢谢！

　　（3）例行类、临时类广播用语的说明如下。

　　各机场根据具体情况组织例行类广播，并保持与中国民航局等有关部门的规定一致。各机场根据实际情况安排临时类广播。当采用临时广播来完成航班信息类播音中未能包含的特殊航班信息通知时，其用语应与相近内容的格式一致。

　　A. 航班取消后广播

　　前往（　　）的旅客请注意，我们抱歉地通知，您乘坐的（　　）次航班，由于（　　），本次航班决定取消今日飞行，在此我们深表歉意，请办理完乘机手续的旅客，到大厅值机柜台退还登机牌，取回您的行李，如需退票的旅客请您到大厅售票处出示有效证件，填开航班取消证明，谢谢各位旅客的配合。

　　B. 民航局公告

　　各位旅客，现在播放民航局公告，禁止旅客随身携带液态物品乘机，请各位旅客在办理登机牌的同时，将各类液态物品、膏状、胶状物品提前托运，禁止旅客利用客票交换，捎带非旅客本人的行李物品，禁止旅客携带打火机、火柴等各类火种登机，谢谢各位旅客的配合。

C. 失物招领

> 各位旅客请注意，有遗失物品的旅客，请到（　　）认领。

D. 火情广播

> 各位旅客，由于候机楼出现火情，请旅客跟随工作人员，在其带领下沿疏散路线撤离，请您听从统一指挥，多谢合作。

3. 英文广播词学习

见旁边二维码。

英文广播

4. 广播服务质量标准

依据《民用运输机场服务质量》标准的规定，广播服务应达到如下质量标准（表6.2）。

表 6.2　广播服务质量标准

二级指标	三级指标	四级指标	五级指标	标准	备注
公众广播	设置			1. 提供航班动态信息、服务信息和特别通告等广播应在2分钟内发布。 2. 紧急类信息应立即发布。 3. Ⅱ类（含）以上机场应使用分区广播，且区域间不应相互干扰；Ⅱ类以下机场宜分区。 4. 公共区域覆盖率应为100。 5. 可人工播音，也可数字语音合成播音。 6. 在航班保障时间内完好率应不低于98%。 7. 符合 MH/T 5020 的规定。	
	使用			1. 航班正常情况下，应控制广播的使用。 2. 登机口变更、旅客延误或取消、催促登机旅客等特殊信息及时广播，次数符合要求。	
	质量要求	规范性		应准确、清晰、流畅，音量适中，专业术语统一，语句通顺易懂，内容更新及时。	
		语种		1. 应使用普通话、英语进行广播。 2. 民族地区宜增加民族语言广播。 3. 宜增加当地主要使用语言（如粤语、闽南语等）的广播。	
	系统应急			应有备份方案、应急方案。	

任务三　机场商业服务

一、机场零售与餐饮服务

（一）机场零售服务概述

近年来，移动互联网技术发展迅猛，正在改变着人们的生产生活方式，机场商业面临着巨大的压力与挑战。机场新零售模式是实体商业为应对网络零售竞争，提出的重塑自身价值的战略选择。机场应以更开放的姿态拥抱新零售，用新零售思维打造机场商业，探索自身商业模式与互联网的深度融合，以实现未来机场商业模式的颠覆式创新，进一步提升资源价值开发效率和旅客体验。

1. 机场零售业务消费者的组成

首先，商务乘客是机场零售业务的重要消费者群体。这些乘客通常因工作需要频繁出入机场，他们在机场的停留时间较长，有更多的机会进行消费。由于商务出差的特性，他们可能更注重品质和服务，对高端品牌、特色商品以及便捷的购物体验有着较高的需求。

其次，游客也是机场零售业务不可忽视的消费者群体。无论是国内游还是出境游，游客在机场都有购物需求，尤其是购买纪念品、特产或免税商品。这部分消费者可能更注重商品的独特性和价格优势，以满足他们的旅行纪念和馈赠亲友的需求。

此外，接送机的乘客、当地居民以及机场工作人员等也是机场零售业务的消费者。接送机的乘客可能因为等待时间而在机场进行消费，而当地居民可能将机场作为购物休闲的场所，机场工作人员则可能因工作需要在机场购买日常用品或餐饮。

2. 零售功能比重

机场零售业占收入的比重因机场的具体情况和运营策略而异，无法一概而论。然而，从一些具体的案例和报告中可以看出，机场零售业在机场总收入中通常占据相当重要的位置。以非航业务收入为例，一些机场的非航业务收入占总收入比重较大，其中零售业务又是非航业务的重要组成部分。

从全球范围来看，机场收入的平均40%来自非航收入，其中零售业是非航收入的

重要来源之一。机场零售业的收入比重会受到多种因素的影响，包括机场的地理位置、旅客流量、商业布局、品牌入驻情况等。因此，不同机场的零售业收入比重可能会有所不同。

3. 产业发展潜力分析

随着国内机场属地化改革逐渐深化，机场的经营权和管理权逐渐分离，机场工作重心逐渐转变为保证机场安全的前提下机场运营综合效益的提高，零售业收入作为机场非航空收入的重要组成部分，制定有效的零售商业经营策略，为乘客提供高质量的零售消费服务，对改善机场运营情况，提高机场整体服务水平有着重要意义。

4. 机场零售业态

国内机场商业常见的业态品类包括特产、餐饮、名品香化、普通品牌零售（含服装鞋履、饰品、食品等）、电子产品等主要业态类型。而常见零售店铺类型有便利店、精品店、免税店等。

5. 机场商业新零售的内涵

机场商业新零售是指将机场实体商业与互联网进行结合，实现线上和线下资源、客流、信息、业务的互联互通，推动线上与线下商业融合发展，以最大限度地挖掘消费者价值，实现整体资源价值增长。

（二）机场餐饮服务

1. 机场餐饮服务定义

机场餐饮服务是指在机场内为旅客提供的各类餐饮服务活动，包括但不限于餐饮店铺的运营、餐品的制作与供应、服务人员的接待与点餐协助，以及就餐环境的维护等。这些服务旨在满足旅客在机场停留期间的饮食需求，提供多样化、快捷、安全且舒适的餐饮体验。机场餐饮服务不仅关注食品的质量与口感，还注重服务的效率与旅客的满意度，是机场整体服务体系中不可或缺的一部分。通过优质的机场餐饮服务，能够提升旅客对机场的整体印象，增强机场的竞争力。

2. 机场餐饮服务的种类

（1）快餐服务：提供快速便捷的餐食，如汉堡、炸鸡、比萨等，适合旅客在赶时间或快速用餐时选择。

（2）正餐服务：提供完整的餐食体验，包括前菜、主菜、甜品等，适合旅客在机场长时间停留或需要享受一顿正式餐食时选择。

（3）饮品服务：提供各类饮品，如咖啡、茶、果汁、软饮料、酒水等，满足旅客的解渴或休闲需求。

（4）特色美食服务：根据机场所在地的特色或国际旅客的需求，提供当地特色美食或国际美食，让旅客在机场也能品尝到不同风味的美食。

（5）休闲小吃服务：提供各类小吃，如零食、甜品、冰淇淋等，适合旅客在候机或休息时轻松享用。

（6）24小时餐饮服务：部分机场提供全天候的餐饮服务，确保旅客在任何时间都能找到合适的食物和饮品。

（7）外卖或送餐服务：一些机场提供外卖或送餐服务，旅客可以通过手机应用或机场内的点餐系统预订餐食，享受送餐到座位或指定地点的便利。

（8）贵宾室餐饮服务：对于贵宾室或VIP旅客，机场提供更高档的餐饮服务，包括定制菜单、私人厨师服务等。

3. 机场餐饮服务的运营方式

在机场餐饮的运营上，通常有两种模式：自营模式和特许经营模式。自营模式是由机场方自行负责餐饮业务的投资、筹建、管理和经营，这种方式使得机场方对餐饮业务有更大的控制权和经营自主权。而特许经营模式则是通过向外部餐饮企业进行招商，授予其机场内的餐饮业务经营权，这种方式能够吸引更多的优秀餐饮企业进驻机场，为机场带来创新和多样化的餐饮品牌和业态。

4. 机场餐饮服务特点

（1）机场餐饮的种类繁多，涵盖了各种口味和风格的餐饮，以满足不同旅客的需求。

（2）由于机场的特殊性质，旅客通常时间紧迫，因此机场餐饮需要提供快速、高效的服务。

（3）机场餐饮还非常注重食品质量和安全。

（4）机场餐饮的价格通常会比普通餐饮场所稍高。这主要是因为机场内的租金、人力等成本较高，以及机场餐饮的特殊性质。

5. 机场餐饮服务品质提升

（1）提升服务意识：关注旅客需求，主动提供帮助。

（2）提高服务水平：加强培训，提升员工的专业技能和素质。

（3）优化服务流程：简化流程，提高效率，减少旅客等待时间。

（4）创新服务模式：引入新技术，如自助点餐、智能配送等，提升旅客体验。

6. 机场餐饮服务的发展趋势和现状

首先，从现状来看，机场餐饮的种类日益丰富，以满足不同旅客的口味需求。除了常见的快餐、饮品、特色美食等服务，许多机场还提供了地方特色食品和国际风味餐食，为旅客带来了多元化的选择。此外，随着消费者对品质的追求提升，机场餐饮的质量和服务水平也在逐渐提高，更加注重食材的新鲜、口味的创新和服务的周到。

然而，机场餐饮也存在一些不足。由于环境封闭、竞争不充分、资源垄断等原因，机场餐饮的价格往往居高不下，给旅客带来了一定的经济压力。同时，部分机场餐饮店铺在出品和服务方面也存在一定的问题，如分量不足、口味不佳、服务不周等，影响了旅客的消费体验。

从发展趋势来看，机场餐饮服务将更加注重服务的多样化和个性化。航空公司和餐饮供应商将努力推出更多具有特色的餐饮产品和服务，以满足不同旅客的需求。例如，针对不同地区和国家的旅客，提供具有当地特色的餐饮选择；针对特殊饮食需求的旅客，提供定制化的餐饮服务。同时，随着科技的发展，机场餐饮服务也将引入更多的智能化和数字化手段，提高服务效率和质量。

此外，可持续发展也将成为机场餐饮服务的重要方向。在食材采购、食品加工、废弃物处理等方面，机场餐饮将更加注重环保和可持续性，推动绿色餐饮的发展。

二、机场其他商业服务

（一）机场休闲娱乐服务

1. 机场休闲娱乐服务的概述

机场休闲娱乐服务是指在机场内为旅客提供的各种休闲娱乐设施和项目，旨在满足旅客在候机、转机或短暂停留期间的休闲和娱乐需求。这些服务通常包括电影院、游戏区、按摩椅、购物店铺、美食餐饮等多种类型，旨在创造一个舒适、轻松的环境，让旅客在等待航班的过程中能够放松身心、消磨时间。

机场休闲娱乐服务在提升旅客体验和机场整体形象方面发挥着至关重要的作用。

首先，对于旅客而言，机场往往是一个充满等待和不确定性的地方。航班延误、转机等待、长时间候机等情况都可能发生。在这种情况下，休闲娱乐服务能够为旅客提供一个释放压力、放松心情的空间，有助于缓解旅客的焦虑情绪，提升旅行体验。通过观看电影、参与游戏、享受美食等方式，旅客可以度过一个愉快而充实的机场时光。

其次，对于机场而言，提供优质的休闲娱乐服务也是提升机场整体形象和竞争力的重要手段。一个拥有丰富多样的休闲娱乐设施的机场，往往能够吸引更多旅客选择该机场作为出行枢纽，从而增加机场的客流量和收益。同时，这些服务还能够提升机场的品牌形象，让旅客对机场产生良好的印象和信任感。

此外，机场休闲娱乐服务还能够促进机场内商业氛围的营造。通过引入各种品牌和商家，机场能够为旅客提供更多选择和便利，同时也能够带动机场商业的发展，形成良性循环。

2. 机场休闲娱乐服务的功能

（1）提供娱乐与休闲体验：机场休闲娱乐服务最基本的功能是为旅客提供娱乐与休闲体验。当旅客面临航班延误、长时间等待或转机的情况时，这些服务能够为他们提供多种选择，如观看电影、阅读书籍、参与游戏等，帮助他们消磨时间，缓解等待的焦虑感。

（2）缓解旅客的旅行压力：旅行本身可能会带来一定的压力，如行李托运、安检、候机等环节都可能让旅客感到疲惫和紧张。机场休闲娱乐服务通过提供舒适的环境和丰富的活动，让旅客能够在旅行过程中得到放松和休息，有助于缓解他们的旅行压力。

（3）提升旅客满意度和忠诚度：优质的休闲娱乐服务能够提升旅客对机场的整体满意度。当旅客在机场享受到愉快的休闲时光时，他们更有可能对机场产生好感，并愿意在未来再次选择该机场作为出行枢纽。旅客的忠诚度不仅有助于机场维持稳定的客流量，还可能吸引更多新旅客。

（4）丰富机场的商业氛围：机场休闲娱乐服务往往与商业活动紧密相连。这些商家和服务提供商在机场内形成了一种独特的商业氛围，进一步丰富了机场的功能和形象。

（5）促进机场的文化交流与传播：部分机场休闲娱乐服务还融入了当地的文化元素，如特色美食、手工艺品展示等。这些服务不仅为旅客提供了了解当地文化的机会，也促进了机场作为文化交流平台的功能发挥。通过展示和传播当地文化，机场能够提升其在国际旅客中的知名度和吸引力。

3. 机场休闲娱乐服务的发展趋势

机场休闲娱乐服务的发展趋势呈现出多元化、智能化、个性化以及绿色环保等特点。以下是对这些发展趋势的详细探讨：

（1）多元化发展：随着旅客需求的多样化，机场休闲娱乐服务也在不断扩展其服务范围和内容。除了传统的电影院、按摩椅、游戏区等，未来机场休闲娱乐服务还将引入更多创新项目，如虚拟现实体验、主题乐园、艺术展览等，以满足不同旅客的需求和兴趣。

（2）智能化提升：随着科技的进步，机场休闲娱乐服务将越来越注重智能化的发展。通过引入人工智能、大数据等技术，机场可以实现对旅客需求的精准预测和个性化推荐。例如，智能导览系统可以根据旅客的喜好和行程，为其推荐合适的休闲娱乐项目；智能支付系统则可以提供便捷的支付服务，提升旅客的消费体验。

（3）个性化服务：个性化服务是未来机场休闲娱乐服务的重要发展方向。机场可以通过收集和分析旅客的数据，了解他们的兴趣爱好和消费习惯，从而为他们提供定制化的休闲娱乐服务。例如，为商务旅客提供安静的休息区和高效的商务服务；为家庭旅客提供儿童游乐区和亲子活动，以满足不同旅客的个性化需求。

（4）绿色环保理念：随着环保意识的提高，机场休闲娱乐服务也将更加注重绿色环保。在设施建设和项目运营中，机场将积极采用环保材料和技术，减少能源消耗和排放。同时，机场还将加强绿化和美化工作，为旅客营造一个舒适、健康的休闲环境。

（二）机场住宿服务

1. 机场住宿服务概述

机场住宿服务是指机场或其周边地区为旅客提供的住宿服务，旨在满足旅客因航班延误、转机、早到或其他原因需要临时休息或过夜的需求。这种服务通常位于机场附近，方便旅客快速往返于机场与住宿地点，确保旅客能够轻松应对各种旅行中的突发状况。

机场住宿服务的特点主要体现在以下几个方面：

（1）便利性：机场住宿服务通常紧邻机场，旅客可以迅速、便捷地前往或离开，无需担心长途跋涉或交通不便的问题。

（2）舒适性：机场住宿服务通常提供舒适的休息环境，包括柔软的床铺、干净的卫生间、热水供应等，确保旅客能够得到充分的休息。

（3）安全性：机场住宿服务注重旅客的安全，提供24小时安保服务，确保旅客在住宿期间的人身和财产安全。

机场住宿服务的类型多种多样，以满足不同旅客的需求。常见的类型包括：

（1）机场酒店：这类酒店通常设施齐全，提供多种房型选择，如单人间、双人间、套房等。旅客可以享受酒店提供的各种服务，如早餐、洗衣、健身等。

（2）航站楼内休息室：一些大型机场在航站楼内设有休息室，为旅客提供短暂的休息空间。这些休息室通常配备舒适的座椅、充电设施以及简单的餐饮服务。

（3）短期租赁公寓：这类住宿服务通常提供更为私密和家居化的环境，适合长期停留或需要更多个人空间的旅客。公寓内通常配备厨房、洗衣机等设施，方便旅客自行烹饪和清洗衣物。

2. 机场住宿服务的作用与意义

机场住宿服务在旅客的出行过程中扮演着重要的角色，其作用与意义体现在多个方面。

首先，机场住宿服务为旅客提供了极大的便利性。对于因航班延误、转机或早到而需要在机场附近停留的旅客来说，机场住宿服务提供了一种快速且高效的解决方案。旅客无需长途跋涉前往市区寻找住宿，也不必担心因交通不便而错过航班。机场住宿服务通常紧邻机场，旅客可以迅速往返于机场与住宿地点，极大地节省了时间和精力。

其次，机场住宿服务提升了旅客的出行体验。在旅行过程中，旅客往往面临各种不确定性和压力，如航班延误、转机不便等。机场住宿服务为旅客提供了一个舒适、安全的休息环境，有助于缓解旅途中的疲劳和焦虑。舒适的床铺、干净的卫生间、热水供应等设施，让旅客能够得到充分的休息，以更好的状态迎接接下来的旅程。

此外，机场住宿服务还有助于提升机场的整体形象和竞争力。同时，优质的住宿服务也能够提升旅客对机场的满意度和忠诚度，为机场赢得良好的口碑和声誉。

最后，机场住宿服务还具有一定的经济价值。通过提供住宿服务，机场可以拓展其业务范围，增加收入来源。同时，机场住宿服务也能够带动周边地区的经济发展，如餐饮、购物等商业活动的增加，为当地创造更多的就业机会和经济收益。

3. 机场住宿服务的发展趋势

（1）个性化与多元化服务：随着消费者对个性化体验的追求，机场住宿服务也逐渐从传统的标准化模式向个性化、多元化转变。未来，机场住宿服务将更加注重旅客的个性化需求，提供定制化的住宿体验，如主题房型、特色服务等。同时，为了满足不同旅客的需求，机场住宿服务的类型也将更加多元化，包括高端酒店、经济型酒店、民宿等多种选择。

（2）智能化与数字化管理：随着人工智能、大数据等技术的广泛应用，机场住宿服务也将逐步实现智能化和数字化管理。通过智能设备、人脸识别等技术，旅客可以享受到更加便捷、高效的入住和退房服务。同时，通过数据分析，机场住宿服务提供

者可以更加精准地把握旅客需求，提升服务质量和效率。

（3）绿色环保与可持续发展：在全球环保意识日益增强的背景下，机场住宿服务将更加注重绿色环保和可持续发展。未来，机场住宿服务将采用更加环保的建筑材料和设施，推广节能减排措施，同时倡导旅客共同参与环保行动，共同营造绿色、健康的住宿环境。

（三）机场金融服务

机场金融服务是一个综合性的概念，它涵盖了与机场运营和管理相关的各种金融活动和服务。这些服务旨在满足机场、航空公司、旅客以及其他与机场产业链相关的实体的金融需求。以下是机场金融服务的主要涵盖范围和提供的服务类型。

1. 涵盖范围

（1）机场融资与投资：包括机场建设、扩建、改造等项目的融资安排，以及机场对各类项目的投资活动。通过合理的融资和投资策略，机场可以确保资金流的稳定，支持其长期发展和运营。

（2）航空公司金融服务：针对航空公司，机场金融服务包括提供贷款、租赁等融资支持，帮助其购买或租赁飞机、支付运营费用等。此外，还可以提供风险管理、外汇交易等金融服务，帮助航空公司应对市场波动和风险。

（3）旅客金融服务：旅客金融服务主要涉及为旅客提供便捷、安全的支付、结算和理财服务。例如，机场内可能设有 ATM 机、POS 机等设备，方便旅客进行现金提取、信用卡支付等操作。同时，机场还可以提供货币兑换服务，满足旅客在跨国旅行中的货币需求。

2. 服务类型

（1）融资服务：为机场、航空公司等提供各类贷款、债券发行等融资方案，以满足其资金需求。

（2）投资服务：协助机场进行资产管理和投资，实现资产的保值增值。

（3）结算与支付服务：提供安全、高效的支付结算系统，方便机场与各方进行资金往来。

（4）风险管理服务：通过提供专业的风险管理工具和策略，帮助机场和航空公司应对市场风险、汇率风险等挑战。

（5）外汇交易服务：为机场和航空公司提供外汇买卖、汇率风险管理等服务，满足其跨国经营的需求。

3. 对旅客的金融服务

对旅客的金融服务是机场金融服务中不可或缺的一部分，它涵盖了旅客在机场内可能需要的各种金融活动和服务。这些服务旨在提供便捷、高效且安全的支付、结算和理财体验，以满足旅客在旅行过程中的金融需求。

1）机场为旅客提供多样化的支付和结算方式

在机场内，旅客可以使用信用卡、借记卡、移动支付等多种支付方式进行消费，如购买机票、餐饮、购物等。机场内的商户普遍接受各种支付方式，确保旅客能够方便快捷地完成交易。同时，机场还提供自动取款机（ATM）和人工柜台等服务，方便旅客提取现金或进行其他金融操作。

2）机场为旅客提供货币兑换服务

对于跨国旅行的旅客来说，货币兑换是一种必要的需求。机场内设有货币兑换窗口或自动兑换机，旅客可以方便地将本国货币兑换成目的地国家的货币。这些兑换服务通常提供有竞争力的汇率，并且具有快速、便捷的特点，以满足旅客在旅行中的即时需求。

3）机场还为旅客提供一系列理财服务

虽然旅客在机场停留的时间相对较短，但机场金融机构仍然为旅客提供了一些简单的理财产品和服务。例如，旅客可以购买旅行保险，以应对旅行中可能发生的意外事件。同时，一些机场还提供了短期的存款或理财产品，帮助旅客合理利用资金，实现旅行资金的增值。

（四）机场交通服务

机场交通服务是指在机场区域内为旅客和工作人员提供便捷、高效的交通方式和相关服务，以确保他们能够顺利、快速地到达或离开机场，并方便在机场内部进行移动。这些服务涵盖了多种交通方式和配套设施，以满足不同旅客的需求。

1. 机场交通服务的种类

机场交通服务的种类相当丰富，以下是一些主要的交通方式：

（1）机场巴士服务：机场巴士是连接机场与市区、其他交通枢纽或周边城市的重要交通工具。它通常设有固定的线路和班次，为旅客提供经济、方便的出行选择。

（2）出租车服务：机场通常设有出租车停靠站，为旅客提供即时的出行服务。出租车能够灵活地满足旅客的个性化出行需求，无论是短途还是长途，都能迅速将旅客送达目的地。

（3）轨道交通服务：一些大型机场会接入城市轨道交通系统，如地铁、轻轨等。这种交通方式不仅能够缓解地面交通压力，还能提高旅客的出行效率，尤其对于前往市区或其他交通枢纽的旅客来说，轨道交通是一种非常便捷的选择。

（4）停车场服务：机场提供充足的停车位，方便自驾旅客停放车辆。停车场通常配备有完善的安全监控系统和指示标识，确保车辆的安全和方便旅客快速找到停车位。

此外，根据机场的规模和实际需求，还可能提供其他交通服务方式，如摆渡车、共享汽车、拼车服务等。这些服务方式的存在，使得机场交通服务更加多元化和个性化，能够满足不同旅客的出行需求。

2. 机场交通服务的重要性

机场交通服务的重要性体现在多个方面，它是确保机场高效、顺畅运行的关键因素之一。

（1）旅客出行便利：机场交通服务直接关系到旅客的出行体验。高效、便捷的交通服务能够帮助旅客快速到达或离开机场，减少等待和转乘时间，提高出行效率。这对于旅客来说，尤其是那些时间紧迫或需要快速转机的旅客，尤为重要。

（2）城市交通衔接：机场作为城市的重要门户，其交通服务需要与城市的交通网络紧密相连。机场提供的各种交通方式，如巴士、出租车、轨道交通等，能够将机场与城市其他区域有效衔接，方便旅客前往市区或其他目的地。这有助于提升城市的整体交通可达性和便捷性。

（3）缓解地面交通压力：随着航空业的快速发展，机场的客流量不断增加，地面交通压力也随之增大。机场交通服务通过提供多样化的交通方式和合理的线路规划，能够分散客流，缓解地面交通拥堵现象。这有助于提升机场周边地区的交通状况，保障旅客的顺畅出行。

（4）提升机场整体竞争力：一个优质的机场交通服务能够吸引更多的旅客和航空公司选择该机场作为中转或目的地。这不仅能够增加机场的客流量和收入，还能够提升机场的整体竞争力。同时，良好的交通服务也能够提升旅客对机场的满意度和忠诚度，为机场的长远发展奠定基础。

（5）促进区域经济发展：机场交通服务的完善不仅有利于旅客的出行，还能够促进周边地区的经济发展。便捷的交通服务能够吸引更多的商务活动、旅游观光等，为周边地区带来经济收益和就业机会。同时，机场作为重要的物流枢纽，其交通服务的完善也能够提升物流效率，促进区域经济的繁荣。

三、机场公共标志服务

（一）民用航空公共信息标志的设置原则与要求

为方便旅客出行，机场应该在民航机场候机楼、候机楼外广场、民航售票处、货运场所，以及上述场所与其他交通设施之间的转换区域设置公共信息标志。

1. 设置原则

（1）设置图形标志时，可参考《图形标志　使用原则与要求 GB/T 15566—1995》第5、第6章的规定。

（2）在设计机场设施的功能和布局时就应考虑一个图形标志系统。

（3）在图形标志系统中应明确人们需要了解的起点和终点，以及通向特定目标的最短或最方便的路线（如对于残疾人）；在该系统中还应明确所有关键性的点（如连接、交叉等），在这些点上需要设置进一步的导向信息。当距离很长或布局复杂时，即使没有关键的点，导向系统也应以适当的间隔重复。

（4）在两个或更多场所之间的转换区域设置标志，以保证从一个场所到另一个场所的顺利转换。

（5）对视觉效果、人的高度及其所处的位置、安装标志的可行性等进行综合分析，并在现场验证分析结果，如果有需要，应对图形标志进行调整使其适合实际情况。

（6）特别重视导向标志的设置，导向标志往往比位置标志更重要。

（7）在保证提供良好的导向信息的前提下，设置标志的数量应保持在最低限度。

（8）应尽可能消除来自周围环境的消极干扰。广告应与图形标识系统各要素具有明显不同的视觉效果，并且设置在某个严格限定的区域。

2. 导向系统要素

（1）标志说明图。列出某场所使用的全部图形标志，并在其旁边给出中英文含义的一种综合标志图。

（2）平面布置图。提供在某区域内的服务或服务设施所处地点的鸟瞰图。

（3）导流图。指导人们顺利乘机的流程图。

（4）综合导向标志。引导人们选择不同方向的服务或服务设施的导向标志，由多个

符号与多个箭头组成。

（5）导向标志。一个或多个图形符号与一个箭头结合所构成的标志，由多个引导人们选择方向。

（6）位置标志。设置在特定目标处，用以标明服务或服务设施的标志。该标志不带箭头。

（7）指示标志。指示某种行为的标志。民航标志中指示标志如下：旅客止步、禁止吸烟、禁止携带托运武器及仿真武器、禁止携带托运易燃及易爆物品、禁止携带托运剧毒物品及有害液体、禁止携带托运放射性及磁性物品等。

（8）流程标志。表示乘机过程中需要经过的服务或服务设施的标志。民航标志中流程标志有：出发、到达、问询、行李手推车、办理乘机手续、托运行李手续、安全检查、行李提取、行李查询、边防检查、卫生检疫、动植物检疫、海关、红色通道、绿色通道、候机厅、头等舱候机室、贵宾候机室、中转联程、登机口。

（9）非流程标志。表示乘机时不一定经过的服务或服务设施的标志。民航标志中非流程标志有：男性洗手间、女性洗手间、育婴室、商店、电报、结账、宾馆服务、租车服务、地铁、停车场、直升机场、飞机场、急救、安全保卫、饮用水、邮政、电话、货币兑换、失物招领、行李寄存、西餐、中餐、快餐、酒吧、咖啡、花卉、书报、舞厅、入口、出口、楼梯、上楼楼梯、下楼楼梯、向上自动扶梯、向下自动扶梯、水平步道、电梯、残疾人电梯、残疾人。

3. 颜色

（1）颜色的使用应符合《安全色》（GB 2893）的规定。

（2）候机楼内可用不同的颜色区分"流程标志"和"非流程标志"，应首选黑白色标志，流程标志可使用"白衬底、黑图形"；非流程标志可使用"黑衬底、白图形"。如使用彩色标志，流程标志可使用"绿衬底、白图形"；非流程标志可使用"蓝衬底、白图形"；也可黑白色标志与彩色标志混合使用。

（3）对于禁止类标志，颜色只能为"白衬底、黑图形、红色斜杠或边框"。

（4）与消防有关的标志应使用《消防安全标志》（GB 13495）中规定的颜色。

4. 文字的使用

（1）应尽可能只使用图形符号，不附加任何文字。如必须使用文字，则应使用标准的简化字。文字应简短明了（例如，在箭头加文字的导向标志中使用文字"登机口 1"而不使用"至 1 号登机口"），在一个候机楼内，应尽可能使用统一的文字表达方式。

（2）仅在没有合适的符号表达所要传递的概念时，使用不带符号的文字作为位置标志或与箭头结合作为导向标志。这种情况下，应加入文字标志的英文对应词，但英文字体应小于中文字体。

（3）需要给出补充信息（如区分"国内到达"与"国际到达"时应使用补充文字），并可加入对应的英文。

5.信息服务质量标准

依据《中国民用机场服务质量评价指标体系》，信息服务应达到以下质量标准（表6.3）。

表 6.3　信息服务质量标准

三级指标	四级指标	内容
航站楼标志 / 标识系统	基本规范	清晰醒目、人性化、格式统一、色彩协调、中英文对照。
	数量	应具有连续引导的作用，旅客沿标志能顺畅到达目的地。
	预警及禁止类标志	标识清晰、规范；设置安全疏散指示图。
	多航站楼标识	1.清晰、准确、醒目、规范、中英文对照。 2.航空公司在各航站楼间的分布位置清楚、准确。
	无障碍标志	标志规范、醒目。

（来源：中国民用航空局《民用航空公共信息图形标志设置原则与要求》）

（二）常见民用航空公共信息图形标志（表6.4）

表 6.4　常见民用航空公共信息图形标志表

✈	标志名称：飞机场 英文名称：Aircraft 国际代码：MH0005—1997	该标志表示民用飞机场或提供民航服务，用于公共场所、建筑物、服务设施、方向指示牌、平面布置图、信息板、时刻表、出版物等。
🚁	标志名称：直升机场 英文名称：Helicopter 国标代码：MH0005—1997	该标志表示直升机运输设施。
←	标志名称：方向 英文名称：Direction 国标代码：MH0005—1997	该标志表示方向，用于公共场所、建筑物、服务设施、方向指示牌、出版物等，符号方向视具体情况设置。

续表

标志	名称	说明
	标志名称：入口 英文名称：Entry 国标代码：MH0005—1997	该标志表示入口位置或指明进入的通道，用于公共场所、建筑物、服务设施、方向指示牌、平面布置图、运输工具、出版物等。
	标志名称：出口 英文名称：Exit 国标代码：MH0005—1997	该标志表示出口位置或指明出口的通道，用于公共场所、建筑物、服务设施、方向指示牌、平面布置图、运输工具、出版物等。
	标志名称：楼梯 英文名称：Stairs 国标代码：MH0005—1997	该标志表示上下共用的楼梯，不表示自动扶梯，用于公共场所、建筑物、服务设施、方向指示牌、平面布置图、出版物等。
	标志名称：上楼楼梯 英文名称：Stairs Up 国标代码：MH0005—1997	该标志表示仅允许上楼的楼梯。不表示自动扶梯，用于公共场所、建筑物、服务设施、方向指示牌、平面布置图、出版物等。
	标志名称：下楼楼梯 英文名称：Stairs Down 国标代码：MH0005—1997	该标志表示仅允许下楼的楼梯。不表示自动扶梯，用于公共场所、建筑物、服务设施、方向指示牌、平面布置图、出版物等。
	标志名称：向上自动扶梯 英文名称：Escalators Up 国标代码：MH0005—1997	该标志表示供人们使用的上行自动扶梯，设置时可根据具体情况将符号改为其镜像。
	标志名称：向下自动扶梯 英文名称：Escalators Down 国标代码：MH0005—1997	该标志表示供人们使用的下行自动扶梯，设置时可根据具体情况将符号改为其镜像。
	标志名称：水平步道 英文名称：Moving Walk-way 国标代码：MH0005—1997	该标志表示供人们使用的水平运行的自动扶梯。
	标志名称：电梯 英文名称：Elevator；Lift 国标代码：MH0005—1997	该标志表示公用的垂直升降电梯，用于公共场所、建筑物、服务设施、方向指示牌、平面布置图、出版物等。

续表

	标志名称：残疾人电梯 英文名称：Elevator for Handicapped Persons 国标代码：MH0005—1997	该标志表示供残疾人使用的电梯。
	标志名称：残疾人 英文名称：Access for Handicapped Persons 国标代码：MH0005—1997	该标志表示残疾人专用设施。
	标志名称：洗手间 英文名称：Toilets 国标代码：MH0005—1997	该标志表示有供男女使用的漱洗设施，根据具体情况，男女图形位置可以互换。
	标志名称：男性 英文名称：Male 国标代码：MH0005—1997	该标志表示专供男性使用的设施，如男厕所、男浴室等，用于公共场所、建筑物、服务设施、方向指示牌、平面布置图、运输工具、出版物等。
	标志名称：女性 英文名称：Female 国标代码：MH0005—1997	该标志表示专供女性使用的设施，如女厕所、女浴室等，用于公共场所、建筑物、服务设施、方向指示牌、平面布置图、运输工具、出版物等。
	标志名称：问讯 英文名称：Information 国标代码：MH0005—1997	该标志表示提供问询服务的场所，用于公共场所、建筑物、服务设施、方向指示牌、平面布置图、运输工具、出版物等。
	标志名称：行李提取 英文名称：Baggage Claim Area 国标代码：MH0005—1997	该标志表示到达旅客提取交运行李的场所。
	标志名称：行李查询 英文名称：Baggage Inquiries 国标代码：MH0005—1997	该标志表示机场、宾馆帮助旅客查找行李的场所（不代表失物招领）。
	标志名称：卫生检疫 英文名称：Quarantine 国标代码：MH0005—1997	该标志表示由口岸卫生检疫机关对出入境人员、交通工具、货物、行李、邮包和食品实施检疫查验、传染病监测、卫生监督、卫生检验的场所。

续表

标志	名称	说明
	标志名称：边防检查 英文名称：Immigration 国标代码：MH0005—1997	该标志表示对涉外旅客进行边防护照检查的场所。
	标志名称：动植物检疫 英文名称：Animal and Plant Quarantine 国标代码：MH0005—1997	该标志表示由口岸动植物检疫机关对输入、输出和过境动植物及其产品和其他检疫物实施检疫的场所。
	标志名称：海关 英文名称：Customs 国标代码：MH0005—1997	该标志表示进行海关检查的场所。
	标志名称：红色通道 英文名称：Red Channel 国标代码：MH0005—1997	该标志表示对通过海关的旅客所携带的全部行李进行检查的通道。
	标志名称：售票 英文名称：Ticketing 国标代码：MH0005—1997	该标志表示出售飞机票、候补机票、汽车票的场所。
	标志名称：办理乘机手续 英文名称：Check-in 国标代码：MH0005—1997	该标志表示旅客办理登机卡和交运手提行李等乘机手续的场所。
	标志名称：出发 英文名称：Departures 国标代码：MH0005—1997	该标志表示旅客离港及送客的地点，设置时可根据具体情况将符号改为其镜像。
	标志名称：到达 英文名称：Arrivals 国标代码：MH0005—1997	该标志表示旅客到达及接客的地点，设置时可根据具体情况将符号改为其镜像。
	标志名称：中转联程 英文名称：Connecting Flights 国标代码：MH0005—1997	该标志表示持联程客票的旅客办理中转手续、候机场所。

续表

	标志名称：托运行李检查 英文名称：Baggage Check 国标代码：MH0005—1997	该标志表示对登机旅客交运的行李进行检查的场所。
	标志名称：无申报通道 英文名称：Nothing to Declare 国标代码：MH0005—1997	该标志表示旅客携带无须向海关申报的物品或只出示申报单或有关单证后即可放行的通道。
	标志名称：头等舱候机室 英文名称：First Class Lounge 国标代码：MH0005—1997	该标志表示持头等舱客票的旅客候机的场所。
	标志名称：贵宾候机室 英文名称：VIP Lounge 国标代码：MH0005—1997	该标志表示贵宾或重要旅客候机的场所。
	标志名称：电报 英文名称：Telegrams 国标代码：MH0005—1997	该标志表示有电信业务的场所。
	标志名称：结账 英文名称：Settle Accounts 国标代码：MH0005—1997	该标志表示用现金或支票进行结算的场所，如售票付款处、超重行李付款处及宾馆、饭店前台结账处、商场等场所的付款处等用于公共场所、建筑物、服务设施。
	标志名称：宾馆服务 英文名称：Hotel Service 国标代码：MH0005—1997	该标志表示查询、预订旅社、饭店的场所。
	标志名称：租车服务 英文名称：Car Hire 国标代码：MH0005—1997	该标志表示提供旅客租车服务的场所。
	标志名称：地铁 英文名称：Subway Station 国标代码：MH0005—1997	该标志表示地铁车站及设施。

续表

标志	名称	说明
	标志名称：停车场 英文名称：Parking Lot 国标代码：MH0005—1997	该标志表示停放机动车辆的场所。
	标志名称：航空货运 英文名称：Air Freight 国标代码：MH0005—1997	该标志表示办理航空货运的场所。
	标志名称：货物检查 英文名称：Freight Check 国标代码：MH0005—1997	该标志表示机场货运处对托运货物进行安全检查的场所。
	标志名称：货物提取 英文名称：Freight Claim 国标代码：MH0005—1997	该标志表示领取托运货物的场所设置时可根据具体情况改为其镜像。
	标志名称：货物查询 英文名称：Freight Inquiries 国标代码：MH0005—1997	该标志表示机场帮助货主查找货物的场所。
	标志名称：旅客止步 英文名称：Passenger Entry 国标代码：MH0005—1997	该标志表示非工作人员在此止步。
	标志名称：禁止吸烟 英文名称：No Smoking 国标代码：MH0005—1997	该标志表示该场所不允许吸烟。
	标志名称：禁止携带托运武器及仿真武器 英文名称：Carrying Weapons and Emulating Weapons Prohibited 国标代码：MH0005—1997	该标志表示禁止携带和托运武器、凶器及仿真武器，本符号不能单独使用。

续表

	标志名称：**禁止携带托运易燃及易爆物品** 英文名称：Carrying Flammable，Explosive Materials Prohibited 国标代码：MH0005—1997	该标志表示禁止携带和托运易燃、易爆及其他危险品，本符号不能单独使用。
	标志名称：**禁止携带托运剧毒物品及有害液体** 英文名称：Carrying Poi-son Materials，Harmful Liquid Prohibit 国标代码：MH0005—1997	该标志表示禁止携带和托运剧毒物品、有害液体物品，本符号不能单独使用。
	标志名称：**禁止携带托运放射性及磁性物品** 英文名称：Carrying Radioactive，Magnetic Materials Prohibited 国标代码：MH0005—1997	该标志表示禁止携带和托运放射性物质和超过规定的磁性物质，本符号不能单独使用。

（来源：中国民用航空局《民用航空公共信息图形标志设置原则与要求》）

习题

一、单选题

1. 以下选项不属于机场零售业务主要消费群体的是（　　）。

    A. 机场工作人员　　　　　　　　　　B. 乘机旅客

    C. 机场附近大学的学生　　　　　　　D. 到达旅客

2. 以下不属于机场餐饮服务特点的是（　　）。

    A. 种类繁多　　　　　　　　　　　　B. 对时间要求高

    C. 价格相对市区便宜　　　　　　　　D. 追求品质与安全

3. 对于禁止类标志，颜色只能为（　　）。

    A. 黑衬底、白图形　　　　　　　　　B. 白衬底、黑图形

    C. 黑色斜杠或边框　　　　　　　　　D. 黄色斜杠或边框

4. 在机场标志中出现"Customs"表示（　　）。

    A. 客户服务中心　　　　B. 安检服务　　　　C. 海关　　　　　　　D. 行李提取处

5. 下列属于非流程标志的是（　　）。

　　A. 托运行李手续　　B. 急救　　　　　　C. 安全检查　　　　D. 行李查询

6. 以下服务属于机场金融服务的是（　　）。

　　A. 问询中心　　　　B. 免税店　　　　　C. 行李打包　　　　D. 保险购买

7. 机场的 T1、T2 航站楼中的 "T" 代表（　　）。

　　A. Terminal（航站楼）　　　　　　　　B. Ticket（机票）

　　C. Transport（运输）　　　　　　　　D. Tower（塔台）

8. 以下不属于机场的 VIP 服务的是（　　）。

　　A. 快速安检　　　　B. 免费餐饮　　　　C. 行李打包　　　　D. 以上都是

9. 机场的旅客流量高峰通常出现在（　　）。

　　A. 早上　　　　　　B. 中午　　　　　　C. 下午　　　　　　D. 晚上

10. 广告在机场商业服务中的作用是（　　）。

　　A. 增加机场收入　　B. 提升品牌形象　　C. 向旅客传达信息　D. 以上都是

二、判断题

1. 机场商业新零售是指将机场实体商业搬到互联网上进行。　　　　　　　（　　）

2. 特许经营模式则是通过向外部餐饮企业进行招商，授予其机场内的餐饮业务经营权。　　　　　　　　　　　　　　　　　　　　　　　　　　　　　　　（　　）

3. 标志服务中应尽可能只使用图形符号而不附加任何文字。　　　　　　　（　　）

4. 从全球范围来看，机场收入的超过 60% 来自非航收入。　　　　　　　　（　　）

5. 机场娱乐服务的本质就是为了赚钱。　　　　　　　　　　　　　　　　（　　）

6. 非流程标志可使用 "白衬底、白图形"。　　　　　　　　　　　　　　（　　）

7. 位置标志不带箭头。　　　　　　　　　　　　　　　　　　　　　　　（　　）

8. 机场商业服务的主要目的是提升旅客的购物体验，而非增加机场收入。　（　　）

9. 机场内的广告收入是机场非航空性收入的重要来源之一。　　　　　　　（　　）

10. 机场商业服务的发展趋势包括数字化和移动支付、绿色环保和可持续发展，以及个性化定制服务。　　　　　　　　　　　　　　　　　　　　　　　　　（　　）

三、填空题

1. 机场交通服务的种类相当丰富，主要的交通方式有：_____、_____、_____和_____。

2.机场住宿服务的特点主要体现在_____、_____和_____。

3.机场标志颜色的使用应符合_____的规定。

4.在机场餐饮的运营上的两种模式是_____和_____。

5.机场休闲娱乐服务的发展趋势呈现出_____、_____、_____、个性化以及多元化等特点。

>>> >>> 项目七

机场特殊情况
运输服务

项目导读

　　机场特殊运输服务是针对具有特殊需求或条件的旅客及货物，在机场范围内提供的个性化的运输服务。这些服务旨在确保特殊旅客和货物在机场的顺利通行和安全运输，提高旅客满意度和货物运输效率。

　　主要内容包括了九类特殊旅客，即病残旅客、担架旅客、轮椅旅客、残疾人旅客、无成人陪伴儿童旅客、老年人旅客、孕妇旅客、婴儿旅客、犯罪嫌疑人及其押解人等地面运输服务的要求。其次是关于旅客误机、漏乘、错乘等非正常运输服务情况的处置，最后是关于航班超售、延误、取消、返航、备降等特殊情况的处置。

学习目标

1. 知识目标

（1）了解常见九类特殊旅客的含义；拒绝运输与限制运送规定。

（2）掌握航班不正常时特殊需求旅客的服务相关细则及保障措施。

（3）了解旅客误机、漏乘、错乘旅客的含义。

（4）了解航班超售、延误、取消、返航、备降的含义以及处置的流程。

2. 能力目标

（1）能够正确处置特殊需求旅客服务保障及特殊情况。

（2）能正确处理旅客漏乘、错乘的情况。

（3）能正确处理航班超售、延误、取消、返航、备降的情况。

（4）能正确处理旅客误机、漏乘、错乘及航班超售、延误、取消、返航、备降的情况。

3. 素质目标

（1）培养良好的沟通技巧和应对突发事件的能力。

（2）培养严谨的工作意识和良好的服务态度。

（3）增强团队协作精神，提升自我学习和持续改进的意识。

项目实训

1. 任务情景

在一次由某航空公司执飞的从上海至北京的航班中，需要安排一名8岁的无成人陪伴儿童小明的乘机服务。小明父母因工作原因无法亲自陪同，特向航空公司申请无成人陪伴儿童服务。本次实训旨在模拟整个无成人陪伴儿童从值机、登机、飞行过程到抵达目的地的全过程服务，确保小明安全、愉快地完成旅程。

2. 任务实施步骤

（1）了解旅客信息：收集小明的基本信息（姓名、年龄、联系方式、家长信息等）及特殊需求。

（2）通知相关部门：提前通知地面服务、客舱服务及目的地机场相关部门，做好接收准备工作。

（3）值机服务：为小明提供专门的值机柜台，检查其有效证件及行李办理登机手续，并佩戴无成人陪伴儿童标识牌。

（4）交接手续：将小明及其行李信息详细记录在交接单上，与地面服务人员进行面对面交接，确保信息准确无误。

（5）安全教育：简要向小明介绍乘机安全知识，包括系好安全带、听从乘务员指挥等。

（6）登机引导：安排专人引导小明优先登机，并协助其放置行李。

（7）无缝交接：飞机抵达后，乘务员与目的地接收人员进行面对面交接，确认小明状态良好，并详细填写交接单。

（8）通知家长：及时向小明家长通报抵达信息，让其家长放心。

3. 任务评价

序号	评价内容与标准	分值	评价主体		
			小组自评（20%）	组间互评（40%）	教师评价（40%）
1	信息准确性：旅客信息收集全面、准确，购票与座位安排无误。 通知及时性：相关部门通知到位，无遗漏。	40分			

续表

序号	评价内容与标准	分值	评价主体		
			小组自评（20%）	组间互评（40%）	教师评价（40%）
2	流程规范性：值机、交接流程符合公司规定，操作熟练。 信息记录：交接单填写完整、清晰，无遗漏。	40分			
3	无缝衔接：与目的地接收人员交接顺畅无延误。 家长通知：及时通知家长，信息准确无误。	20分			

案例导入

　　暑运期间，长沙机场日均特殊旅客服务量超200次。为全力保障特殊旅客平安出行，客运服务部积极践行"真情服务"理念，重点关注老、弱、病、残、孕、首乘、急客等特殊群体，提前安排部署，关注服务细节，用心做好暑运航班保障和旅客服务工作。

　　每至暑运，"无陪"儿童都成为一道独特的风景线。为了满足暑期旅客出行需求，客运服务部精心制定暑期旅客运输工作方案，通过"一日一检"制度，做好特殊旅客高峰时段、关键作业、关键人员的盯控。实行"一客一案"服务保障单，专人全程对接制度，通过内场合理调度、各岗多方联动加大运输能力。爱心特服员一对一耐心地引领入座，经值机、安检、候机等环节一路守护，将"小"旅客送至机上，与乘务员进行"手把手"交接，为特殊旅客有序出行和航班平稳运行提供可靠保障。

（新闻来源：2024年7月2日《星辰在线》）

　　讨论：儿童可以独立乘坐飞机出行吗？儿童独立乘坐飞机都需要办理哪些相关业务？

任务一　特殊需求旅客服务

一、特殊需求旅客服务一般规定

（一）特殊需求旅客含义及范围

特殊需求旅客又称特殊服务旅客，是指因年龄、身体状况等原因在航空运输中需要提供额外服务的旅客。特殊需求旅客包括重要旅客、病残旅客、担架旅客、轮椅旅客、残疾人旅客、无成人陪伴儿童旅客、老年人旅客、孕妇旅客、婴儿旅客、犯罪嫌疑人及其押解人等。成人是指年满18周岁且具有完全民事行为能力人。

（二）拒绝运送与限制运送的条件

特殊需求旅客在航空运输中的拒绝运送与限制运送条件，主要由各航空公司根据自身运营安全、法律法规以及行业规范来制定。以下是一些常见的拒绝运送与限制运送条件，但请注意，具体条件可能因航空公司、航线、航班类型及旅客具体情况而有所不同。

1. 拒绝运送条件

（1）传染性疾病患者：患有如霍乱、伤寒、副伤寒、发疹性斑疹伤寒、痢疾、水痘、麻疹、天花、猩红热、白喉、鼠疫、流行性脑炎、脑膜炎、开放期肺结核、急性肝炎、黄热病及其他可能危及公共卫生的传染病患者，航空公司有权拒绝运输。

（2）精神病患者：易发病，可能对其他旅客或自身造成危害的精神病患者，航空公司有权拒绝运输。

（3）健康情况危及自身或影响其他旅客安全者：包括但不限于严重心脏病患者（如严重心力衰竭、需深度吸氧、有紫绀症状等），严重中耳炎伴随耳咽管阻塞症患者、近期患有自发性气胸的病人或做过气胸整形的神经系统病症患者等，除非为了挽救生命并经航空公司特别安排，否则可能被拒绝运输。

（4）酒精或毒品中毒者：酒精或其他毒品中毒者，在任何地点被地面服务人员发现后，必须拒绝运输。

（5）其他不适宜运输的情况：如旅客的行为、年龄、身体和精神状况不适合航空旅行，或可能对其他旅客造成不舒适、反感，或对其自身、其他人员、财产可能造成任何危险或伤害，航空公司可以根据合理的判断拒绝运输。

2. 限制运送条件

（1）特殊旅客数量限制：航班上载运的残疾人旅客数量可能受到限制，具体数量根据航班座位数而定。超过限制时，需按一定比例增加陪伴人员。

（2）担架旅客：担架旅客的运输受到严格限制，每航班每航段通常只限载运一名担架旅客，且必须至少有一名医生或护理人员陪同。担架旅客在机上要求躺卧时的总长度也有一定限制。

（3）轮椅旅客：轮椅旅客根据自理能力的不同（如 WCHC、WCHS、WCHR），其运输条件也有所不同。无自理能力的轮椅旅客在整个旅途过程中必须有家属或监护人陪同。

（4）残疾人旅客：不满 16 周岁的残疾人单独乘机通常不予承运。有成人陪伴的残疾人旅客按一般旅客运输，但单独旅行的残疾人旅客需在订座时提出申请并经航空公司同意。

（5）孕妇旅客：孕妇旅客在特定孕周（如 32—36 周）乘机时，可能需要提供医疗诊断证明书以证明其适宜乘机。

（6）携带服务犬的旅客：携带服务犬出行的旅客需满足一定的运输文件要求，包括有效的动物体检健康证明、服务犬身份证明、疫苗注射证明及旅客本人的残疾人证等。

> **注意事项：**
> （1）特殊需求的旅客在购票前，应详细咨询所乘航班的航空公司，了解具体的运输条件及要求。
> （2）旅客应如实陈述自身情况，并按要求提供必要的医疗证明或其他文件。
> （3）航空公司有权根据旅客的实际情况及航班运营安全，决定是否接受运输。

（三）订座与购票要求

特殊旅客应按航空公司规定的程序办理订座和购票手续，其定座购票手续必须通过航空公司直属售票处或者授权代理人处办理。受限制载运范围的特殊旅客，售票部门必须经过航空公司座位控制部门进行座位申请和确认。目前客票销售过程系统终端缺乏对特殊旅客的识别，座位控制部门应采取适当的方式（如人工方式）加以控制，以满足航空公司对限制载运的特殊旅客承运数量的控制规定。

旅客订座单中应体现特殊旅客的性质和分类，让旅客在订座申请时填写订座单并选择回答的方式体现。旅客填写的订座单，至少应保存 3 个月。特殊旅客中的无成人陪伴儿童按适用舱位公布正常票价的 50% 购票，其他受限制载运的特殊旅客和犯罪嫌疑人及其押解人员应根据实际占用座位的数量按适用舱位的公布正常票价购票，非限制载运旅客可视航班舱位开放情况购买折扣优惠票。

（四）特殊旅客乘机文件

1.《诊断证明书》

（1）《诊断证明书》是证明病患旅客等受空运限制的特殊旅客适于乘机的健康条件的书面证明文件。其内容包括旅客乘机所需申明的详细信息，从航空医学上对机上条件及何种状况的病人一般不适宜航空旅行的说明资料供院方诊断参考。

（2）《诊断证明书》由旅客在航空公司直属或者授权售票处定座、购票时申领和交付，由市、县级或者相当于一级（如国家二甲级）以上医疗单位医师签字、医疗单位盖章，方为有效。病患旅客办理乘机手续时，必须出示《诊断证明书》。

（3）《诊断证明书》一式三联。第一联为出票联，由出票单位留存；第二联为乘机联，由始发站值机部门办理旅客乘机手续时留存；第三联为到达站联，由旅客带交到达站服务部门留存。留存部门专人负责保管，定点存放，留存期为一年。

2.《乘机申请书》（图 7.1）

图 7.1 《特殊旅客乘机申请书》样图

（1）《乘机申请书》是《特殊旅客乘机申请书》和《无成人陪伴儿童乘机申请书》的合称与简称，是提供特殊旅客信息，始发站、经停站和目的站为特殊旅客实施服务的依据。前者乘机申请书背面附有机上条件及一般不适于航空旅行和拒绝运送病人的说明资料。

（2）《乘机申请书》由需要特殊服务的特殊旅客，在向航空公司直属售票处或者授权的售票处提出乘机申请时，由旅客或其监护人代为填写。

（3）《乘机申请书》一式三联。第一联为出票联，由出票单位留存；第二联为乘机联，由始发站值机部门办理旅客乘机手续时留存；第三联为到达站联，由旅客带交到达站服务部门留存。留存部门专人负责保管，定点存放，留存期为一年。

3.《乘机服务单》（图 7.2）

图 7.2 《特殊旅客乘机服务单》样本

（1）《乘机服务单》是《特殊旅客乘机服务单》的简称。地面服务部门服务人员依照《乘机申请书》的信息填写，并与机组交接。机组据此为旅客提供乘机服务及航班到达后与地面服务人员交接的单据。

（2）《乘机服务单》一式四联。第一联为始发站地面服务联，由始发站地面服务部

门留存；第二联为乘务联，由客舱乘务部门留存；第三联为经停/衔接站地面服务联，由经停/衔接站地面服务部门留存；第四联为到达站地面服务联，由到达站地面服务部门留存。留存部门专人负责保管，定点存放，留存期为半年。

二、特殊需求旅客的具体分类及服务细则

（一）重要旅客

1. 含义

重要旅客是指由于旅客的身份、职务重要或者知名度高，社会影响力大，因此乘坐班机时需给予特别礼遇和照顾的旅客。

2. 范围

1）一类VVIP、VIP—副国级及以上国家级重要客人

（1）中共中央总书记、中央政治局常委、委员、候补委员；国家主席；国家副主席；全国人民代表大会常务委员会委员长、副委员长；国务院总理、副总理、国务委员；全国政协主席、副主席；中央军委主席、副主席；最高人民检察院检察长；最高人民法院院长。

（2）外国国家元首、政府首脑、议会议长及副议长、联合国秘书长、国家指定保密要客。

2）二类VIP—一类以外的其他重要旅客

（1）VIP国家级一般重要客人。

（2）省部级（含副职）党政负责人、在职军级少将（含）以上军队领导；国家武警、公安、消防部队主要领导；港、澳特别行政区政府首席执行领导。

（3）外国政府部长（含副职）、国际组织（包括联合国、国际民航组织）的领导、外国大使和公使级外交信使。

（4）由省部级（含）以上单位或者我国驻外使领馆提出要求按VIP接待的客人。

（5）著名科学家、中国科学院院士、社会活动家、社会上具有重要影响的人士。

3）CIP（公司级重要客人）

（1）VVIP的亲属。

（2）中国十大功勋企业家、国内知名企业和省内大型企业的主要领导；工商界、经济界具有重要影响的人士。

（3）国家级各证券、金融机构的省级分支机构、直属分支机构的主要领导；金融

界具有重要影响的人士。

（4）地区副厅级、厅级的地方领导干部、师级以上军队领导干部；省武警、公安、消防部队主要领导。

（5）国际空运企业组织、重要的空运企业负责人和航空公司邀请的外国空运企业负责人。

（6）航空公司集团领导指定的要客、与航空公司有重要业务关系的单位的领导。

（7）航空公司集团 M6 以上管理干部。

3. 服务原则及基本要求

重要旅客的订座、售票、信息传递和服务工作应有专门和指定人员负责，航空公司直属售票处负责办理重要旅客订座和售票工作。

对重要旅客乘坐班机，有关部门需提供良好服务，应注意做好保密工作，遇到问题应及时向当日的航空公司客户服务席值班员请示汇报。

国家级重要客人以及当地副省级以上的重要旅客，航空公司驻场领导要亲临现场组织实施并接送。在进行要客服务时，地面服务单位相关环节应做好服务工作交接。始发站配载部门应在运送重要旅客的航班离站后及时拍发运送电报（PSM/VIP）给经停站和目的站。

4. 购票服务

1）VIP 在航空公司直属或者指定的售票处购票

（1）VIP 乘机，必须事先在航空公司授权售票处办理订座和购票手续。重要旅客的随行人员，其订座和购票应与重要旅客在同一售票处办理。对于重要旅客信息应严格予以保密，尽量缩小知密范围。

（2）售票员凭借 VIP 所在单位或者接待单位的介绍信、传真件或者身份证明优先安排为 VIP 订座，同时妥善安排为 VIP 购票的人员填写"旅客订座单"。

（3）订座时，售票员要了解 VIP 是否需要预订联程或者来回程，同时了解 VIP 有何特殊需求，并标注在"VIP 记录单"中的备注栏内。"VIP 记录单"内的项目要如实填写。

（4）订座完成后，售票员要确认 VIP 及随从人员的订座情况为"OK"状态，并在 PNR 的 OSI 项目中注明 VIP 的职务及其随行人员一行的人数信息。

（5）出票时，售票员在 VIP 的姓名后应加注"VIP"字样，不得遗漏。

（6）出票完成后，售票员要将"VIP 记录单"以传真的形式通知到市场部收益管理

中心航班主控管理室。

2）VIP 在非航空公司直属售票处和指定的售票处购票

市场部收益管理中心航班主控管理室在系统中要将每一位 VIP 已出票后的重要信息及时提取、通过电话与出票的售票处联系核对 VIP 的姓名、职务、单位和随行人员的情况。

3）CIP 购票

（1）在航空公司指定售票处出票的 CIP，售票员要按照航空公司 VIP 的订座、出票程序操作，但在机票票务旅客姓名后不得加注"CIP"字样。

（2）市场部收益管理中心航班主控管理室得到 CIP 的乘机信息后，通知程序与 VIP 的通知程序一致。

5. 乘坐航班 VVIP 和 VIP 头等舱座位的发放标准

1）VVIP 和 VIP 排序参考标准

（1）座位排序建议："VVIP—VIP—CIP—升舱"，并根据旅客意愿发放。

（2）国家领导，外国元首和联合国秘书长。

（3）国家副职领导，中国人民解放军总参谋长、国防部部长、国务委员；外国副元首和相应职务的领导人。

（4）高于部级低于国家副职领导人，外国前元首及相应职务的领导人。

（5）部级领导：中央各部委主任和部长、省委书记、省长、省人民代表大会常务委员会主任、省政协主席、省委常委、各军种军级以上的部队干部（不含副军级干部）、省军区司令及政委、中央直属和各省市大型企业正职负责人（含航空公司 M10 和 M9 的领导）、省委副书记、副省长、省人民代表大会常务委员会副主任、政协主席、各军种副军级以上的部队干部（含副军级）、省军区副司令、中央直属和各省市大型企业副职负责人、航空公司 M8 级干部、中国科学院院士（副部级待遇）；外国大使及部级以上（含副部级）的领导人。

2）操作办法

（1）值机部门与贵宾服务部门接到一个航班上有多个 VVIP 和 VIP 的信息时，负责在航班开始办理值机手续前 30 分钟，按 VVIP 和 VIP 的职务次序制订座位排序方案。

（2）以排序方案作为参考依据，在座位发放过程中，以满足要客对座位的需求为主，及时进行相应的调整。

（3）在安排座位时，要兼顾要客的陪同人员。对要客的配偶和符合要客标准的随行人员原则上以职务最高为依据可以安排坐在一起。

6. 要客的服务保障

（1）按国家规定的行政级别在副部级以上（含副部级），或公司要求按要客标准保障的重要客人及省市政府重要领导人（如不使用贵宾厅），由两舱休息室的服务员给予引导和接、送机等服务保障。

（2）工作人员到岗后应准备好接送要客的全部服务业务用品（含要客服务通知单、要客证件信封、重要旅客专用轮椅、要客专用雨伞）等。当接到值机柜台的通知后，应在3～5分钟内赶到值机柜台引导旅客。

（3）到达后应与经办值机员交接重要旅客及随行人员的乘机资料（含机票、工作证件、身份证件、登机牌、行李提取联）等，并将其装入要客证件信封。并请旅客将本人级别等资料填入要客服务通知单内，然后带齐旅客的随身物品，引导走专门的安全检查通道。

（4）引导要客到两舱休息室候机，尽量为要客选择较安静的座位区域，在条件允许的情况，要客的座位区域与其他两舱旅客的座位区域应间隔一定的区间。

（5）将装有要客及其随行人员的乘机资料（客票、登机牌、证件等）的要客信封袋交给旅客，并当面核实清楚，同时将航班信息告诉旅客。

（6）要客就座后，应及时向旅客介绍休息室内服务设施及其服务种类，并严格按两舱休息室服务标准为旅客提供服务，在航班允许登机后，及时引导要客最先或最后登机与机组办理要客服务的交接手续。

（7）当乘坐航班不正常时，要客服务员要及时向要客反馈航班动态，并征求要客的意见，按客人的需求，主动协助联系航空公司，为要客办理改签、退票或退运行李等手续。

（二）无成人陪伴儿童

1. 定义

无成人陪伴儿童（亦称"无伴儿童"）（UM）是指年龄满5周岁但不满12周岁，没有年满18周岁且有民事行为能力的成年人陪伴乘机的儿童。

2. 运送条件

1）拒运

（1）不足5周岁的儿童单独乘机。

（2）12周岁以下的残障儿童单独乘机。

（3）未经航空公司同意。

（4）在非航空公司或航空公司未授权的售票处出票者。

2）各类机型运送限量

（1）B737、A319、B767飞机：5名无成人陪伴儿童/航班。

（2）多尼尔飞机：2名无成人陪伴儿童/航班。

（3）年龄在12周岁至15周岁按成人票价购买客票的旅客，如提出申请，可按无成人陪伴儿童办理，无载运数量限制。

3. 申请时限及购票要求

（1）至少应在航班离站前24小时提出。

（2）符合航空公司规定的运送条件。

（3）经航空公司同意。

（4）在航空公司或航空公司授权的售票处办理订座和购票手续。

（5）必须在订座购票时填写《乘机申请书》。

（6）购票时必须出具儿童的户口簿或出生证及其父母或监护人的身份证。

（7）购票时，无成人陪伴儿童的父母或监护人必须提供始发与到达站的接送人员有效姓名、地址和联系电话。

4. 乘机要求

（1）由无人陪伴儿童父母或监护人负责办理完乘机手续，及抵达到达站出口后的接送和照料。

（2）出现两个或者两个以上航班的衔接运送时，由无人陪伴儿童的父母或监护人负责各个航班衔接中转站的接送和照料，并提供接送人姓名、地址和电话号码。

（3）需要承运人或者由当地雇用服务人员照料儿童时，应预先提出并经承运人同意后方可接受运送。

（4）航空公司有权根据《乘机申请书》中的内容，核实无人陪伴儿童在航班衔接站和目的站接送人的身份证件（图7.3）。

无成人陪伴儿童乘机申请书
UNACCOMPANIED MINOR
REQUESTED FOR CARRIAGE – HANDLING ADVICE

| 至：中国南方航空公司_____售票处 | | 日期 | |
| TO | | DATE _____ | |

儿童姓名 NAME OF MINOR _____　　性别 SEX _____

出生年月 DATE OF BIRTH _____　　年龄 AGE _____

航程 ROUTING

自 FROM	至 TO	航班号 FLT NO	等级 CLASS	日期 DATE

航站 STATION	接送人姓名 NAME OF PERSON ACCOMPANYING	地址、电话 ADDRESS AND TEL NO
始发站 ON DEPARTURE		
中途分程站 STOPOVER RPOINT		
中途分程站 STOPOVER POINT		
中途分程站 SPOPOVER POINT		
到达站 ON ARRIVAL		

儿童父母或监护人姓名、地址、电话：
PARENT/GUARDIAN—NAME, ADDRESS AND TEL NO _____

图 7.3　《无成人陪伴儿童乘机申请书》样本

5. 直达、联程运送条件

直达航班可接受 5 至 11 岁无成人陪伴儿童运送，联程航班可接受 8 至 11 岁无成人陪儿童运送，如涉及其他承运人还应得到有关承运人确认的电报同意后方可承运。过夜的联程运送，如涉及其他承运人还应得到有关承运人确认的电报同意后方可承运。过夜的联程航班不接受无成人陪伴儿童。

6. 乘机服务

1）始发站值机服务

（1）值机部门人员应发给无成人陪伴儿童标志牌和文件袋。在儿童乘机过程中，标志牌应别在儿童的胸前，存放客票、无成人陪伴儿童运送申请书以及旅行证件等各种运送凭证的文件袋挂在儿童胸前。

（2）在办理值机手续时，值机部门人员需要根据机票上所附的 SPA/UM 电报或者传真信息，核对《乘机申请书》及旅客身份证件的有效性，必要时核实航班衔接站和目的站的指定接送人情况；核对无误后，方可办理乘机手续。

（3）应尽可能安排在便于客舱乘务员照料的适当的前排座位，但不得安排在飞机的紧急出口。

（4）服务人员协助办理各项乘机手续，并根据《乘机申请书》填写《乘机服务单》。

（5）对于不符合运送条件的年龄未满12周岁的儿童，事先未提出特殊服务要求并做出服务安排的，可拒绝登机。

2）始发站候机及登机服务

（1）在候机期间，服务部门应安排专人负责对无伴儿童的照料。

（2）无成人陪伴儿童可安排先于其他旅客登机。

（3）在无成人陪伴儿童登机时，由服务人员将儿童及二份《乘机服务单》一并交给客舱乘务长，办妥交接手续后，其中一份《乘机服务单》由服务部门存档备查。

（4）服务人员须检查儿童的胸前是否别有无成人陪伴儿童标志牌。

（5）航班取消时，也可将儿童交还其家长或监护人。

（6）航班离站后，地面服务单位（如配载或特殊旅客服务室或商务调度，根据当地情况确定）应通过拍发特殊旅客服务报（PSM/UM），亦可采用传真、服务网信息系统方式将无伴儿童乘机信息通知经停站和目的地。

3）过站服务

（1）经停站的值机部门在收到售票处发出的 SPA/UM 电报或者传真等方式通报的有关无伴儿童乘机信息后，对由儿童父母或监护人安排在该地点的接送人以及要求所提供的服务（如要求航班衔接站航空公司或者雇用当地代理单位服务人员照料儿童）需要予以证实时，应尽快予以联系和证实，并给予复电或者相应的方式回复。

（2）航班衔接站对于提供儿童所要求的服务事项，如需付费应将所需费用通知经办的售票处。

（3）衔接站在接到 SPA/UM 电报或者相关信息后，应用电话或者信函与迎接儿童的儿童父母或监护人或由他们所安排的人联系，以保证在等候续程航班期间有人照料儿童。

（4）当儿童在等候续程航班期间交由当地雇用的服务人员照料时，航班衔接站应与该服务人员保持密切的联系和合作。

（5）如班机在航班中途站更换乘务组，上一班的乘务组应保证儿童和文件袋转交给下一班乘务组。

（6）航班衔接站如果无法与 SPA/UM 电报或者传真等相关信息中指定的迎接人联系时，应立即通知经办的售票处和 SPA/UM 电报或者传真等相关信息中所列全部有关站。

4）到达服务

（1）目的站的值机部门在收到售票处发的 SPA/UM 电报或者相关儿童乘机信息后，对由儿童父母或监护人安排在该地点的接送人以及要求所提供的服务（如要求航班衔接站航空公司或者雇用当地代理单位服务人员照料儿童）需要予以证实时，应尽快予以联系和证实，并给予复电或者相应的方式回复。

（2）目的站如果无法与 SPA/UM 电报或者相关儿童乘机信息中指定的迎接人联系时，应立即通知经办的售票处和相关儿童乘机信息中所列全部有关站。

（3）在儿童到达前，目的站应将预计到达时间随时通知迎接儿童的儿童父母或监护人。飞机到达后，乘务长应将儿童和文件袋交给目的站的地面服务人员，并根据《乘机服务单》办理交接手续，由服务人员带领儿童办理各项到达手续。

（4）地面服务人员将儿童和文件袋交给迎接儿童的儿童父母或监护人。在交接时须查验迎接儿童的儿童父母或监护人的证件，确认无误后方可交接，同时请儿童的父母或监护人在《无成人陪伴儿童乘机申请书》上签字。

（5）将儿童交给儿童的父母或监护人后，目的站应将无成人陪伴儿童运送完成情况通知经办的售票处，同时将无成人陪伴儿童的资料及儿童的父母或监护人签字的无成人陪伴申请书等资料存档备查。

（三）病残旅客

1. 定义

病残旅客是指具有永久性或者暂时性的身体或者心理上的损伤，造成主要日常生命活动部分或者大部分受到实质性限制，有损伤记录或者被认为受过此类伤害的旅客。此类旅客在上下飞机、飞行途中（包括紧急疏散）及在机场地面服务过程中，需要他人予以单独照料或者帮助，包括病患旅客和残障旅客。

病患旅客是指患有突发性疾病或患有常见性疾病（如传染性疾病、心脏病、冠心病、高血压、糖尿病、哮喘等病症）的旅客，以及丧失生活自理能力的病患旅客或患重病的旅客（病患轮椅旅客、担架旅客等）。残障旅客是指带有先天残疾，已习惯于自己生活且具有生活自理能力的残疾人，以及手脚不灵便或者只在机场地面或上下飞机时需要帮助的残障旅客。

2. 不予承运的病患者

（1）患有下列疾病之一者，航空公司拒绝运送或拒绝续程运送：①患有传染性疾病，如霍乱、伤寒、副伤寒、发疹性斑疹伤寒、痢疾、水痘、麻疹、天花、猩红热、白喉、鼠疫、流行性脑炎、脑膜炎、开放期肺结核、急性肝炎、黄热病、艾滋病及其他传染病；②精神病患者，易发狂，可能对其他旅客或者自身造成危害者；③未经妥善处理的面部严重损伤、有特殊恶臭或者有特殊怪癖，可能引起其他旅客厌倦或者不适者；④健康情况可能危及自身或者影响其他旅客安全者。

（2）患有下列疾病之一者，除为了挽救生命，经航空公司预先同意并进行特别安排者外，航空公司不予承运。①处于严重或危急状态的心脏病患者，如严重的心力衰竭、呼吸急促、需深度吸氧、面有发绀症状、在旅行前六周之内曾发生过心肌梗死；②严重的中耳炎，伴随有耳咽管阻塞症的患者；③近两周内患有自发性气胸的病人或者做过气胸整形的患有神经系统病症的病人；④大纵隔肿瘤，特大疝肿及肠梗阻的病人；⑤头部损伤颅内压增高及颅骨骨折者；⑥下颌骨骨折最近使用金属线连接者；⑦在过去30天内患过脊髓灰质炎的病人，延髓型脊髓灰质炎患者；⑧带有严重咯血、吐血、出血、呕吐或者呻吟症状的病人；⑨近期进行过外科手术，伤口尚未完全愈合者。

3.诊断证明书

（1）必须提供《诊断证明书》的病患（伤）旅客（此类旅客受严格的载运限制）：①担架旅客。②需要提供飞机上医疗氧气的病患旅客。③肢体病伤旅客。④承运人及其代理人怀疑在飞机上需要额外医疗服务的情况下，才能够完成所需航程运送的旅客。

（2）病患旅客提出乘机申请时，在订座与购票时必须提供《诊断证明书》一式三份。《诊断证明书》可以在航空公司售票处领取，并由医疗单位填写旅客的病情及诊断结果，经主治医生签字、医疗单位盖章。

（3）《诊断证明书》在航班离站前48小时内填开有效。

（4）病患旅客办理乘机手续时须交验《诊断证明书》。

4.乘机申请书

（1）病残旅客要求乘机旅行，在申请订座和购票时需填写《乘机申请书》，一式三份。

（2）《乘机申请书》应由病残旅客本人签字，如本人书写困难，也可由其家属或者监护人代签。

（3）旅客年龄、性别、国籍；旅客的病情及旅行所需要的《诊断证明书》是否齐备。

（4）旅客是否需要躺在担架上乘机。

（5）飞机上或者地面（包括始发站、到达站及航班衔接站）需要做何种特殊安排。

如餐食、医药、氧气、救护车、轮椅、升降机，以及旅客能否自行上下飞机，是否需要抬担架或者轮椅的人员以及机上停留等。

（6）陪伴人员情况。

（7）如运送关系到挽救病人生命时，应加以注明。

（8）在到达站迎接的人员姓名、联系地址、电话。

5. 乘机申请及办理乘机手续时间限制

（1）病残旅客须事先在航空公司规定的售票处办理订座和购票手续，提出特殊服务申请。

（2）以下人员必须在航班离站48小时以前提出乘机要求，得到航空公司明确给予承运的答复，并于其航班开始办理乘机手续1小时前来到航空公司或航空公司代理人柜台办理乘机手续。①担架旅客；②病患轮椅旅客；③携带电池驱动轮椅的旅客；④旅客携带的轮椅或者其他辅助设备的电池为危险品材料，需要航空公司妥善包装；⑤残疾旅客团队超过（含）10人以上；⑥需要机上医疗氧气瓶的旅客；⑦携带保育箱旅客。

（3）如果旅客没有提前告知航空公司或没有在规定的时间内来到值机柜台办理乘机手续，航空公司尽力安排病残旅客所要求的服务或设备，但是以不能延误航班为前提。

6. 机型保障条件

（1）病残旅客满足航空公司机型保障条件和限定载运人数的范围。

（2）病残旅客必须知晓并接受航空公司飞机客舱病残旅客保障条件和航空公司基地或机场拆装飞机客舱座椅担架旅客保障条件。

7. 服务保障设备及病残辅助设备

除运送病残旅客所需的地面服务保障设备和飞机上的病残辅助设备外，病残旅客根据需要选择的其他设备及人员服务（如救护车、升降机、抬担架人员、机上医疗氧气设备等）的费用，应由其自行负担。

8. 病残旅客及其陪护人员

（1）以下病残旅客必须由旅客提供陪护人员：①无自理能力轮椅旅客；②担架旅客；③心理疾病并且对发出的安全指令不能理解或者做出必要反应；④严重受伤（或损伤）造成行动不便，不能够自己单独完成紧急撤离；⑤听力或者视力严重损伤旅客。

（2）陪护人员必须是成人且有自主能力，可协助病残旅客如厕、紧急撤离及登机、下机必须全程陪同，须熟悉病患病情并提供相关帮助，不可有其他任务（如照顾儿童），能够胜任处理病患旅客机上医疗需要。

9. 联程航班衔接地停留时间

联程运送时，病患旅客在航班衔接站地面停留时间不应少于 150 分钟，并且提前获得与航空公司有结算关系的联程运送承运人的同意。

10. 病残旅客服务的一般规定

（1）服务人员（包括地面及空中服务人员）应主动询问病残旅客需求，例如如何提供帮助和怎样提供帮助。服务人员应充分认识到病残旅客比服务人员更了解自己身体状况和服务需求。

（2）不能歧视病残旅客。服务人员不能要求病残旅客接受特殊服务（包含但不限于提前接机），但是可以询问旅客是否需要某一特殊服务、设备或者其他照顾。此外，不能够拒绝或者取消病残旅客享受航空公司为其他旅客提供的服务或待遇。

（3）必须及时提供上、下机或者病残旅客要求的中转服务；提供相关设备（例如轮椅等）和服务（例如推动轮椅、帮助搬运和放置行李等）。

（4）在满足安全需要的前提下，允许病残旅客将他们带入客舱内的随身携带物品或者服务设备放置在离他们座位附近的区域合适的位置。

（5）允许病残旅客将他们的轮椅或者轮椅的一部分（例如轮子、坐垫）安全地放置在座位上方的行李架内或者座位底下。

（6）如果病残旅客提前登机，可以充分利用优先登机的便利将轮椅放在飞机客舱专用储藏柜中；如果病残旅客没有提前登机，则和其他旅客一样，按照先到先使用的原则，使用储藏柜。

（7）必须保障在机场或者在飞机上，残疾人旅客能够接收到航空公司为其他旅客提供的相同信息，包括但不限于登机门信息，航班延误及其他不正常安全信息。例如，对于听力障碍旅客服务人员可以在纸片上用笔将相关信息简短提示，或用航班显示屏显示航班信息。对于视力障碍旅客可以提供广播或者语言提示，或用指尖部分在其手掌中从左至右写字写满后，用手轻轻擦拭，再重新写的方式告知信息。

（8）在符合安全规定的前提下，允许病残旅客携带服务性动物进入客舱，如果动物不阻碍通道或者其他紧急撤离路线，不对其他旅客造成身体或者安全上的明显威胁，不影响空中服务，应尽可能允许服务性动物坐在离主人靠近的位置。一般情况下，为避免阻碍或者占用空间，安排动物坐在病残旅客座位的前下方。像成人抱着两岁以下的婴儿一样，在与此尺寸大致相同的情况下，病残旅客可以怀抱着动物。

（9）如果座位空间不够，服务性动物放置不下，并且在相同的舱位下有可以安排的其他合适座位，必须提供病残旅客携带其动物转移到其他座位的机会，而不是要求动物放入货舱中运送。如以上条件都不满足，服务性动物必须放入货舱中运送。服务性动物在本规定里主要是指导盲犬和助听犬。导盲犬或者助听犬，是指经过专门训练能够为视力障碍或听力障碍人士助听的狗。

（10）航空公司或航空公司地面代理服务人员（包括空中服务人员）必须了解航空公司飞机客舱病残旅客保障条件以及航空公司基地或机场飞机客舱座椅拆卸保障条件、限制条件、座位安排、轮椅等设备在客舱内的存放位置、机上可供病残旅客使用的洗手间等信息。对病残旅客需要的信息及时应答。

（11）在条件允许的情况下，请旅客提供其轮椅的拆装书面说明，或者根据病残旅客的口头建议拆卸轮椅。如根据运送需要，轮椅需要拆卸，在病残旅客已提前要求并预先指定的地点交还旅客自己携带的轮椅，必须完好如初，能够正常使用。而不是将轮椅零部件提供给旅客。

（12）不能要求病残旅客签署其携带的轮椅或者其他辅助设备丢失或者损害的弃权声明。可以针对轮椅或者其他设备已经存在的破损情况拴挂免除责任行李条。

（13）如果病残旅客需要在登机、下机、航班中转、登机门之间的运送服务时，必须提供。此外，需要特别指出的是，根据需要，提供以下内容：①地面服务人员服务；②地面轮椅；③登机轮椅；④升降机等必要服务设备。

（14）不能让无人陪伴的病残旅客在地面轮椅或者其他不能自由活动的设备中单独等待超过30分钟。

（15）对认定为病残的旅客，以下四种具体情况必须提供特殊的座位安排：①当一名旅客使用过道轮椅上机，并且不容易转移翻过固定的过道扶手，必须为其安排过道座位，并且该座位有可移动的座椅扶手；②必须将病残旅客的陪伴人员安排在相邻的座位上；③根据旅客需要，尽可能为携带服务性动物进客舱的病残旅客提供前头空间较大的座位；④如果旅客腿被夹板固定，不能自由活动，为其提供空间较大的座位。

（16）除非是在紧急撤离的情况，病残旅客上机、下机或者其他地面服务过程中，不允许地面服务人员通过手揽、肩背等方式直接碰触旅客身体。

（17）如遇病残旅客运送条件不充分等特殊情况下，航空公司应根据医疗证明、运输总条件和航班保障能力进行综合评估，由特殊旅客服务部门协调地面服务、客舱服务及医疗团队共同决策处理。在无营业部地区，地面服务代理方须及时向航空公司客户服务席请求处理意见。当病残旅客对地面服务不满意或者地面服务出现缺陷或者失误，地面服务部门须向病残旅客提供航空公司安全运行品质监察部服务质量督察中心电话号码及通信工具（电话）。

（18）对于符合航空公司运送条件的病残旅客，航空公司按规定安排运送。对于不符合航空公司运送条件的旅客，航空公司拒绝运送，但给予病残旅客其他建议或意见，尊重旅客的选择及后续安排，并积极协助。对于被拒绝运送的病残旅客，航空公司安全运行品质监察部服务质量督察中心将在自旅客被拒绝运送的当天开始的10个自然日内，出具拒绝运送的书面证明。

11. 服务保障工作准备及过程监控

（1）航空公司客户服务席值班员及时了解始发站、经停站、到达站相关的各分部商务调度室、航空公司营业部场站、无航空公司营业部的地面服务代理单位、航空公司维修工程部等单位的组织保障准备工作。

（2）始发站、经停站、到达站相关的航空公司各分部商务调度室、航空公司营业部场站、航空公司营业部地面代理单位、航空公司维修工程部等保障单位将准备情况及时向航空公司客户服务席通报。

（3）在已提前申请的病残旅客乘机当天，航空公司客户服务席值班员监控服务保障各单位的保障情况。

（4）如相关服务单位保障不当，造成病残旅客现场投诉或者跟踪保障情况，发现服务存在缺陷或者缺失，航空公司客户服务席值班员及时了解情况，及时协调相关单位或者资源进行保障。

（5）对于在候机楼现场提出运送申请或者现场发现需要特殊保障的病残旅客，地面服务人员应按以下程序规定执行：①根据航空公司运送条件判断旅客能否成行，满足条件的旅客，积极安排成行；不满足条件的旅客，拒绝运送；②对无法判断是否适宜乘机的旅客，如无法提供有效的《诊断证明书》或者对旅客病情请机场急救中心医生检查也无法判定是否适宜乘机时，按前述处置原则执行；③对限于机场保障条件及机型保障条件无法判定时，应向航空公司客户服务席值班员进行申报。在接到地面服务单位的电话申请后，航空公司客户服务席值班员详细了解病残旅客当时情况及需要，并负责向经停站、目的站、航空公司维修工程部了解保障能力和条件，根据了解情况，及时回复地面服务单位。对适合成行的病残旅客，通知相关单位妥善保障。

（6）对于在始发站、经停站、中转站被拒绝登机的旅客，由地面服务带班人员负责通报航空公司客户服务席值班员，并将被拒绝运送旅客的乘机资料复印件及被拒绝原因的书面材料反馈。客户服务席值班员负责向值班主任报告，由值班主任统一向航空公司安全运行品质监察部服务质量督察中心以及航空公司股份办公室值班进行通报。对于因拒绝运送可能危及病残旅客生命安全或者造成肢体功能永久性丧失，航空公司值班主任还应立即向航空公司值班领导报告。航空公司安全运行品质监察部服务质量督察中心以及航空公司股份办公室值班接到通报后及时监控，并提示地面服务人员给予被拒绝运送旅客提供多种建议，积极协助联系及后续安排，做好相应的善后处置工作。

（四）轮椅旅客

1. 定义

轮椅旅客是指在航空旅行过程中，由于身体的缺陷或者病伤，不能独立行走或者步行有困难、依靠轮椅代步的旅客，包括残疾轮椅旅客和病患轮椅旅客。

残疾轮椅旅客是指由于身体的先天缺陷或者肢体有损伤记录或者被认为有过此类伤害而造成下肢终身残疾，行动不便或者不能够自己单独完成紧急撤离的残疾旅客。

病患轮椅旅客是指身患重病使得肢体严重受伤或者损伤，不能够自己单独完成紧急撤离的病患旅客。

2. 分类

（1）WCHC（WHEELCHAIR-SFORCABINSEAT）轮椅——用以到达或者离开客舱座位。旅客自己完全不能行动，需要一定的工具帮助他从候机室到达或者离开飞机旁、上下客梯和到达或者离开客舱座位（此类轮椅旅客被视为无自理能力轮椅旅客，运送受到严格限制）。

（2）WCHS（WHEELCHAIR-SFORSTEP）轮椅——用以上下客梯即旅客可以自己走到或者离开客舱座位，需要一定的工具帮助他上下客梯和从候机室到达或者离开飞机旁（此类轮椅旅客被视为有半自理能力轮椅旅客，运送受到一定限制）。

（3）WCHR（WHEELCHAIR-SFORRAMP）轮椅——用以通过停机坪。旅客可以自己走到或者离开客舱座位和上下客梯，仅需一定工具帮助他从候机室到达或者离开飞机旁（此类轮椅旅客被视为有自理能力轮椅旅客，运送不受限制）。

3. 运送条件

（1）航空公司每一航班的每一航段上，无自理能力轮椅旅客（WCHC）和/或无成人陪伴同行的半自理能力轮椅旅客（WCHS），一般只限 2 名，且不能与担架旅客在同一架飞机上承运；有成人陪伴同行的半自理能力轮椅旅客（WCHS），不同机型限制人数不同，如 D328 限载 2 名，B737、A319 限载 5 名，B767 限载 8 名；有自理能力轮椅旅客（WCHR）不限数量，也不限机型。

（2）轮椅旅客的承运条件，除满足病残旅客承运需要具备的相应条件外，还需符合下列规定：①只在机场地面或上下飞机时需要帮助的残疾轮椅旅客，可不需要提供《诊断证明书》，但需填写《特殊旅客（残疾轮椅）乘机申请书》。在乘机申请书中应详细说明残疾轮椅旅客的类别，如无自理能力残疾轮椅旅客（WCHC）、半自理能力残疾轮椅旅客（WCHS）、有自理能力残疾轮椅旅客（WCHR），以便承运人做好相应的服务保障安排。②轮椅旅客需要在航班离站前 48 小时提出订座申请和购票。③无自理能力轮椅旅客在整个旅途过程中，必须有家属或其监护人陪同。④如该轮椅旅客是病患旅客（肢体严重受伤或者损伤），这属于限制运送的范围，除在订座购票时填写《特殊旅客（病患轮椅）乘机申请书》外，还须在订座购票以及办理乘机手续时交验《诊断证明书》。⑤无自理能力轮椅旅客，以及旅客携带的轮椅或者其他辅助设备的电池为危险品材料，需要航空公司妥善包装，旅客必须在航班离站 48 小时以前提出并得到航空公司明确给予承运的答复，并在该航班开始办理乘机手续 1 小时前来到航空公司或航空公司代理人柜台办理乘机手续。⑥自带轮椅可免费运送，可作为托运行李装在货舱内，亦可携带进入客舱放置于飞机客舱专用储藏柜内。

4. 乘机服务

（1）始发站、经停站及目的站的地面服务部门在接到售票部门传递的有关轮椅旅客的运送信息时，应及时做好服务保障的准备工作。

（2）对于轮椅（WCHC、WCHS）类型的旅客，需要增加特殊服务设备（如轮椅升降机）和特殊服务事项（如要求在经停站留在机上等候等）时，客户服务席值班员对各有关站的服务保障进行监控及协调。

（3）有关站为轮椅旅客提供相应的乘机服务和设备保障服务。如必要的引导服务、协助办理乘机手续服务、候机期间必要的照料，为旅客提供推轮椅服务，并根据旅客情况提供上下机服务（如提供旅客登机车）。

（4）航班离站前，地面服务部门应填写《乘机服务单》一式四份，一份地面服务部门留存，另三份交给乘务长。地面服务员与乘务长进行交接时，将轮椅旅客及其座位号等信息通知乘务长。

（5）航班离站前，如果发现没有按要求提供医疗《诊断证明书》的病患轮椅旅客，或者发现无自理能力等受载运限制的残疾轮椅旅客未预先提出运送申请，地面服务人员有权拒绝办理乘机手续，机长有权拒绝登机。旅客被拒绝登机后，地面服务带班人员应按照有关未满足航空公司承运条件的处置程序执行，航空公司有关部门应做好相应的善后处置工作。

（6）航班离站后，地面服务单位（如配载或特殊旅客服务室或商务调度，根据当地情况确定）应通过拍发特殊服务电报，亦可采用传真、服务网信息系统方式，将轮椅旅客乘机信息通知经停站和到达站以便组织后续保障工作。

（7）根据收到的轮椅运送电报或者传真等有关轮椅旅客的乘机信息，经停站应做出服务安排，并在旅客过站期间提供相应的服务；到达站应与旅客的迎接人员取得联系，做出必要的服务安排。

（五）盲人、聋人、言语障碍旅客

1.定义

盲人旅客是指双目失明的旅客，不是指眼睛有疾病的旅客（眼睛有疾病或者视力受到严重损伤的不属于盲人旅客，应按病患旅客的有关规定办理）。

聋人旅客是指因双耳听力缺陷旅客。有耳病或者听力受到严重损伤，应按病患旅客的有关规定办理。

言语障碍旅客是指因病患使语言表达能力受到限制或者声带受到严重损伤的旅客，应按病患旅客的有关规定办理。

2.分类

（1）无成人陪伴（单独旅行）的盲人旅客、无成人陪伴（单独旅行）的聋人旅客、无成人陪伴（单独旅行）的言语障碍旅客；

（2）有成人陪伴的盲人旅客、有成人陪伴的聋人旅客、有成人陪伴的言语障碍旅客。

3.运送条件

不满16周岁的盲人旅客、不满16周岁的聋人旅客、不满16周岁的言语障碍旅客单独乘机，航空公司不予承运。盲人旅客、聋人旅客、言语障碍旅客的承运条件，除满足病残旅客承运需要具备的相应条件外，还需符合下列规定：

（1）盲人旅客、聋人旅客、言语障碍旅客在航空旅行过程有成人陪伴同行，按一般旅客接受运送（此类旅客运送不受限制）。

（2）单独旅行的盲人旅客、单独旅行的聋人旅客、单独旅行的言语障碍旅客，必须在订座时提出申请，经航空公司同意后，在航班离站前48小时内购票（此类旅客运送受限制）。

（3）单独旅行的盲人旅客，必须具备自己走动、能够照料自己，在进食时不需要其他人帮助的能力。

（4）无成人陪伴的盲人旅客、无成人陪伴的聋人、无成人陪伴的言语障碍旅客，应由其家属或者他的照料人在始发站陪送到上机地点，在到达站在下机地点予以迎接。

（5）盲人如需携带导盲犬或者聋人如需携带助听犬，必须在申请定座时提出，经航空公司同意方可携带。

（6）盲人携带的导盲犬或者聋人携带的助听犬应具备必要的检疫注射证明和检疫证明书。在申请定座时，应向航空公司出示此种证明。

（7）导盲犬或者助听犬经航空公司同意可免费携带进入客舱或者装在货舱内运送，连同其容器和食物，可以免费运送而不计算在免费行李额内。但是在中途不降停的长距离飞行航班上，航空公司不接受导盲犬或者助听犬的运送。

（8）带进客舱的导盲犬或者助听犬，须在上飞机前为其戴上扣套和系上牵引绳索，并不得占用座位和让其任意跑动。同一客舱内只能装运一只导盲犬或者一只助听犬。

（9）装在货舱内运送的导盲犬或者助听犬，其容器的特性必须坚固。该容器应当能防止导盲犬或者助听犬破坏、逃逸和伸出容器外，并能防止粪便渗溢，以免污染飞机设备和其他物品。

（10）单独旅行的盲人、单独旅行的聋人、单独旅行的言语障碍旅客、盲人携带的导盲犬、聋人携带的助听犬，如为联程运送，应取得有关承运人的同意后方可受理。

4. 售票服务

（1）盲人旅客、聋人旅客、言语障碍旅客需事先在航空公司规定的售票处办理订座和购票手续。

（2）售票员受理属于限制运送的盲人旅客、聋人旅客、言语障碍旅客订座时，应向航空公司座位控制部门进行座位申请和确认。并由其家属或他的照料人填写一式三份《特殊旅客（无成人陪伴的盲人/聋人/言语障碍旅客）乘机申请书》。

（3）需要携带导盲犬或者助听犬进入飞机客舱的，售票处必须通报客户服务席值班员，值班主任报公司值班领导同意后，方可接受办理。

（4）携带导盲犬的盲人或者携带助听犬的聋人旅客所提供的有关证件经查验符合要求后，方能办理订座手续。

（5）售票员建立 PNR 时，在 SSR 项内注明"UNACCOMPANIEDBLND/DEAF/DUMB"（无陪伴的盲人 / 聋人 / 言语障碍旅客），如携带导盲犬或者助听犬的并加注"PETC"；在 OSI 栏内注明，例如"PAX/BLND45YEARSOLDMALE"或"PAX/DEAF45YEARSOLDMALE"。

（6）售票员要认真检查无成人陪伴的盲人旅客、聋人旅客、言语障碍旅客的情况，接送人员和《乘机申请书》等是否符合运送条件，并注意该盲人旅客、聋人旅客、言语障碍旅客除双目失明或是听力、说话能力外，是否患有其他疾病。

（7）如果发现有其他疾病，应向其说明，按病患旅客的有关规定办理。无成人陪伴的盲人旅客、聋人旅客、言语障碍旅客，一般应避免安排在比较拥挤的航班上。

（8）无成人陪伴的盲人旅客、无成人陪伴的聋人旅客、无成人陪伴的言语障碍旅客购票后，售票员撕下其《乘机申请书》，一份由售票处留存，另两份分别订在客票乘机联、旅客联上一并交给旅客，并告知以上单据是旅客办理乘机手续的必备运送票据。

（9）盲人旅客、聋人旅客、言语障碍旅客购票后，售票员应拍发"盲人 / 聋人 / 言语障碍旅客运送"电报或者采用传真方式通报始发站、中途站和到达站。单独旅行的和携带导盲犬或助听犬的盲人旅客、聋人旅客、言语障碍旅客，受理的售票处应将相应的《乘机申请书》传真至客户服务席备案，客户服务席值班员通报当日值班主任。

5. 乘机服务

1）始发服务

（1）办理乘机手续时，值机员应检查盲人旅客或者聋人旅客连同所携带的导盲犬或者助听犬的运送条件是否符合航空公司规定。如不符合规定，可拒绝运送。

（2）办理乘机手续柜台应通知服务人员协助盲人旅客、聋人旅客、言语障碍旅客办理乘机手续，并填写《乘机服务单》，一式四份，引导盲人旅客、聋人旅客、言语障碍旅客乘机。

（3）为盲人旅客、聋人旅客、言语障碍旅客服务应做到语言简洁，手势明了（包括过站、到达、空中服务）。

（4）盲人旅客、聋人旅客、言语障碍旅客的座位应安排在靠乘务员和靠窗口并尽可能靠近盥洗室的位置，但不得安排在紧急出口处。有成人陪伴的盲人旅客、聋人旅客、言语障碍旅客，其陪伴人的座位应安排在盲人旅客或者聋哑人旅客座位旁。如机上座位不满，其座位可根据情况应安排在离紧急出口较远的位置上。

（5）登机时应安排盲人旅客、聋人旅客、言语障碍旅客先于一般旅客登机。地面服务人员凭《乘机服务单》与乘务长进行交接并将旅客及其座位号通知乘务长。

（6）航班离站前，如果发现有单独旅行的盲人旅客、单独旅行的聋人旅客、单独旅行的言语障碍旅客，或者携带导盲犬或者助听犬的旅客，且未预先得到运送的通知，地面服务人员可拒绝办理乘机手续，机长有权拒绝登机。

（7）航班离站后，地面服务单位（如配载或者特殊旅客服务室或商务调度，根据当地情况确定）应通过拍发特殊服务电报（PSM/UM-BLNDORDEAFORDUMB），亦可采用传真、服务网信息系统的方式，将盲人旅客、聋人旅客、言语障碍旅客的乘机信息通知经停站和到达站。

2）过站服务

（1）过站服务包括到达和出发服务。应根据接收到的盲人旅客、聋人旅客、言语障碍旅客乘机信息，做出服务安排，并在旅客过站期间，提供相应的服务。

（2）经停站可根据乘务长的意见，在机上有航空公司工作人员的情况下，不安排无伴盲人旅客、无伴聋人旅客、无伴言语障碍旅客，或者携带导盲犬的盲人旅客或者携带助听犬的聋人旅客下机。

3）到达服务

（1）接收到盲人旅客、聋人旅客、言语障碍旅客的乘机信息，做出服务安排。

（2）一般情况下，应安排盲人旅客、聋人旅客、言语障碍旅客最后下机。

（3）旅客到达后，提供引导等必要的服务，协助其办理到达手续。

（4）如旅客转机，应协助其办理转机手续，按出发服务要求提供相应的服务，并在转机期间给予必要的照料和帮助。

（六）孕妇旅客

1.运送条件

怀孕不足 8 个月（32 周）的孕妇乘机，除医生诊断不适应乘机者外，在提出乘机申请时应填写"特殊旅客（孕妇）乘机申请书"，按一般旅客接受运送（此类旅客运送不受限制）。怀孕超过 8 个月（32 周）（含）但不足 9 个月（36 周）的健康孕妇，如有特殊情况需要乘机，应在乘机前 72 小时内交验由市、县级或者相当于这一级（如国家二甲级）以上医疗单位盖章和医生签字的《诊断证明书》，一式三份，且注明在"××"日前适宜乘机有效。《诊断证明书》的内容包括旅客姓名、年龄、怀孕时期、预产期、航程和日期、适应于乘机以及在机上需要提供特殊照料的事项，经航空公司同意后方可购票乘机（此类旅客运送不受限制）。下列情况航空公司不予承运：

（1）怀孕9个月（36周）（含）以上者。

（2）预产日期在4周（含）以内者。

（3）预产期临近但无法确定准确日期，已知为多胎分娩或者预计有分娩并发症者。

（4）产后不足7天者。

2. 售票服务

（1）孕妇乘机，必须事先在航空公司售票处办理订座和购票手续（孕妇旅客订座应予以优先安排）。

（2）接受怀孕8个月或者8个月以下的孕妇订座，售票员须查看预产期证明。

（3）接受怀孕超过8个月不足9个月的孕妇订座，旅客应提供《诊断证明书》，并填写《特殊旅客（孕妇）乘机申请书》。申请书应由本人签字，如本人书写困难，也可由其家属或者监护人代签。

（4）在订座记录中以SSR指令注明孕妇旅客的怀孕期或者需要提供的特殊照料项目。

（5）售票员撕下《乘机申请书》的出票人联留存，其他两份与客票一起交给旅客，并告知以上单据是旅客乘机必备的运送凭证。

（6）出票后，售票员可采用拍发电报（SPA/PRGNT）或者采用传真方式，向始发站、经停站和目的站通报孕妇旅客运送信息。

3. 乘机服务

（1）办理乘机手续时，应检查孕妇的运送条件是否符合航空公司的规定。如不符合规定，地面服务部门带班人员应按照规定的程序执行，航空公司有关部门应做好相应的善后处置工作。

（2）孕妇的座位应安排在较宽敞和便于乘务员照顾的座位（例如靠近舱门的位置）上，但不得安排在飞机紧急出口座位。

（3）在航班离站前，地面服务人员应制作《乘机服务单》并与乘务人员交接。

（4）有孕妇运送的航班，地面服务单位（如配载或特殊旅客服务室或商务调度，根据当地情况确定）应通过拍发特殊旅客服务报（PSM/PRGNT），或者采用传真、服务

网信息系统方式向前方站进行通报。

（七）婴儿旅客

1. 定义及运送条件

婴儿是指年龄不满两周岁的自然人。

（1）出生不足 14 天的婴儿和出生不足 90 天的早产婴儿，航空公司不予承运。

（2）不满两岁的婴儿按正常票价的 10% 购票，不占座位。

（3）婴儿应由年满 18 周岁以上成人携带方可。每 1 名成人只能携带 1 名按正常票价的 10% 购票的婴儿，超过数量的婴儿应按正常票价的 50% 购票，并单独占座位。

（4）国内航班婴儿无免费行李额，国际航班婴儿免费行李额为 10 千克。

（5）为便于运行控制、保证旅客的服务质量，一般以每名乘务员服务 5 名婴儿为标准，对婴儿的承运数量进行限制：依据 B767 机型构型及客舱布局不同，其承运数量分别为 37 名和 36 名；B737 承运数量为 20 名；A319-100 机型（115、112 型 138 座）承运数量为 20 名；D328 承运数量为 5 名。

（6）婴儿运送不占用座位，成本较低，为保证收益最大化，在没有其他特殊旅客的情况和满足该航班机型最大冗余氧气面罩的条件下，可按上述的规定最大限度地承运婴儿。当承运数量超过上述的规定时，售票部门必须在航班离站前 120 分钟通知客户服务席，由其通报值班主任及其他保障单位，做好服务保障和准备。

2. 售票服务

（1）婴儿不提供座位，不需订座。

（2）售票时需清楚、准确、完整地向旅客说明有关婴儿的运送条件，并口头和书面提醒旅客办理乘机手续及安检时出示婴儿身份证件原件。

（3）婴儿票按票面价收款。

（4）婴儿票可允许签转、变更，退票不收手续费。

（5）婴儿不能填开 OPEN 票。

3. 乘机服务

（1）婴儿应与陪伴的成人旅客同时办理乘机手续。

（2）办理乘机手续时，应查看婴儿出生年月的有效证明，根据所购客票核对其年龄符合运送规定。婴儿的年龄以开始乘机旅行之日计算，如开始乘机旅行时未满规定的年龄而在旅行中超过规定年龄，不另补收票价差额。

（3）购买婴儿票的婴儿旅客，不为其提供座位，但如机上座位不满，可在携带婴儿的成人旅客座位旁留出一个空座位（非紧急出口座位）。

（4）携带婴儿的成年旅客的座位不能安排在出口座位就座，严禁安排在紧急出口排座位，且其他特殊旅客不能与婴儿旅客同一排座位。

（5）婴儿乘机如无特别的服务要求，应根据情况为携带婴儿的成人旅客提供必要的帮助。

（八）老年人旅客

1.定义

老年人旅客是指年迈体弱，虽然身体并未患病，但在航空旅行中需要他人帮助的旅客。一般超过70岁（含）的旅客，为保证旅客安全，提高服务质量，均视为老年人旅客运送，给予旅途中的照顾。

2.运送条件

（1）老年人旅客乘坐飞机如身体并未患病，有自理能力则不需要提供《诊断证明书》，如年龄超过70岁（含），或者文盲、语言障碍等单独乘机的老年人旅客，在提出乘机申请时需填写《特殊旅客（老年人）乘机申请书》，按一般旅客的运送规定办理，但应根据旅客需要给予必要的引导等关照服务（此类旅客运送不受限制）。

（2）如身体虚弱、无自理能力、需要轮椅代步的老年人旅客，应视为病患旅客。此类旅客提出乘机申请时，应提供《诊断证明书》和填写《特殊旅客（病患的老年人）乘机申请书》，航空公司方可接受运送（此类旅客运送受限制）。单独旅行的半自理能力的老年人旅客属于受限制的范围，有成人陪伴则不受限制。

（3）患有冠心病、高血压、糖尿病等心脑血管病及其他不适于乘机病症的老年人旅客，一般不适于航空旅行，如提出乘机申请时，应提供适于乘机的《诊断证明书》和填写《特殊旅客（病患的老年人）乘机申请书》，否则，航空公司拒绝承运（此类旅客运送受严格限制）。患有上述疾病的老年人旅客，如果乘机过程隐瞒病情所造成的后果，由旅客自负。

（4）老年人旅客在始发站及目的站应有人接送。

3.售票服务

1）出票地点

（1）按上述承运的老年人旅客必须在航空公司直属售票处或者授权代理人处按航

空公司病患旅客的规定购票。

（2）按上述承运的老年人旅客可在航空公司直属售票处、合办售票处及与航空公司签约的中性票代理人处购票。

（3）在办理按照病患或者文盲、语言理解困难旅客运送的老年人旅客购票业务，应告知旅客在始发站及目的站安排家人接送。

2）售票注意事项

（1）各售票处在销售老年人旅客客票时，应查验旅客的有效身份证件，注意核查旅客的年龄，主动向购票人询问老年人旅客的身体状况，判断其是否为航空公司拒绝运送旅客，并视老年人旅客的身体状况决定是否为其办理特殊旅客服务。

（2）对于不需办理特殊旅客服务的老年人旅客，按一般旅客办理；若年龄超过70岁（含）或者文盲、语言理解困难等单独乘机的老年人旅客，需要填写《特殊旅客（老年人）乘机申请书》（一式三份）。售票员撕下乘机申请书的出票人联留存，另两份分别附在客票上交给旅客并告知以上单据是旅客乘机必备的运送凭据。

（3）对于视为病患旅客运送的老年人旅客，在订座购票和乘机时需要提交适于乘机的《诊断证明书》，填写《特殊旅客（病患的老年人）乘机申请书》，按受理病患旅客的程序规定办理。

（4）如需特殊照料的老年人旅客满足承运条件并购票时，售票员将需要特殊照料的事宜在定座的"SSR"内加以说明，如需要轮椅等。在OSI内说明原因，包括年龄××岁、行动不便；文盲等需要乘机服务引导。

（5）老年人旅客出票后，售票员应根据老年人旅客类别通过拍发老年人旅客运送电报或者采用传真方式向始发站、经停站和目的站进行通报，以便有关站点对老年人旅客乘机过程有所关照、实施相应的服务。

（6）如按病患旅客受理的老年人旅客，运送电报识别代号可在老年人前面添加病残字样，即"SPA/MEDA-AGED（病患的老年人）"；需要乘机服务引导的文盲等单独乘机的老年人旅客，则为"SPA/ILLITERATE-AGED（文盲的老年人）"。

（7）属于病患的老年旅客出票后，售票员及时将《诊断证明书》《乘机申请书》以传真形式通报客户服务席备案，客户服务席值班员通报当日值班主任。

4.乘机服务

（1）对已递交《乘机申请书》的老年人旅客，按照相应规定办理承运手续，提供相应的服务。

（2）如现场发现年龄超过70岁（含）或者文盲、语言理解困难等单独乘机的老年人旅客，符合上述规定，应要求其填补《特殊旅客（老年人）乘机申请书》后，按一般旅客承运并给予必要的引导服务及相关帮助。

（3）如果现场发现老年人旅客无自理能力或者患病，且未预先得到病残老年人旅客运送的通知时，应注意以下事项：①确定是否属于拒绝运送范围；②若满足病残旅客承运条件，应按病残旅客运送规定办理运送申请（注意特殊旅客承运数量），可协助旅客在当地机场急救中心办理《诊断证明书》，如当地有航空公司航医部门，可要求航空公司航医协助提供诊断指导，并要求旅客填写《旅客运送申明书》，由航空公司场站代表或者机长和机场代理相关工作人员共同见证签字。办理上述手续过程以不延误航班为前提；③值机人员在办理乘机手续时，需检查并留存《诊断证明书》和《旅客运送申明书》。地面服务人员帮助旅客办理乘机手续；协助其进行安全检查；安排其候机；直至送其上飞机；凭预先制作的《乘机服务单》与机组人员进行交接；④对于未预先提供《诊断证明书》或填写《特殊旅客（病患的老年人）乘机申请书》的无自理能力或者身患重病的旅客，地面服务人员有权拒绝办理其乘机手续，机长有权拒绝其登机。

（4）若旅客自身健康原因，且不能按照航空公司的承运要求自愿办理《旅客运送申明书》等有关手续的，航空公司有权拒绝运送。

（5）老年人旅客的座位发放应在客舱靠前的过道的位置，协助优先进行安全检查。

（6）有老年人旅客运送的航班，地面服务单位（如配载或特殊旅客服务室或商务调度，根据当地情况确定）应向经停站、目的站采用拍发特殊旅客服务报（PSM）或者通过传真、服务网信息系统方式通报。

（7）衔接站、中转站及到达站地面服务部门根据预先得到的老年人旅客的运送服务信息，应做出相应的服务安排。如结合旅客转机、上下机过程中的扶梯、电梯、登机廊桥、舷梯等容易造成旅客人身伤害的环节，及时为旅客提供提醒、搀扶、协助等服务。

（九）押解犯罪嫌疑人运送

1. 运送条件

（1）公安机关押解犯人，一般不准乘坐民航班机。押解犯人要从严控制，确有特殊情况需要押解的，须由押解所在地公安机关报请中国民用航空局公安局批准同意，并由省、市级（含）以上公安部门出具押解证明，方可接受押解运送。

（2）运送犯罪嫌疑人只限在运送始发地申请办理订座购票手续。

（3）各地公安机关在执行押解犯罪嫌疑人任务过程中，应遵守关于押解犯罪嫌疑人乘坐民航班机程序的规定。

（4）在执行押解犯罪嫌疑人任务前须向当地民航公安机关通报案犯的情况和准备采取的安全措施，经航空公司同意后持地、市以上公安机关购票证明、押解人员身份证和工作证办理手续。

（5）犯罪嫌疑人及其押解人员仅限乘坐经济舱。

（6）在有 VIP、VVIP 的航班上，不得载运押送犯罪嫌疑人。

（7）犯罪嫌疑人运送，必须事先在航空公司或航空公司授权的售票处办理订座和购票手续；提出申请后，须经航空公司客户服务席报请公司值班领导同意后方可运送。

（8）押解犯罪嫌疑人运送过程应注意保密，不得随意向无关人员透露。

2. 购票程序

（1）由公安人员凭地、市以上公安机关出具购票证明，并于运送始发地申请办理订座购票手续。

（2）售票员须查询该次航班是否有 VIP 购票。

（3）犯罪嫌疑人订座，使用一般旅客订座单，有关事项填入备注栏。在订座单背面贴上申请押解犯罪嫌疑人的公函，签上"押解人员在运送的全航程中对所押送的犯罪嫌疑人负全部责任"字样，并加盖押解人员单位公章。

（4）购票人员须填写《特殊旅客（押解犯罪嫌疑人）乘机申请书》，清楚地写明押解人及姓名、证件名称及号码、押解人数、被押解人及姓名、人数等。

（5）公安机关押解人员及犯人的票价，按电脑显示舱票价计算，不得使用特殊票价或者折扣票价。在 OSI 项目中须注明运送犯人的有关事项。

（6）售票员撕下《乘机申请书》的出票人联留存，其余两联与客票一起交给旅客，并告知以上单据是旅客乘机必备的运送凭证。

（7）办妥售票手续后，售票员应拍发犯罪嫌疑人运送电报或者采用传真方式通知始发站、中途站和到达站，并以传真形式及时通报客户服务席备案，客户服务席值班员应当将犯罪嫌疑人运送信息通报当日值班主任。

（8）任何部门发现押解犯罪嫌疑人与 VIP 旅客在同一航班上应及时通知出票单位，安排变更押解犯罪嫌疑人的航班。

3. 犯罪嫌疑人的座位安排

（1）应安排在经济舱后面或者最后一排的中间座位，不应靠窗口或者过道，也不得在紧急出口处，并尽可能远离一般旅客。

（2）犯罪嫌疑人的押解人员应安排在犯罪嫌疑人座位两旁。

（3）犯罪嫌疑人及其押解人员应安排先于一般旅客登机。

（4）应要求押解人员在进入客舱前以及在整个飞行过程中，对犯罪嫌疑人要有防止自由活动的措施。

4. 信息传递及注意事项

（1）航班离站前，地面服务部门应填写《乘机服务单》一式四份，一份留存，另三份交给乘务长。交接时，由服务人员将犯罪嫌疑人和押解人员及各自座位号一并通知乘务长，并办理交接手续。

（2）犯罪嫌疑人过站，可根据乘务长的意见，在机上有航空公司工作人员的情况下，不安排犯罪嫌疑人及其押解人员下机。

（3）犯罪嫌疑人到达，应安排犯罪嫌疑人及其押解人员最后下机。

（4）押解人员如需携带武器，由机场公安部门和机场安检部门处理。

（十）担架旅客

1. 定义

担架旅客（STCR）是指因患重病或者受重伤的原因，在旅行中不能使用飞机上的座椅而只能躺卧在担架上，或者不能在飞机座椅上坐着而必须躺着乘机的重病伤旅客。

2. 运送条件

担架旅客受严格的载运限制。航空公司每一航班每一航段上，只限载运一名担架旅客。需承运的担架旅客，除满足航空公司病残旅客承运需具备的条件外，还应符合下列规定：

（1）担架旅客至少应提前2天购票（不含航班起飞当日）。

（2）担架旅客必须至少有一名医生或者护理人员陪同旅行。

（3）拒绝承运处于休克状态的担架旅客。

（4）当航班上有VVIP时，不承运担架旅客。

（5）原则上不同意拆座椅，担架旅客机上要求躺卧时的总长度不超过152厘米，且不影响其他旅客的舒适为宜。

（6）担架旅客若有其他特殊保障需要，只能在出票时提出。若需要拆卸座椅，受理的售票处必须经客户服务席值班员通报值班主任，由值班主任报当日公司值班员同意，方可受理。

（7）担架大于 152 厘米，才需要拆座椅，小于 152 厘米无须拆座椅。客舱座椅的拆卸必须满足航空公司基地或机场拆装飞机客舱座椅担架旅客保障条件。在正常情况下，航空公司维修工程部机务人员拆卸三排旅客座椅的时间为 50 分钟；安装三排旅客座椅的时间为 60 分钟；并会提供可靠的担架固定装置。但不得因为拆卸座椅而延误航班。

（8）如担架尺寸大于 152 厘米且需要在飞机上放置担架的，需要拆卸座椅后进行安装固定。旅客本人必须购买 9 张（如 B737、A319 机型）或 6 张（B767 机型）正常票价客票。

（9）对于无须拆座椅且飞机上不放置担架的旅客所使用头等舱的航段，加收一个成人单程头等舱公布正常票价；使用经济舱的航段，加收两个成人单程经济舱公布正常票价。家属或者监护人按实际舱位单独购买机票。

（10）对于需要在飞机上放置担架且尺寸小于 152 厘米的，无须拆卸座椅，将担架固定于三排座椅上。旅客本人须按照以上第（8）项规定购买客票。

（11）原则上担架旅客不予办理联程航班业务。

（12）根据中国民用航空局规定，不允许旅客私自携带氧气袋乘机，需要时可使用机上专用医疗氧气设备。

（13）担架旅客的免费行李额为 60 千克。担架旅客自备的担架及其辅助设备不计入免费行李额，可免费运送。

3. 售票服务

担架旅客购票只能由航空公司直属营业部、售票处办理。其他任何代理售票点不允许办理航空公司担架旅客机票。

担架旅客的售票程序，除按照有关病残旅客的订座申请、承运请示、检验旅客提交的《诊断证明书》及填写的《乘机申请书》等售票服务相关规定办理外，还应按相关规定操作。

担架旅客的票价由担架旅客的个人票价和担架附加票价两个部分组成：①个人票价。根据担架旅客占用的座位等级，按电脑显示 F、Y 舱公布正常票价计算，不得使用特殊票价或者折扣票价（儿童除外）。②担架附加票价。头等舱对旅客使用担架的航段，加收一个成人单程头等舱公布正常票价；经济舱对旅客使用担架的航段，加收两个成人单程经济舱公布正常票价。

4. 乘机服务

（1）始发站、经停站、到达站地面服务部门在接到售票部门拍发的"特殊旅客（担架）运送电报（SPA/STCR）"或传真、服务网信息系统通报的信息后，应检查各部门对运送担架旅客的准备情况，如担架、升降机等，并根据接收信息方式及时回复发送单位。

（2）客户服务席值班员接到担架旅客信息通知后，负责将拆卸座椅运送担架旅客信息报值班主任；值班主任通报各单位，并将担架长度和重量提供给工程部；工程部负责将拆卸座位的具体位置、数量和重量通知计划协调席位；计划协调席位负责将拆卸座位的位置、数量、重量和担架重量通知性能值班人员进行重量计算，并将计算后的载量方案提供给相关配载单位。

（3）客户服务席监控当地地面服务代理人或航空公司客舱与地面服务分部地面服务室的服务保障工作，并督促其在候机楼中派人全程陪同担架旅客，提供抬担架服务，直至与飞行乘务组交接。

（4）办理乘机手续时，对担架旅客只发一张登机牌，在登机牌上注明其所占的全部座位号码。

（5）未拆卸座椅的担架旅客座位一般安排在客舱倒数第2排位置，先上后下，并托运担架；拆卸座椅或者未拆卸座椅（需在飞机放置担架）的担架旅客座位，一般安排在客舱座椅倒数第2、3、4排。

（6）航班离站前，地面服务部门应填写《乘机服务单》一式四份，一份地面服务部门留存，另三份交给乘务长。地面服务员与乘务长进行交接时将担架旅客及其座位号等信息通知乘务长。

（7）航班离站前，如果发现没有按要求提供医疗《诊断证明书》或者未预先提出运送申请的担架旅客，地面服务人员有权拒绝办理乘机手续，机长有权拒绝登机。旅客被拒绝登机后，地面服务带班人员应按照有关未满足航空公司承运条件的处置程序执行，航空公司有关部门应做好相应的善后处置工作。

（8）航班离站后，地面服务单位（如配载或特殊旅客服务室或商务调度，根据当地情况确定）应通过拍发特殊服务电报（PSM/STCR）或采用传真、服务网信息系统方式，将担架旅客乘机信息通知经停站和到达站以便组织后续保障工作。

（9）根据收到的"特殊旅客（担架）运送电报（SPA/STCR）"或者相关担架旅客

的乘机信息，经停站应做出服务安排，并在旅客过站期间提供相应的服务；到达站应与旅客的迎接人员取得联系，做出必要的服务安排。

任务二　旅客非正常运输服务

一、旅客误机的处理

（一）旅客误机的概念

（1）由于旅客自身原因造成不能按行程单上注明的航班日期、飞机起飞前未能办妥乘机手续等情况称为旅客自身原因误机。

（2）承运人原因导致旅客误机。

（二）旅客误机的处理

（1）旅客误机后应及时与航空公司或者航空销售代理人联系。通常承运人或者航空销售代理人应当按照所适用的运输总条件、客票使用条件，为误机旅客办理自愿变更客票或者自愿退票。

（2）承运人原因导致旅客误机，造成旅客非自愿变更客票的，承运人或者航空销售代理人应当在有可利用座位或者被签转承运人同意的情况下，为旅客办理改期或者签转，不得向旅客收取客票变更费；造成旅客非自愿退票的，承运人或者其航空销售代理人不得收取退票费。

二、旅客漏乘的处理

（一）旅客漏乘的概念

漏乘是指旅客办妥乘机手续后或者在经停站过站时未能搭乘其客票列明的航班。

（二）旅客漏乘的处理

（1）由于旅客自身原因造成漏乘，按旅客误机处理。

（2）承运人原因导致旅客漏乘，造成旅客非自愿变更客票的，承运人或者航空销售代理人应当在有可利用座位或者被签转承运人同意的情况下，为旅客办理改期或者签转，不得向旅客收取客票变更费。

三、旅客错乘的处理

（一）旅客错乘的概念

错乘是指旅客搭乘了不是其客票列明的航班。

（二）旅客错乘的处理

非承运人原因导致旅客非自愿变更客票的，承运人或者其航空销售代理人应当按照所适用的运输条件、客票使用条件办理。

四、航班超售状况处理

（一）超售的概念

超售是指承运人为避免座位虚耗，在某一航班上销售座位数超过实际可利用座位数的行为。

（二）超售的实施原则

根据《公共航空运输旅客服务管理规定》承运人超售客票的，应当在超售前充分考虑航线、航班班次、时间、机型以及衔接航班等情况，最大程度避免旅客因超售被拒绝登机。

（三）超售处置的必要内容及流程

承运人应当在运输总条件中明确超售处置相关规定，至少包括下列内容：

（1）超售信息告知规定。

（2）征集自愿者程序。

（3）优先登机规则。

（4）被拒绝登机旅客赔偿标准、方式和相关服务标准。

（四）超售的处理

1.征集自愿者程序

如因承运人超售导致实际乘机旅客人数超过座位数时，承运人或者其地面服务代理人应当根据征集自愿程序，寻找自愿放弃行程的旅客。未经征集自愿者程序，不可

以使用优先登机规则确定被拒绝登机的旅客。在征集自愿者时，承运人或者其地面服务代理人应当与旅客协商自愿放弃行程的条件。

2.优先登机原则

承运人或者其地面服务代理人应当在经征集自愿者程序未能寻找到足够的自愿者后，方可根据优先登机规则确定被拒绝登机的旅客。通常承运人的优先登机规则应当符合公序良俗原则，考虑的因素至少包括老幼病残孕等特殊旅客的需求、后续航班衔接等。

3.给予赔偿并提供相关服务

发生超售时，承运人或者其地面服务代理人应当按照超售处置规定向被拒绝登机旅客给予赔偿，并提供相关服务。旅客因超售自愿放弃行程或者被拒绝登机时，承运人或者其地面服务代理人应当根据旅客的要求，出具因超售而放弃行程或者被拒绝登机的证明。

通常因超售导致旅客自愿放弃行程或者被拒绝登机的，承运人或者其航空销售代理人应当在有可利用座位或者被签转承运人同意的情况下，为旅客办理改期或者签转，不得向旅客收取客票变更费。旅客非自愿退票的，承运人或者其航空销售代理人不得收取退票费。

任务三　航班非正常运输服务

一、飞机延误后的旅客安置与服务

（一）飞机延误的概念

根据《航班正常管理规定》，"机上延误"是指飞机关舱门后至起飞前，或者降落后至开舱门前，旅客在航空器内等待，超过机场规定的地面滑行时间的情况。

（二）延误的处理

（1）发生机上延误后，承运人应当每30分钟向旅客通告一次延误原因、预计延误时间等航班动态信息。由于流量控制、军事活动等原因造成机上延误的，空管部门应当每 30 分钟向承运人通告一次航班动态信息。

（2）机上延误期间，在不影响航空安全的前提下，承运人应当保证盥洗室设备的正常使用。

（3）机上延误超过 2 小时（含）的，应当为机上旅客提供饮用水和食品。

（4）机上延误超过 3 小时（含）且无明确起飞时间的，承运人应当在不违反航空安全、安全保卫规定的情况下，安排旅客下飞机等待。

（5）机场管理机构、地面服务代理人应当协助承运人做好机上延误时的各项服务工作。

二、航班取消、返航、备降的旅客安置

（一）航班备降的概念

航班备降是指航班因故不能或不宜降落在目的地机场而在其他机场降落，包括紧急备降和非紧急备降。

（1）紧急备降是指航班发生空中遇险、非法干扰、危险品泄漏、油量紧急状况等紧急情况而须尽快降落。

（2）非紧急备降（以下简称"航班备降"）是指航班目的地机场因天气等原因不能供飞机降落时，需要在其他机场降落。

（二）航班取消、返航、备降的处理

1.获取信息

（1）当航班出现不正常情况后，航空公司应在掌握航班状态发生变化之后的 30 分钟内通过公共信息平台、官方网站、呼叫中心、短信、电话、广播等方式，及时、准确地向旅客发布航班出港延误或者取消信息，包括航班出港延误或者取消原因及航班动态。

（2）机场管理机构应利用候机楼内的公共平台及时向旅客通告航班出港延误或者取消信息。

（3）航空销售代理人接到航空公司通告的航班出港延误或者取消的信息后，应及时通告旅客。

2.客票退改签

航班出港延误或者取消时，航空公司应根据运输条件、客票使用条件，为旅客妥

善办理退票或者改签手续。

（1）航空公司原因导致旅客非自愿变更客票的，航空公司或者其航空销售代理人应在有可利用座位或者被签转航空公司同意下，为旅客办理免费改期或者签转。

（2）非航空公司原因导致旅客非自愿变更客票的，航空公司或者其航空销售代理人应按照所适用的运输条件、客票使用条件办理。

3. 航班延误取消证明

旅客遇到航班出港延误、航班到港延误、航班取消的情形，可根据实际发生情况及需求，要求承运人出具"航班延误/取消证明"的书面证明。如果旅客对航空公司所提供的"航班延误/取消证明"有异议，可通过"民航服务质量监督平台"进行航班延误、取消原因的确认。经确认有误的"航班延误/取消证明"，旅客要求承运人重新提供时，承运人将自旅客要求之日起（含当日）7日内以信函、传真或电子邮件等方式重新提供。

4. 航班延误或取消食宿服务

发生航班出港延误或者取消后，航空公司或者地面服务代理人按照下列情形为旅客提供食宿服务：

（1）由于机务维护、航班调配、机组等航空公司自身原因，造成航班在始发地出港延误或者取消，航空公司应当向旅客提供餐食或者住宿等服务。

（2）由于天气、突发事件、空中交通管制、安检以及旅客等非航空公司原因，造成航班在始发地出港延误或者取消，航空公司应当协助旅客安排餐食和住宿，费用由旅客自理。

（3）国内航班在经停地延误或者取消，无论何种原因，航空公司均向经停旅客提供餐食或者住宿服务。

（4）国内航班发生备降，无论何种原因，航空公司均应当向备降旅客提供餐食或者住宿服务。

5. 补偿

航空公司的运输条件中应当包括是否对航班延误进行补偿，应当明确补偿条件、标准和方式等相关内容。

（1）当发生航班变动时，航空公司应及时通过机场全区域或登机口广播、航显、官方App、短信、电话等渠道通知旅客航班变动情况。旅客应及时关注信息，如果在候机区域候机，切勿远离登机口，以免错过重要的信息通知。

（2）为方便旅客出行，售票单位在原不正常航班改签的方式以外，有可能提出，出新票退旧票、换票或更换航空公司等改签方式。在享受便捷的同时，旅客须认真阅读相关改签方式的权利和义务。避免做出选择后，旅客权利与义务的变更与实际需求产生冲突，而造成损失或纠纷。

（3）发生不正常航班时，航空公司应根据《航班正常管理规定》及航空公司的运输条件提供相应退改签服务，旅客可查询航空公司官网或拨打航空公司客服热线询问。请旅客购票时务必预留准确的个人联系方式，以便能够及时收到航班变更信息。

一、单选题

1. 旅客误机通常指什么情况？（　　）

  A. 旅客故意未按时登机

  B. 承运人原因导致旅客未能登机

  C. 旅客在飞机起飞后才到达机场

  D. 旅客在起飞前办理登机手续但未能登机

2. 旅客漏乘是指什么？（　　）

  A. 旅客登上了错误的航班　　　　　B. 旅客未登上任何航班

  C. 旅客在经停站未登上飞机　　　　D. 旅客在起飞前离开飞机

3. 航班超售是指什么？（　　）

  A. 航班实际销售的座位数超过了实际可利用的座位数

  B. 航班实际销售的座位数少于实际可利用的座位数

  C. 航班实际销售的座位数与实际可利用的座位数相同

  D. 航班故意销售超过实际可利用座位数的两倍

4. 超售处理中，承运人应首先采取什么行动？（　　）

  A. 优先登机　　　　　　　　　　　B. 向旅客提供赔偿

  C. 征集自愿者放弃行程　　　　　　D. 强制旅客下机

5. 飞机延误是指什么？（　　）

  A. 飞机起飞时间晚于预定时间　　　B. 旅客在飞机内等待超过规定时间

C. 飞机降落时间晚于预定时间　　　　D. 飞机飞行时间超过预期

6. 机上延误超过多少时间，承运人应为旅客提供食品和饮料？（　）

A. 1 小时　　　　B. 2 小时　　　　C. 3 小时　　　　D. 4 小时

7. 客户遇到航班取消，航空公司应如何处理？（　）

A. 自动为旅客办理退票　　　　　　B. 强制旅客改乘其他航班

C. 提供改签或退票服务　　　　　　D. 忽略旅客需求

8. 航班备降通常发生在什么情况？（　）

A. 目的地机场天气良好

B. 飞机上发生紧急医疗情况

C. 目的地机场因天气等原因不能供飞机降落

D. 旅客要求在其他机场降落

9. 航空公司在什么情况下需要为旅客提供食宿服务？（　）

A. 旅客原因导致航班延误或取消

B. 所有航班延误或取消的情况

C. 航空公司原因导致航班在始发地延误或取消

D. 当旅客自愿放弃行程时

10. 旅客如何获取航班延误/取消证明？（　）

A. 通过航空公司的呼叫中心　　　　B. 通过民航服务质量监督平台

C. 直接向机场工作人员索取　　　　D. 通过航空公司的官方网站

二、判断题

1. 旅客误机总是由于旅客自身原因造成。　　　　　　　　　　（　）

2. 旅客漏乘后，航空公司应为其免费改签或退票。　　　　　　（　）

3. 超售时，航空公司应首先寻找愿意放弃行程的自愿者。　　　（　）

4. 机上延误期间，航空公司不需要为旅客提供食品和饮用水。　（　）

5. 航班取消时，航空公司必须为旅客提供食宿服务。　　　　　（　）

6. 航班备降总是因为目的地机场的天气原因。　　　　　　　　（　）

7. 航班延误或取消时，旅客可以要求航空公司出具书面证明。　（　）

8. 航空公司提供的航班延误/取消证明，旅客不能提出异议。　（　）

9. 非航空公司原因导致航班取消，航空公司可以不提供任何补偿。（　）

10.旅客在收到航班变更信息后,应立即关注并采取相应措施。　　　　　　　（　　）

三、填空题

1.旅客误机后应及时与_____联系。

2.航班超售的处置原则包括_____告知规定、征集自愿者程序、优先登机规则以及被拒绝登机旅客赔偿标准。

3.当航班备降时,无论何种原因,航空公司均应向_____提供餐食或者住宿服务。

4.航空公司的运输总条件中应包括是否对航班_____进行补偿。

5.旅客可通过_____进行航班延误、取消原因的确认。

参考文献

[1] 陈烜华，陈文华.民航机场地勤服务 [M].北京：清华大学出版社，2019.

[2] 黄建伟.民航地勤服务 [M].北京：旅游教育出版社，2007.

[3] 中国民用航空局职业技能鉴定指导中心.民航安全检查员 [M].北京：中国民航出版社，2016.

[4] 马广岭，王春.民航旅客运输 [M].北京：国防工业出版社，2016.

[5] 魏全斌.民航旅客运输 [M].北京：北京师范大学出版社，2013.

[6] 刘世锦，张文魁.我国民航运输企业改革与重组的思路研究 [J].管理世界，2000（4）：66-77.

[7] 梁小民.机票限价：五十步与一百步 [J].经济世界，2003（5）：32-34.

[8] 吴明奎.航班备降风险分级和应对措施探讨 [J].民航管理，2020（8）：49-51.